一般社団法人
地域デザイン学会 監修

原田　保
石川和男 編著
小川雅司

地域デザイン学会叢書 7

地域マーケティングのコンテクスト転換

コンステレーションのためのSSRモデル

学文社

執筆者プロフィール

原田　　保(はらだ　たもつ)
(一社)地域デザイン学会理事長，ソーシャルデザイナー，地域プロデューサー，現代批評家(序章，第1章，終章)

石川　和男(いしかわ　かずお)
専修大学商学部教授(序章，第1章，第3章，終章)

小川　雅司(おがわ　まさじ)
大阪産業大学経済学部教授(第1章，第7章)

中野　香織(なかの　かおり)
駒澤大学経営学部教授(第2章)

諸上　茂光(もろかみ　しげみつ)
法政大学社会学部准教授(第4章)

木暮　美菜(こぐれ　みな)
法政大学大学院社会学研究科修士課程(第4章)

庄司　真人(しょうじ　まさと)
高千穂大学商学部教授(第5章)

佐藤　　淳(さとう　じゅん)
日本経済研究所地域本部上席研究主幹(第6章)

森本　祥一(もりもと　しょういち)
専修大学経営学部教授(第8章)

佐藤　正弘(さとう　まさひろ)
拓殖大学商学部准教授(第9章)

鈴木　　寛(すずき　かん)
東洋大学経営学部専任講師(第10章)

前田　幸輔(まえだ　こうすけ)
日本経済研究所地域本部主任研究員(第11章)

はしがき

今回の叢書では，これまでに原田らによって構築されてきたZTCAデザインモデルを踏まえながら，新たに地域マーケティングモデルの構築に関する議論を行う。つまり，本書は理論と事例を含めた総合的に論述された地域のモデルに関する著作である。また，このモデルは，伝統的マーケティング研究者がかたくななまでにこだわる，いわゆる4Psベースの地域マーケティングモデルとは根本的に異なるモデルとして提言されている。

これがエピソードメイクを可能にできる原田らが構築したコンステレーションマーケティングである。今回の提言は，このコンステレーションマーケティングを地域研究に活用すべく構想された地域マーケティングモデルとしてのSSRモデルの紹介と，これを活用した事例の解釈から構成されている。なお，このモデル名の略称であるSSRとは，第1のSがsign create（サインクリエイト），第2のSがstory select（ストーリーセレクト），最後のRはresonance（レゾナンス）の頭文字を併せた省略表記である。

また，エピソードメイクとコンステレーションマーケティングの関係については，前者が目的であり，後者が手段であるという考え方に立脚して整理がなされている。そのため，ここではエピソードマーケティングという考え方は否定されることになる。同時に，ここではエピソードメイクはコンステレーションマーケティングのモデルを構成する一要素として捉えられることになる。

さらには，ここで取り上げられたC，つまりコンステレーションはZTCAデザインモデルのひとつの構成要素であるため，ここではコンステレーションとゾーン，トポスとの関係に関する考察も展開されることになる。なお，今回はアクターズネットワークとの関係については割愛されている。

このような理論をベースにいくつかの事例が紹介されることになる。今回は，以下の事例に関するSSRモデルからの考察が行われている。これらは具体的には，宗教活用モデル，文学活用モデル，民俗活用モデル，芸術活用モデル，名所活用モデルである。なお，当然ながら他の対象地域に対してもこのモデルの適用は可能であることは言うまでもない。

なお，本書で紹介される事例については以下のとおりである。

① 宗教活用＝鎌倉市，琴平町

② 文学活用＝黒部地域，山形県と松山市

③ 民俗活用＝阿寒地域，大東市

④ 芸術活用＝上野地区，柴又地区

⑤ 名所活用＝宮崎県，沖縄県

編者としては，これらの事例以外にもSSRモデルを適用できる地域は多いと思われることから，多くの読者からの紹介を期待したい。また，同時に地域で活躍するアクターたちに対しては，本書で提言されたマーケティングモデルを活用していただくことも希望している。

このような，インテグレイティッドスタディーズを指向し，また実践に関わっているアクターたちに対する支援を行うことを目指す本学会としては，まさに地域に関わる学術的な研究者が参加してくださることを期待している。その意味では，モデルの構築はまずもって行われるべき大事な対応になってくる。

さて，地域デザインモデルであるZTCAデザインモデルは今やメタモデルにまで発展しており，またその構成要素のひとつであるコンステレーションに関する新たなモデルが提言できたため，学会としては今後は今回の提言を踏まえながら特にZ，T，そしてAに関する新たなモデルへの研究を深めていきたいと考えている。また，ZTCAに代わる新たなモデルの構築も行っていきたいと考えている。

しかし，このような課題に対応するには，学会員における理論研究に対する理解とこれへの取り組み，そしてその成果を公表することが必要である。その意味では，われわれの理論を越えた新たな理論があまたに提言されることが期待されるわけである。それは，地域デザイン学会は，まずもって理論構築のための学会であるからである。

そのため，地域デザイン学会としては，地域に関わる優れた研究者の獲得と若手の育成に務めていきたいと考えるし，他学会や各大学との連携を強化したいとも考えている。このようなことから，全国各地の研究機関において，地域に関する研究が活発に展開されることになれば，地域デザイン学会にとっても幸いである。また，本書がそのために大いに役立つことを期待している。

2019年7月1日

編者代表　原田　保

目　次

序章

地域デザインから捉えた
地域マーケティングの展開

―「4Ps」から「ZTCA」へのコンテクスト転換―

原田　保
石川　和男

はじめに～地域マーケティング理論における課題

地域価値を発現するため，マーケティング理論を活用しようとする動きが次第に高まっている。これはマーケティング理論の適用領域を拡張するための伝統的なマーケティング研究者の常套的手段である。しかし，単にマーケティン対象を変えるだけでは，その展開理論が他領域でもほとんど変わらないというのが，マーケティング領域拡張の実態である。そこで，ひとつの手段としての伝統的なマーケティング理論のコンテクスト転換を図ることにより，地域価値発現を指向する地域マーケティング理論の構築に取り組むこととした。

その意味では，ここで展開されるマーケティング理論は，ある種のポストマーケティングの立場からのアプローチになるが，具体的にはこれまでの伝統的なマーケティングのコア理論である4Ps[1)]モデルからの脱却が指向される。ここでは，地域デザインモデルであるZTCAデザインモデル[2)]を部分的に活用することが必要になる。

本書では，地域を対象とした伝統的なマーケティング戦略からの転換を指向して，地域に対して価値発現を期待するならば，マーケティング自体のコンテクスト転換が必要になる。それゆえ，後章ではこのようなコンテクスト転換の視角から事例紹介が行われる。

序章では，次の3点に絞った議論が展開されるため，他の課題に関しては，第1章で行われる。これらは具体的には，第1が地域をめぐるマーケティングとデザインとの差異性，第2がZCTモデルの拡張とそのメタモデル化の進展，第3がエピソードメイクからコンステレーションへのコンテクスト転換である。

(1) 地域をめぐるマーケティングとデザインとの差異性

本書で主張する第1は，マーケティング論の領域拡張指向から地域を捉える「マーケティング論ベースド地域戦略」ではなく，「デザイン論ベースド地域戦略」を展開すべきであるという，地域戦略に対するコンテクスト転換の必要性に関することである。第2は，地域マーケティングをマーケティング論のコアモデルである4Psを活用した「4Ps型地域マーケティングモデル」ではなく，地域デザイン論による地域マーケティングへの援用モデルである「ZTCA型地域マーケティングモデル」により行うべきとする地域マーケティングにおけるコンテクスト転換に関わるものである。

◇ 地域に対するアプローチ方法のコンテクスト転換 ◇

①「マーケティング論ベースド地域戦略」→「デザイン論ベースド地域戦略」
②「4Ps型地域マーケティングモデル」→「ZTCA型地域マーケティングモデル」

1点目は，地域デザインモデルであるZTCAデザインモデルを地域マーケティングモデルに援用し，これを4Psモデルよりも優れた地域マーケティングのためのモデルにすることである。2点目は，1点目の理解から導出されるが，現在展開されているマーケティング論から地域にアプローチするための4Psモデルが，地域マーケティングモデルとしては適切ではないことの提示である。それゆえ，地域を対象にするマーケティングモデルは，マーケティングの領域拡張による地域マーケティングよりも地域デザインモデルのコンテクスト転換による地域マーケティングの方が，地域マーケティングのモデルとしては優位となろう。

他方，デザイン研究者（主に地域デザイン学会員）は，多くの場合，4Ps モデルではなく，ZTCA デザインモデルにより地域マーケティングが効果的に展開できると考える。しかし，伝統的なマーケティング研究者は，ZTCA ではなく 4Ps により地域マーケティングを効果的に展開できると考える傾向が強い。そこで，これら2つの地域に対するマーケティングアプローチを比較し，どちらのモデルが地域マーケティングの研究手法としては適切であるかを検討したい。これはどちらのマーケティングモデルを採用すれば地域価値を最大化できるのかということへのある種の問になる（図表序-1）。

前者の 4Ps モデルでは，価値発現の対象は主にプロダクトであるが，後者の ZTCA デザインモデルでは地域（ゾーン：zone）である。すなわち，価値発現対象がプロダクトかゾーンかということになる。しかし，ともにある種の財（グッズ：goods）[3]と考えると，それほど差異はないとも考えられる。

また，4Ps モデルにおけるプレイスと ZTCA デザインモデルにおけるトポス，

図表序-1　4Ps モデルと ZTCA デザインモデルの比較

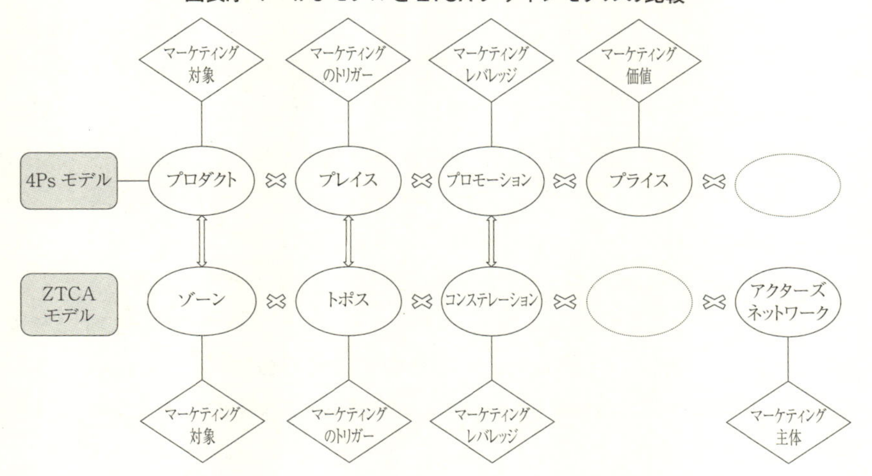

ならびに4Psモデルにおけるプロモーションと ZTCA におけるコンステレーションは，ともに多少類似する機能を有する概念である。しかし両者は，前者の2要素がともに価値発現のためのある種のトリガー(trigger)であり，後者の2要素が価値発現のためのある種の梃子(レバレッジ：leverage)であるという差異があろう。

つまり，前者ではトリガーが価値発現のための大事な要素であるため，これへの対応を誤るとマーケティングの展開自体が不能になってしまう。他方，後者ではレバレッジが価値発現のための大事な要素であるため，これへの対応を誤るとマーケティングの効果が不透明になってしまう。さらに両者の間に見出される相違点は，前者の4Psモデルにはプライスがあるがアクターズネットワークがなく，後者のZTCAデザインモデルにはプライスがなくアクターズネットワークがあるという点である。

これらの相違が見出されるのは，前者の4Psモデルが，どちらかといえば対象プロダクトをいかに拡販すべきかというプロダクトありきによって構想されたモデルであることである。これに対して，後者のZTCAデザインモデルは，ゾーンの設定自体がモデル全体の価値決定するモデルである。

それでは，このような差異を前提とするならば一体どちらが地域を対象にしたマーケティングモデルとしてはふさわしいモデルになるだろうか。前者の4Psモデルでは，そのマーケティングの起点をプロダクトにおき，モノやサービスに置いた拡張が指向されてきた。これから理解できるように，この4Psモデルに依拠した拡張は，まずコンテンツありきの価値発現が指向されている。これに対して後者のZTCAデザインモデルでは，プロダクトは価値発現のレバレッジにはならず，ゾーンが価値発現のレバレッジになるため，そもそもモデル自体がコンテクスト起点で拡張が行われている。

このように考えると，地域を捉えたマーケティングモデルでは，4Psモデルよりも ZTCA デザインモデルの方が価値発現のための戦略における柔軟性や飛躍が見出される。これはコンテンツには限界があるが，コンテクストには限界がないことに起因している。

そこで，以上の議論の理解を深めるため，4Psマーケティングモデルと ZTCA デザインモデルのマーケティングモデルとしての比較を行いたい。これらから地域価値を発現するためのマーケティングモデルとしての ZTCA デザインモデルの優位性が確認される。

ZTCA デザインモデルは戦略モデルを地域に援用したモデルであるが，これに対して4Psモデルは，地域をプロダクトから捉えることにより地域マーケティングという分野別マーケティングの新たな一分野としての確立を指向している。この差異は，ZTCA デザインモデルは戦略モデルであり，これに対して4Psモデルはマーケティングモデルであることに起因している。

(2)　ZTCA デザインモデルの拡張とメタモデル化への進展

本書では，地域デザインモデルとしての ZTCA デザインモデルを地域マーケティングモデルに援用することを指向している。この ZTCA デザインモデルは，地域マーケティングモデルへの援用だけでなく，地域ブランディングモデルへの援用も可能である。そこで，援用モデルとしての ZTCA デザインモデルの既存地域ブランディングモデルに対する優位性を考察する。

地域ブランディングにより，地域は一般的な財(goods)と同様にブランディングが可能となり，そのため，地域価値を発現することが可能になる。そこで地域を財と同様のコンテンツとしてのエリアとするならば，地域ブランディングの対象になる。本書では，ブランド論をマーケティング論の一部分とする場合もあるが，これは同時に組織論や戦略論とも深く関わるため，ブランディングはマーケティングとはやや異なる研究領域であると捉えている。元来，デザインモデルとして構築された ZTCA デザインモデルは，地域ブランディングに関する新たな理論モデルとして構築した原田・三浦(2011)によるトライアングル(ZEA モデルを原田が何度も発展を繰り返しながら確立させたデザイン)モデルである。

しかし，地域デザインモデルとして確立された ZTCA デザインモデルは，地域マーケティングだけではなく，広く地域ブランディングなどにも援用される。そして遂にはこのモデルはメタモデルとしても活用できるまでに発展を遂げることになった。

ここでは詳述しないが，地域価値発現を指向するにはマーケティングとブランディングとの関係に対する正確な理解が必要になる。多くのマーケティング研究者は，ブランディングをマーケティングの一部分と捉えがちである。確かにマーケティングからブランディングが捉える研究は多く，近年はこれ以外の領域においてもブランディングは重要な研究対象になっている。たとえば，戦略論や組織論，そして消費者行動論などにおいてもブランディングは必須の要素になっている。また，ブランドを起点にして考えるならば，ブランディングという研究分野は典型的な学際的領域にポジショニングされる。これは，ブランディングが，多くのマーケティングファーストを指向するマーケティング研究者が考える範囲を超越している。こう考えると，当然ながら地域におけるマーケティングとブランディングは異なるものであると捉えることが必要になる（図表序-2）。

したがって，「マーケティング＆ブランディング戦略」というセットでのアプローチは望ましいものではない。原田もかつては地域に対するアプローチとしてブランディングを考えたことがあったが，本書ではブランディングモデルとは異なるマーケティングモデルとしてのモデル確立とこのモデルを踏まえた事例研究が行われる（図表序-3）。

図表序-2　ブランディング論のポジショニング

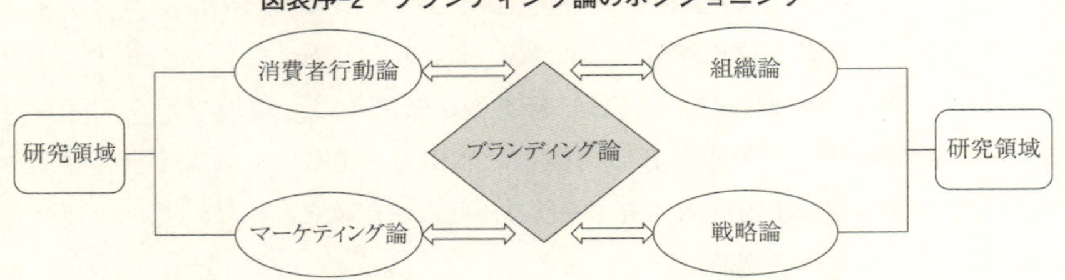

図表序-3　ZTCA デザインモデルの拡張プロセス

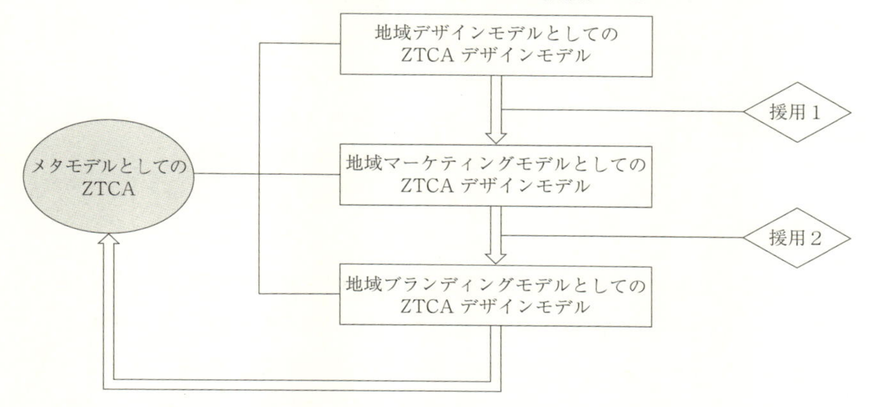

(3)　エピソードメイクからコンステレーションへのコンテクスト転換

原田が提唱する地域価値発現に向けたモデルは日々進化しているため，何度も過去のモデルの部分修正や部分否定を行ってきた。第1は，当初地域ブランディングのためのモデルとして構築されたトライアングル(ZEA)[4]モデルから地域デザインのためのモデルへの拡張であり，第2が本書で提言される地域マーケティングへの拡張である。また，この段階では併せてモデルの拡張を捉えたZTCA デザインモデルのメタモデル化が追及されてきた。

また，ZTCA デザインモデルの構成要素をE(エピソードメイク)からC(コンステレーション)に変えるとともに，T(トポス)が追加されることによって，現在のモデルの一応の完成が見られている。なお，当初の地域ブランディングにおけるトライアングル(ZEA)モデルは原田・三浦モデルであり，これを契機に構築されたメタモデル，地域ブランディングモデル，地域デザインモデル，今回の地域マーケティングモデルは，原田が協力者の支援をえながら一応の完成を見た(原田・西田，2019)。

これらのモデル創造過程で既にEをCに変えたため，現時点ではモデルの構成要素にはEは存在していない。この除外されたEは現在のモデルにおけるCの目的になっている。つまり，もはやEは価値を発現させるためのモデルの構成要素ではなく，モデルが適用されるべき対象が抱くべき何らかの目的になった(原田・武中・鈴木，2013；原田・鈴木，2017)。

◇ コンステレーショ(デザイン)とエピソード(メイク)との関係 ◇
C＝価値発現の方法
E＝対象が抱く目的

多様な顧客を地域に誘引するには多様なマーケティング手法が想起されるが，前述のように現在のわれわれの立場では，特にZTCAデザインモデルを活用した地域マーケティングモデルが推奨される。実際には，個別事例によって異なるアプローチが期待されることもあるが，本書ではかつて原田らが構想したコンステレーションに注目すべきであろう。つまり，本書ではコンステレーションベースドの地域マーケティング手法と，これを捉えた事例研究が行われている。

コンステレーションを理解するためには，2つの視角からの考察が不可欠になる。詳細は後述するが，そのひとつは天文学から捉えたコンステレーションであり，いまひとつは触発された社会心理学から捉えたコンステレーションである。

前者は第一義的にはまさに文字どおり大空に輝く星座を意味している。現在では，星座はグローバルなデジュールスタンダード(de jure standard)[5]としてのポジションを確立しており，これによって人々は世界のどこにいても宇宙に広がる多彩な星の存在を確認できる。たとえば，宇宙の異なる時空間に存在する3つの星であるいわゆる三ツ星がオリオン座[6]のベルトを表していることは誰もが認識できる。これは現在の星座が多くの人々に個々の星の存在を確認するための世界共通のツールとなっていることを示している。

これに対して，後者のコンステレーションは，長期にわたって，ほとんど消失することがない記憶である長期記憶[7]である。これはすぐに忘れてしまうような短期記憶ではなく，一旦記憶されたら長期間消失しない記憶として各人の心の奥底に刻まれる記憶である。

それゆえ，コンステレーションマーケティングは，記憶の掘り起こしを顧客側が自動的に行えるような状況を構築することにより，顧客がいつでも記憶対象に誘引されるトポスやゾーンを表出させようとする試みである。このようなコンステレーションを地域マーケティングのコア要素として位置づけることは，効果的な地域マーケティング手法になろう。そこで，これを可能にするマーケティング手法としてのコンステレーションと，個々人のためのファクターであるエピソードとの関係を考察したい。

エピソードは，個人的な体験に焦点を当てたある種の特殊なイベントに関わる概念であり，これはマーケティングの視点から捉えればある種の個別解としての対応が必要になる。そのため，これには個別的な対応のための方法の投入が不可欠になる(大塚，2010)。

コンステレーションは，多くの人が固有の記憶に対して個別に対応するための方法ではなく，多くの人が有する個人的記憶が結果として統合的なシステムに集約され，結果的には個別対応を可能にする方法となる。これによって，個別対応のエピソードメイクが可能なコンステレーションが提供できる。

つまり，コンステレーションが長期記憶のある種のスタンダード[8)]になれば，多様なエピソードは，唯一のスタンダードとしてのコンステレーションによって統合される方法として機能する。そのため，われわれはマーケティングの手法としては，エピソードメイクよりもコンステレーションメイクの方が適当であるとした。

そこで，長期記憶を捉えたマーケティングを展開するには，エピソードからコンステレーションにコンテクスト転換をする必要が生じる。つまり，エピソードについて，ある種の個別解としての個人の課題であるが，コンステレーションは，マーケティング主体のある種の方法論としての一般解であると考えられる。なお，エピソードとコンステレーションとの関係性を図示すれば図表序-4のようになる。

図表序-4　エピソードとコンステレーションの関係図

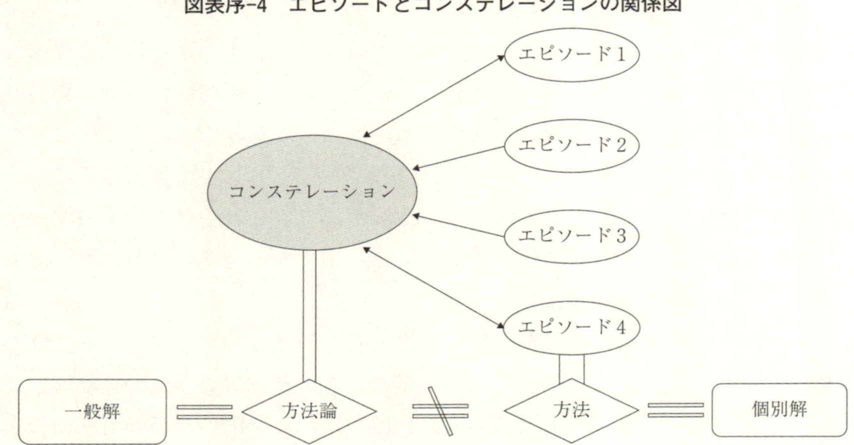

おわりに～今後の地域マーケティングの課題と対応

本章では，第1に地域をめぐるマーケティングとデザインとの差異，第2にZTCAデザインモデルの拡張とそのメタモデル化への進展，第3にエピソードメイクからコンステレーションへのコンテクスト転換を取り上げた。最後に，今後の研究課題に関して地域デザイン学会の視角からの整理を行いたい。

第1の課題は，マーケティングが地域を対象に展開するには，それ自体のコンテクスト転換が必要となることである。本来はマーケティングは販売の限界を克服するために考案された手法であった。もちろん，マーケティングは各時代を捉えながら多様な進化を遂げてきているが，現時点では地域に対するアプローチに関しては，未だに的確な方法論が確立していない。それは4Psを基盤とした伝統的なマーケティングでは地域マーケティングには不適切である。

第2の課題は，われわれが主張するデザインモデルであるZTCAデザインモデルのマーケティングへの拡張を図ろうとするZTCA型のマーケティングでも，マーケティングに適切なモデルへの進化のためにはモデルの洗練化が不可欠であることである。通常，特にマーケティングモデルでは，Aは予め決まっている要素であるため，戦略的に編集されるべき要素には含まれない。それゆえ，これを含めたマーケティングモデルとしてのZTCAデザインモデルのマーケティングへの最適な形態が期待される。他方，コンステレーションは，最も可能性のあるマーケティングアプローチであるため，本書では単独での展開が効果的なモデル形成に結び着くことが考慮された。そのため，ZTCA型地域マーケティングを行うのか，当面はCを切り出してコンステレーションマーケティングの実施を行うかについて判断する必要がある。

第3の課題は，現時点でのZTCAマーケティング構築のためにプロセスデザインが早期に構築できるのかどうかということである。これは，ZTCAデザインマーケティングが，果たして成立するのかどうかということを意味する。また，4つの要素の各々の関係についても既存のマーケティング概念をどう考えるかについてを調整する必要がある。

ここではマーケティングの4つの要素の中で，Cを中核要素と考えた。そこでコンステレーションマーケティングの展開を行うこととした。本書ではこれにより，Z，T，Aは，Cとの関係性からの言及にとどめた。そのため，4つの要素に関しては，本書ではとりわけCを前面に出すことによってマーケティングから，個別のエピソードあるいはそのためのエピソードメイクを，構成要素から除いている。

注

1）4Psとは，product，price，place，promotionのマーケティングマネジメント上の各要素の頭文字である。

2）これは地域デザインモデルの名称であるが，zone，topos，constellation，actors networkの頭文字をとったものである。これから理解できるように，地域価値はこの4つの要素を掛け合わせて実現するとして考案されたモデルである。

3）グッズは財をいうが，ここではモノとサービスの双方を含んでいると考えている。こう考えると，ある種の無形の財である地域はグッズである。

4）この段階では，実際はモデルとしてはトライアングルモデルという名称が使用されていた。なお，後に古賀がZTCAデザインモデルの前のモデルであるZCTデザインモデルを参照モデルとしているが，これは当然ながらと対トライアングルモデルとは異なっている。加えて，原田が一時的にZEAモデルを提唱していたが，これは地域デザインのためのトライアングルモデルと表記されていた。
5）デジュールスタンダードとは，標準化団体によって定められた標準規格のことを指す。これに対立する概念が，事実上の標準であるデファクトスタンダード（de facto standard）である。
6）オリオン座は，トレミーの48星座のひとつであり，ギリシャ神話の登場人物であるオリオンを題材とした星座である。天空の赤道上にあり，おうし座の東にある星座であり，中央に3つ星が並んでいるのが目印となっている。全体として明るい星が多いため，他の星を見つける目印ともなっている。たとえばシリウスはベルトのラインを南東へ拡張し，アルデバラン，プロキオン，ふたご座もオリオン座を基準として見つけることができる。
7）長期記憶は，心理学において記憶の二重貯蔵モデルで提唱された記憶区分のひとつであり，大容量の情報を保持する貯蔵システムである。このモデルでは，一旦長期記憶に入った情報は消えることはないとされる。
8）デファクトスタンダードが結果としての標準であるのに対して，これは制度的に設定された。

参考文献

大塚信一（2010）『河井隼雄　物語をいきる』トランスビュー。
佐々木茂・石川和男・石原慎士編著（2016）『新版 地域マーケティングの核心―地域ブランドの構築と支持される地域づくり―』同友館。
原田保（2014）「地域デザイン理論のコンテクスト転換―ZTCA デザインモデルの提言」地域デザイン学会誌『地域デザイン』第4号，pp. 11-27。
原田保・鈴木敦詞（2017）「ZTCA デザインモデルにおけるコンステレーションの定義と適用方法に関する提言」地域デザイン学会誌『地域デザイン』第9号，pp. 9-31。
原田保・武中千里・鈴木敦詞（2013）『奈良のコンステレーションブランディング―“奈良”から“やまと”へのコンテクスト転換』芙蓉書房出版。
原田保・三浦俊彦編著（2011）『地域ブランドのコンテクストデザイン』同文舘出版。
藤井旭（1977）『星座図鑑』河出書房新社。

第1章

新機軸型地域マーケティングによる地域価値創造

「コンステレーションマーケティング」による「エピソードメイク」の実現

原田　保
石川　和男
小川　雅司

はじめに〜新機軸としてのコンステレーションマーケティング

本書では，既存の地域マーケティング論からのアプローチに対してコンテクスト転換を迫る地域マーケティングに関する新機軸が提示される。これが「4Ps型地域マーケティング」に代わる「ZTCA型地域マーケティング」である。

ZTCA型地域マーケティングモデルでは，これに含まれる4要素，つまりZ(zone)，T(topos)，C(constellation)，A(actors network)を掛け合わせることによって，地域マーケティングが効果的に遂行される。なお，地域マーケティングモデルでは，通常Zを起点とした展開が行われる[1)]。それは，地域マーケティングモデルが設定されるゾーンの価値の最大化を指向するためには，本書の主題であるコンステレーションに対して戦略的に設定される対象ゾーンの地域価値を増大させることが必要だからである。

本書では，必ずしもZのみを起点とする対応でなくても問題はないと考えている。そこで，以前からエピソードとコンステレーションの関係を整理する必要性があったコンステレーション起点の地域マーケティングのモデル化を指向することにした。さらには，このC以外の3要素は，コンステレーション起点のマーケティングを効果的に展開する上で不可欠な連携要素として捉えられ

図表 1-1　C（コンステレーション）起点の地域デザインモデル

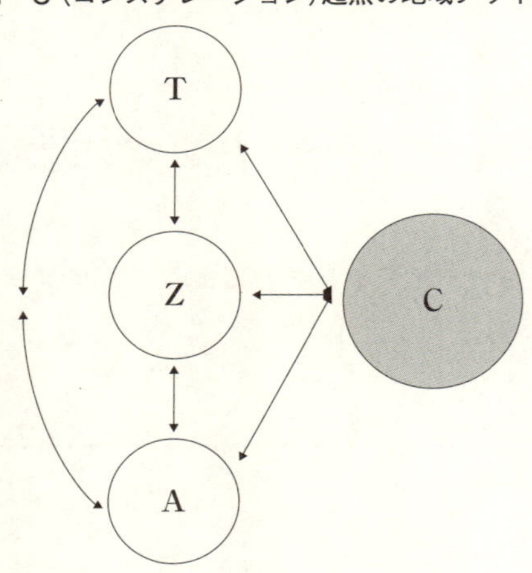

る。これらの 3 要素については，主にコンステレーションとの関係性の観点から言及される（図表 1-1）。

第 1 節　コンステレーションの定義とエピソードとの関係性

本節では，コンステレーショを起点にした ZTCA 型地域マーケティングに関する検討が行われる。正確には，コンステレーション起点の ZTCA マーケティング[2)]だが，これをコンステレーションマーケティング（constellation marketing）と表記する。これは，単に地域だけではなく，他の研究領域に対しても広範囲に活用可能なマーケティングモデルである。そこで，まずコンステレーションマーケティングの定義に関して議論を行う。具体的には，第 1 がエピソードメイク（episode make）のためのコンステレーションマーケティング，第 2 が統合指向のコンステレーションマーケティングの展開，第 3 がエピソードメイクのためのコンステレーションマーケティングのモデル化，第 4 がエピソードメイクとコンステレーションマーケティングとの関係についての考察である。

(1) エピソードメイクのためのコンステレーションマーケティング

一般の人々が通常理解するエピソードは挿話[3)]や逸話[4)]であるが，本書でのエピソードは心理学にある概念としてのエピソードである。

Tulving (1983)によれば，人間の記憶は，顕在記憶と潜在記憶に分けられる。現在では，通常記憶とは過去を想起するという意識を伴う記憶のことを指している。なお，これは自分が思い出すということを特に意識しながら思い出される顕在記憶であるともされている。また，他方の潜在記憶は，こうした想起意識を伴わずに想起される記憶のことを指している。

さて，前者の顕在記憶はさらに宣言的記憶と手続記憶に分けられる。宣言的記憶は，言語によって記述可能な事実に関する知識である。これに対して，後者の手続記憶はものごとの手続きに対するまさに体で覚えている記憶である。

さらに，宣言的記憶についてはエピソード記憶と意味記憶の2つに分けられる。前者のエピソード記憶は，人間の「過去における日付のあるいわば独特で具体的な，そして個人的な経験に関する記憶(Tulving，1983＝1985，p. iii)」になる。これに対して後者の，意味記憶は「誰もが共通に持っている抽象的な長時間的な知識に関する記憶(Tulving，1983＝1985，p. iii)」になる。

Tulving (1983)ではこのエピソード記憶は，さらに2つの主要なカテゴリーに分けられている。これらは，具体的には符号化要素と検索要素である。これによりTulvingは符号化特定性原理を唱えることになった。これは外部環境から入ってきた情報は，符号化された結果として脳に記憶痕跡として残っているというものである。また，符号化される過程では，入ってきた情報と検索の手がかりとの間の整合性が高いほどよく想起されている(田中，2015)。

このようなエピソードは，多くの場合，本人の創作ではなく，むしろ本人の言動や所作を見た第三者やこれらから話を聞いた人が独自に編集している。その意味では，これに関連する挿話や寓話としてのエピソードはコンステレーションマーケティングの主たる対象にはならない。本書で扱う，エピソードは，このような専門的な知見を踏まえながらも，マーケティングへの活用視点から，河合隼雄をはじめとする心理学者がいう長期記憶としてのエピソードに依拠している(大塚，2010)。

また，認識すべきは，マーケティングにおけるサービスなどに見られるように，ユーザーに対して深く記憶されるということが彼らへの継続的接触，つまりリテンションマーケティング(retention marketing)を可能にすることである。ここでは，すぐに忘れてしまう短期記憶ではなく，これとは異なる忘れない長期記憶を心の奥底に定着させることが期待されている(原田ほか，2013)。このような長期記憶がユーザーとコンテンツとの間に構築されるため，コンテンツ自体の価値をより大きくする。

さらに，ユーザーには長期記憶を定着させられるので，各ユーザーにエピソードメイクの実現が可能になる。それゆえ，コンステレーションマーケティングの目的は，ユーザーに対してエピソードメイクを可能にすることである。

太田(1988)は，エピソード記憶を時間的・空間的に定位させた経験の記憶であり，意味記憶は知識を記憶であるとしている。また，エピソードメイクは感覚を源とした個人的信念であり，同時に直接的な経験によって時間的・空間的に定位させたコンテクストに依拠した記憶になる(原田・鈴木，2017)。

原田・三浦(2011)では，エピソードメイクは，地域の価値を消費者の心にエピソード記憶として残し，再生させていくことであり，そのために現地における体験が必要であることが強調されている。また，エピソードメイクには特に空間的エピソードと時間的エピソードが重要であり，これによって地域の価値は増幅されながら人々の心に深く印象づけられ，一度限りではない再訪を喚起するため地域と人との深く長い絆が構築されていく(原田・鈴木，2017)。

たとえば，新潟県佐渡といえば，さまざまな芸能やたらい舟によって，さらにはトキ保護地区として有名な地域である。佐渡おけさに代表されるような芸能やトキ保護施設はニュースでもしばしば報じられることから，このような知識は意味記憶になる。これに対して，学生時代のゼミ合宿で佐渡を訪れて，棚田米やおけさ柿の収穫を手伝い，地元の人たちと鬼太鼓の練習をし，竹灯りを一緒に並べながら幻想的な風景を見たりしたというような記憶は，個人の経験の記憶になるため，これらはすべてエピソード記憶になる。

実は，このような実際にある地域を訪問した人の感想やその記憶などであるエピソードが，地域と人を結びつける力はきわめて大きい。また，個人の経験がマスコミュニケーションコンテンツとしてニュースで流されるのではなく，インスタグラム(Instagram)やツイッター(twitter)などのようなSNS(ソーシャルネットワーキングサービス)を通じて流されれば，その波及効果は計り知れないほど大きくなる。

◇ コンステレーションマーケティングとエピソードメイクの関係 ◇
目的＝エピソードメイク(vs)手段＝コンステレーションマーケティング

このようなユーザーのエピソードメイクは，サプライヤーのコンステレーションマーケティングの展開により実現される。つまり，一方のエピソードメイクはユーザー側の，他方のコンステレーションマーケティングはサプライヤー側の課題となっている。

(2) 統合指向のコンステレーションマーケティングの展開

繰り返しになるが，個人の長期記憶としてのエピソードをそれぞれの心の奥底に定着させるのがコンステレーションである。これには天文学における星座と心理学における長期記憶という2つの意味がある。これら2つの概念を統合的に捉えれば，コンステレーションマーケティングのツールになる。

現在では，長期記憶がマーケティングの重要な要素であることは，既に多くの研究者が指摘している。しかし本書では，天文学におけるコンステレーションに注目することが大事だと考える。併せて，この天文学のコンステレーションと心理学のコンステレーションの統合によるモデル化を指向することにより，コンステレーションマーケティングを地域マーケティングの中心に据えるべきことを強調する。

そこで，本書ではこのモデルを統合型コンステレーションモデルとするが，次章以降においてはこれを活用したコンステレーションマーケティングの体系化や，これを踏まえた事例分析が行われる。そして，これが地域マーケティングにおける地域デザインモデルの拡張によるコンテクスト転換から現出される革新的な地域マーケティングモデルになる。それゆえ，星座としてのコンステレーションを活用することで優れたモデル形成が可能になる。つまり，これは広く散らばる数多の星を認識する最良のツールであるといえよう。

星座がなければ，人間は星の個別存在を認識できないだろうと考えられる。星座は，ヨーロッパが得意なデジュール(de jure)[5)]型のグローバルスタンダード(global standard)になっている。ほとんどの国の初等教育では，グローバルスタンダードである星座が教えられていることから明白である。このことは，星座，つまりコンステレーションが世界中の人々のための星の記憶装置として機能していることを示している。そのため，星座を活用したコンステレーションマーケティングの展開が地域マーケティングのための有効なツールになる。

このように，星座起点のコンステレーションマーケティングを構想し，これに長期記憶としてのコンステレーションを統合することによって，コンステレーションマーケティングモデルが構築されることになる。また，これが原田が考える統合指向のコンステレーションモデルである(図表1-2)。

そこで，以下では2つのコンステレーョン概念の関係を再考したい。ここでの主たる目的は，心理学のコンステレーションと天文学のコンステレーションとの関係を整理することである。それは，何が長期記憶として心の奥底に残るかは，予めわからない問題が存在するためである。そこで，意図的な試みとしての長期記憶が定着できるような対応策の投入が不可欠になる。

これは，具体的には一人ひとり異なる長期記憶の定着に向けてコンステレーションマーケティングを展開する対応である。そこでは，できる限り多くの人が，長期記憶を構築できるようなコンステレーションマーケティングが期待されてくる。また，できる限り多数の人が，コンステレーションを描けるようなコンステレーションマーケティングが要請される。

これこそがコンステレーションマーケティングの特徴であるが，続いて統合モデルにおける他の要素との2要素間の関係を考察する。今後は，混乱を避け

図表 1-2　ZTCA 型地域マーケティングとコンステレーションマーケティングのポジショニング

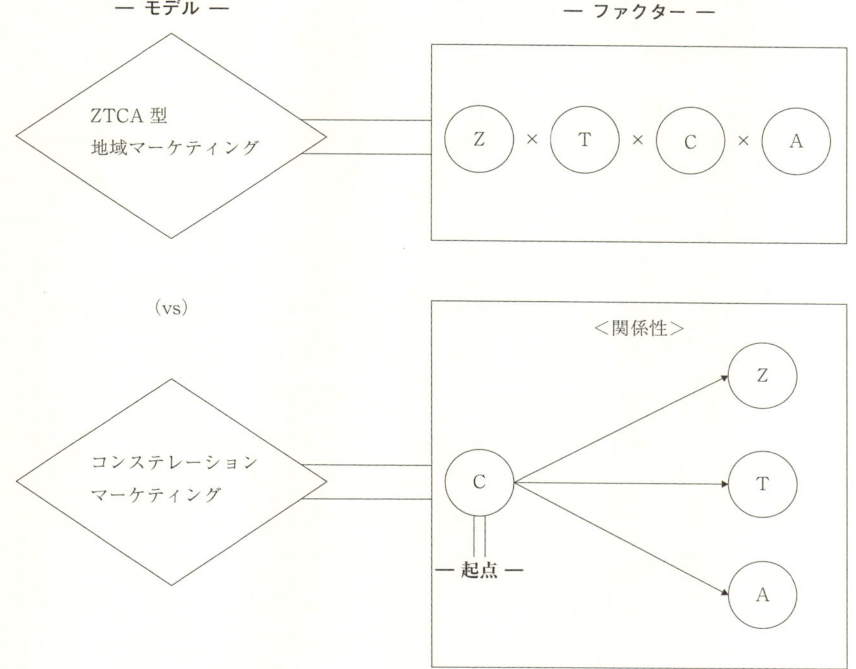

るため２つのコンステレーションを天文学のコンステレーションと心理学のエピソードに結びつける必要がある。つまり，一人ひとりにエピソードメイクをさせようとするのがコンステレーションマーケティングであり，この精度を上昇させることがコンステレーションマーケティングには求められている。これには，いかにしてデザインするか，これを踏まえたマーケティングを行うかが問われる。

(3)　エピソードメイクのためのコンステレーションマーケティングのモデル化

ここで提唱される統合化されたコンステレーションマーケティングは，エピソードメイクを可能にするための方法論である。そこで，多様な地域事例に活用するためのモデル化が試みられる。つまり，コンステレーションマーケティングモデルは，目的としてのエピソードメイクの実現を可能にする手段であるため，これはある種の方法論モデルになっている。結論を急ぐと，このコンステレーションモデルは次のように要約される。これを踏まえて，ここではコンステレーションマーケティングにおける新たなモデルとしての「SSR モデル」が構想される。

◇コンステレーションマーケティングモデル(SSR モデル)＝S×S×Rモデル◇
①S＝「記号創造(sign create)」＝ユーザー注目度高伸化のための方法
②S＝「物語選定(story select)」＝ユーザーとの認識共有化のための方法
③R＝「共鳴行使(resonance act)」＝ユーザーへの影響力増大化のための方法

ここでは，上記モデルを SSR モデルとしたが，コンステレーションマーケティングの初期モデルのための検証は今後の課題である。そこで，本節では本モデルのコンステレーションマーケティングモデルとしての可能性を探っていく。

1）記号創造

第1の要素は記号創造である。これは他者よりもユニークな記号を創造することである。ここでの記号とは他のゾーンやトポスの比較において自身の注目度を高められるサインであり，広くアイコン(icon)[6]やブランドなども含む概念になっている。それゆえ，記号は思考や感情，あるいは情報の保持する精神性などを目視できる媒体になる。具体的には，特定の意味が付与された多様な人の創作物がこれにあたり，それが及ぼす社会的現象も含まれている。

2）物語選定

第2の要素は物語選定である。これは，新たに独創的なコンテンツとしての物語を創作することを意味していない。これには，できる限り容易に誰しもが想起できる既存のコンテンツであり，かつゾーンやトポスとの親密性を確立できるコンテンツが望ましい。これはSSRモデルの重要要素であるが対象とすべきゾーンやトポスの特性から設定される物語には次の5つがあげられる。

◇ 活用すべき物語の類型 ◇

①宗教グループ
②文学グループ
③民俗グループ
④芸術グループ
⑤名所グループ

これらの有効な場面は今後の課題になるが，本書での試論としてはSSRモデルは次のような物語が起点になると考えている。本書の事例分類はこれに依拠しているため，ここではこれらの分類の解説を行うことにする。

第1の「宗教グループ」は，キリスト教・イスラム教・仏教のように広く受容され，世界に多くの信者が存在する教典だけでなく，ある特定地域を中心に浸透している精神性を表すような記述も含んだ物語群である。宗教が基盤となりさまざまな芸術や文学が誕生することもあるが，ここでは精神性を尊重した宗教的なグループに限る。しかし，古事記[7)]に代表されるように神話は多くの日本人が生きていく上で不可欠な存在であることから含まれる。これらは人が暮らしていく上でのある種のよりどころであり，地域におけるサインの価値を高める最強の物語になっている。

第2の「文学グループ」は，著名な文人の視角から地域を捉えた作品であり，一般人には見出せない感性によって特別な地域価値が横溢している物語群である。つまり，目から鱗が落ちるような驚きの現象や過去に経験がない異次元感覚を追体験できるある種の仕掛けである。たとえば，『おくのほそ道』は芭蕉が歩いた道やそこで見出される町や村はひとつの高度に完成された感覚的表現のための道具として，それぞれにサインの価値を高める機能を有している。

第3の「民俗グループ」は，一般人が日常経験している行動に自身を投影する現実的，時には刺激的な体験を含んだ物語群である。これは辛いこと，苦しいこと，あるいは悲しいことの体験も若干含んでおり，これがある種の特定地域における象徴的な状況を現出している。また，日常における楽しいことや嬉しいことだけではなく，ある種の負の部分も併せ持つ物語にも，人は時には強く引き付けられ，地域におけるサインの定着に対して効果的な役割を果たしている。

第4の「芸術グループ」は，フィクションが現実の場に投影される疑似的仮想区域である場が現出されることによって，サインの価値を高める物語群である。これは仮想体験を現実的体験に転換させるある種の次元転換装置機能を保持する感覚が現出するサイン強化のための機能を果たしている。芸術の世界では，多面なアートのフェア，山間部でも展開できる音楽祭，街の再生を可能するアニメゆかりのトポスなどの存在が注目される。これら芸術関連のトポスは，新たなパワーを与えている。たとえば，高田馬場での手塚治虫を捉えたまちづくり[8)]があげられる。

第5の「名所グループ」はわが国では至る所にあるが，これら地域との関係は最も大きく超越できるコンテンツである。既存の物語だけでなく，新たな物語の創造も容易なため，今後も期待できる領域である。これには，たとえば名水100選，名園100選，名木100選などあらゆる領域での物語化が可能である。さらには，ゆるキャラやB級グルメ[9)]などもこの範疇に入る分野になる。たとえばくまモン[10)]は熊本県の地域価値発現のために多大な貢献をしている。

これまでに代表的領域として5領域を紹介したが，これらは今後も期待される領域であり，健康，福祉，災害などの領域でも新たな取り組みが期待できる物語が描けるだろう。

3）共鳴行使

第3の要素は共鳴行使である。これは，提言される3つの要素の中で最も重要であり，人の心の奥底に長期記憶として完全に埋め込まれるまでの重要な対応になる。たとえば，宗教や神話などに見られるようなある種無意識なレベルにおいて，人が何らかの宗教的な背景のある偶像などのコンテンツや教義に代表されるコンテクストに強くバンディングされるならば，このような人に対しては，取り立てて繰り返しの特別な対応などを行わなくとも彼らとの信頼関係は揺らぐことはない。

(4)　エピソードメイクとコンステレーションマーケティングの関係

さらにコンステレーションマーケティングの具体的展開を行う際に不可避となることについて考察したい。ひとつがユーザーサイドのエピソードメイクに対する期待の程度であり，もうひとつがサプライヤーのコンステレーションマーケティング対象へのターゲティング方法である。なお，前者には無意識型エピソードメイク指向性と意識型エピソードメイク指向性の2極があり，後者にはひとつがターゲット非設定指向性とターゲット設定指向性という2極が設定される(図表1-3)。

図表1-3は，われわれが指向するコンステレーションマーケティングは4分類され，その展開方法は各々異なることを表している。なお，これらは，次の4種類のコンステレーションマーケティングとして表される。

◇ エピソードメイクとコンステレーションマーケティングとの関係 ◇

①「第Ⅰ象限」＝無意識型エピソードメイク指向性×ターゲット非設定指向性

図表1-3　エピソードメイクの指向性

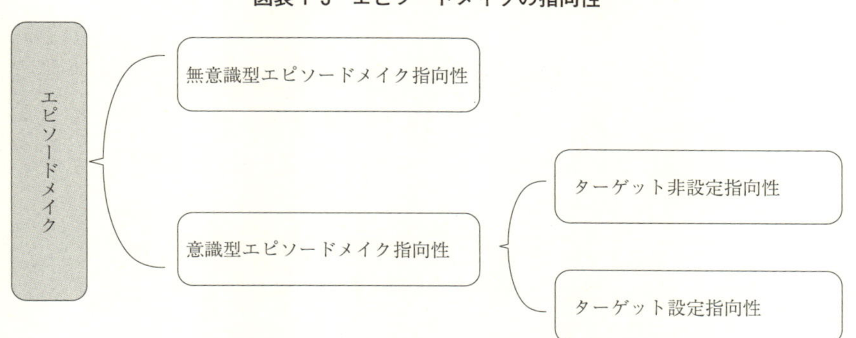

コンステレーションマーケティング関係

②「第Ⅱ象限」＝無意識型エピソードメイク指向性×ターゲット設定指向性コンステレーションマーケティング関係

③「第Ⅲ象限」＝意識型エピソードメイク指向性×ターゲット設定指向性コンステレーションマーケティング関係

④「第Ⅳ象限」＝意識型エピソードメイク指向性×ターゲット非設定指向性コンステレーションマーケティング関係

このように，本書では各事例のコンステレーションマーケティングは，各ユーザーのエピソードメイクへの期待度とサプライヤーサイドのマーケティング対象へのターゲティングとは大きく異なってくる。

第2節　コンステレーションとゾーン＆トポスとの関係

コンステレーションマーケティングを展開するにあたり，その効果を大きくするため，コンステレーションとゾーンやトポスとの関係を取り上げたい。ここでは，ゾーンやトポス自体の議論は省略し，これらとコンステレーションの関係に焦点が当てられる。なお本書では，コンステレーションマーケティングには，特にゾーン起点やトポス起点によるコンステレーションマーケティングが想定されている。

◇ コンステレーションマーケティング ◇
＝ゾーン起点のコンステレーションマーケティング
＋トポス起点のコンステレーションマーケティング

(1)　ゾーン起点のコンステレーションマーケティング

まずは，原田・鈴木(2017)を参照し，ゾーン起点のコンステレーションマーケティングに関する考察を試みれる。これは，ゾーンベースド・コンステレー

図表 1-4　コンステレーションマーケティングの体系

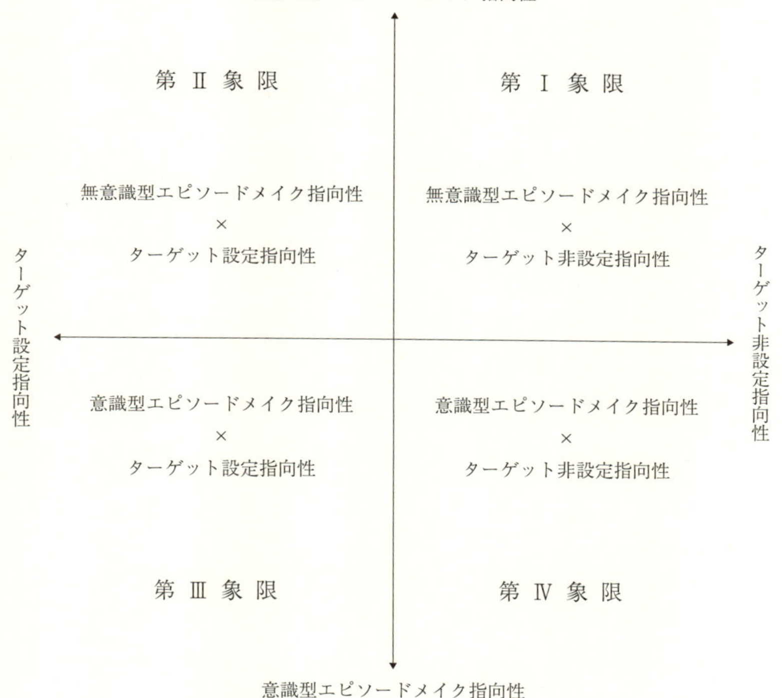

ションデザインに基づいたものであり，①新たなトポスの探索，②トポスの価値転換，③新たなトポスの創造という手順から成るマーケティングである。

①の新たなトポスの探索は，ゾーンデザインによって発現された地域価値という視点からゾーンもしくはコンステレーションをさらに強化するため，新たなトポスを探し，コンステレーションに組み込むマーケティングである。これにより，見落としがちなトポスもゾーンデザインという枠組みにおいて，その価値が発見される可能性が高まる。

②のトポスの価値転換とは，多くの人々が認識するトポスの既存の価値を新

たな視点から読み替える行為である。ゾーンデザインやコンステレーションデザインの視点で，トポスの価値を転換し，新たな価値を付与することによって，コンステレーションに組み込んでいくマーケティングである。

③の新たなトポスの創造は，コンステレーションを強化する新しいトポスを当該地域に創り出そうとするマーケティングである。新たに創り出されるトポスは歴史・文化的な蓄積を見出せないが，コンステレーションに沿って創造することで地域の価値を発現することができるようになる。

以上がゾーンベースド・コンステレーションデザインに基づく，ゾーン起点によるコンステレーションマーケティングに関する概説になる。ここで注意すべき点はトポスが持つ固有価値を減じないようにマーケティングを進めることである。トポスの価値を転換するさい，無理に価値を転換・付与しようとすると，トポスの固有価値を毀損することに繋がり，結果として，コンステレーションの意味づけを弱め，ゾーンデザインを曖昧なものにしてしまう可能性がある。

(2) トポス起点のコンステレーションマーケティング

次に，原田・鈴木(2017)を参照し，トポス起点のコンステレーションマーケティングに関して触れてみよう。これは，トポスベースド・コンステレーションデザインに基づくものであり，個々のトポスに内在する価値を統合しながら，その価値を発現し得るコンステレーションをデザインするマーケティングである。これは，①地域に存在するトポスの探索，②トポスの価値検討，③コンステレーションデザインから構成される。

①の地域に存在するトポスの探索とは，各地域に見出せる特別なトポスを探し出すことである。この際に手がかりになるのが「地域の既存資源」であり，具体的には自然環境，歴史，物産，文化(祭祀，工芸，演芸，人)，人工物(建造物や施設・公園)などがあげられる。

②のトポスの価値検討であるが，重要な視点は日常的に認識しているトポスの意味を一旦横に置き，あらためて価値を考察することである。というのも，

あらゆるトポスは多義的な意味を持っているためである。原田・宮本(2016)が指摘するように，トポスは多層でかつ複雑に連携したネットワークを形成しているため，この複雑な形を的確に把握することは不可欠である。

③のコンステレーションデザインは，総合的に価値を発現する試みであり，具体的にはマーケティングモデルの要素であるトポス(星)をコンステレーション(星座)として繋ぐ行為である。この際に必要になる視点は，過去と現在の「調整」である。これは，原田(2015)の「深表統合モザイクゾーン」であり，歴史的な価値を過去のものであると位置づけるのではなく，むしろ現在の有益な価値に変換して，地域の価値発現を行おうとする考えかたである。

第3節　本書で紹介する事例の体系化に向けた統一的アプローチ軸

本書では，これまでコンステレーションマーケティングモデルの構築を取り上げる。そこで，これらを統一的な枠組みで考察するために，各事例に対して共通の枠組みを設定した。

(1)　本書の事例における物語の分類

本書の事例は，物語起点やサイン起点から構想できる。特に物語起点で考える方が容易であるため，その際の物語体系を提示しておく。これらは，次のように既に定着しているあるいは著名な歴史物語だけではなく，同時に今後に新たに創作される物語でも差し支えない。

◇ 第1グループ＝宗教 ◇

①「禅」〜鎌倉市(神奈川県)ゾーン〜

②「金毘羅宮」〜琴平町(香川県)ゾーン〜

◇ 第2グループ＝文学 ◇

①「高熱隧道」「黒部の太陽」〜立山黒部(富山県)ゾーン〜

②「おくのほそ道」「斎藤茂吉」～山形(山形県)ゾーン～

◇ 第3グループ＝民俗 ◇

①「縄文・アイヌ」～阿寒(北海道)ゾーン～

②「三好長慶」・「飯盛城址」～大東市(大阪府)ゾーン

◇ 第4グループ＝芸術 ◇

①「上野恩賜公園」～台東区(東京都台東区)ゾーン～

②「男はつらいよ」～葛飾区(東京都葛飾区)ゾーン～

◇ 第5グループ＝名所 ◇

①「南国・宮崎」～宮崎(宮崎県)ゾーン～

②「りっか浦添」～浦添(沖縄県)ゾーン～

(2) 本書の事例におけるサインの分類

コンステレーションマーケティングは，サイン起点でも創造できるため，これを分類することにしたい。なお，実際には多様な切り口があるが，ここでは次の3つに限定して紹介する。

◇ 本書で取り上げるサインの分類 ◇

①アイコンサイン

②キャラクターサイン

③ヒストリカルサイン

第1のアイコンサイン(icon sign)は，誰もがアクセスできる単純なサインであるため，判別が容易な対象をサイン化したものである。この特徴は，具体的な絵柄で表されるが，これは一目で認識できる2次元の絵柄になっている。また，これは立体化して表現しても動画化して表現しても何ら問題はない。すなわち，アイコンの背景にあるイメージが，多くの人が瞬時に想起できるという効果的なサインとしてのアイコンである。

第2のキャラクターサイン(character sign)は，たとえば映画やアニメの主人公が代表であるが，これらには個性的な人物や擬人化された動物が人間の目線から構築されているものが多い。これらは単なる作品の絵柄としてのサインではなく，この背景にある内面的な精神性などを表せる媒体である。ちなみに，キャラクターのギリシャ語の語源は性格や性質を表している[11)]。

第3のヒストリカルサイン(historical sign)は，現在も人気がある伝説を含んだ歴史上の人物を地域との関係から活用するものである。これは多くあるが，必ずしも実在が確認できないものでもよい。たとえば，聖徳太子や役小角[12)]などもヒストリカルサインである。全国各地にある神話や伝説の個性的登場人物は，キャラクターサインに含めるよりもヒストリカルサインとして捉える方がよいだろう。

(3)　本書の事例にみるレゾナンスの分類

レゾナンスの体系は多様であるが，ここでは時間軸で分類する。そこでレゾナンスアクトを，つまり共鳴行使を時間軸から捉えていきたい。これは，ひとつが時間の性格を捉えた軸であり，いまひとつが時間の流れを捉えた軸になる。前者は「通時性」と「共時性」で表すことができ(図表1-5)，後者は直線的時間と円環的時間で表すことができる。

図表 1-5　通時性と共時性

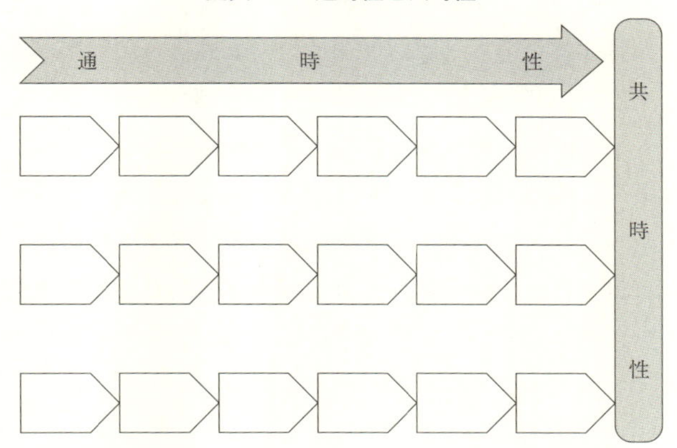

言語における共時性と通時性の概念の基本的な枠組みは，今世紀前半に言語学者のソシュール(Ferdinand de Saussure)によって示唆された。その後，これらの概念をめぐってさまざまな解釈が与えられてきた。影浦(1998)は，これらの解釈の代表的なものを参照し，具体的・技術的な言語研究を健全なかたちで進めるために必要な，共時性と通時性という概念の枠組みを特に専門用語研究のあり様を想定し整理している。共時性と通時性は対語であり，通時性は対象の歴史的変化を追跡するが，共時性は同一の時における変化や差異に注目している。言語学ではソシュール，心理学ではユング(Carl Gustav Jung)が取り上げており，その後には人類学や社会学などの人文社会科学諸分野へと使用が拡大していった。

遠山(1983)は，引用したRudolf Wendorffの『ヨーロッパにおける時間意識の歴史のなか』において，ヨーロッパにおける時間意識についての研究を取り上げている。また，直線的に方向づけられている時間の意識とこのような性質の時間意識を脱した無時間的体験とを時間把握の両極的構造にした。ここでは，ヨーロッパの時間把握を直線的時間意識と特徴づけた。他方，ギリシャ的な時間表象は一般的には円環的とした。直線的時間は過去から現在，未来へと直線的に流れることがイメージされるが，円環的時間は，時間の動きが直線ではなく循環であると把握される。なお，直線的時間は，未来は常に新しいものの生起とされ，円環的時間は未来が過去の繰り返しと捉える。

ここでわれわれが特に狙うべき時間領域は，共時性と円環的時間で捉えられる領域である。この領域で展開されるレゾナンスはコンステレーションマーケティングで最も効果的である。もちろん，他の組み合わせでもレゾナンスは可能だが，この領域は典型的にレゾナンスが表れる時間領域になっている。つまり，コンステレーションマーケティングにおけるレゾナンスでは，体験や経験の積み重ねが重視され，これが個人の心に確実に定着して積み上がっていくマーケティングが行われている。その意味では，次の３つの組み合わせがコンステレーションマーケティングの対象になっている。

図表 1-6　時間概念構造

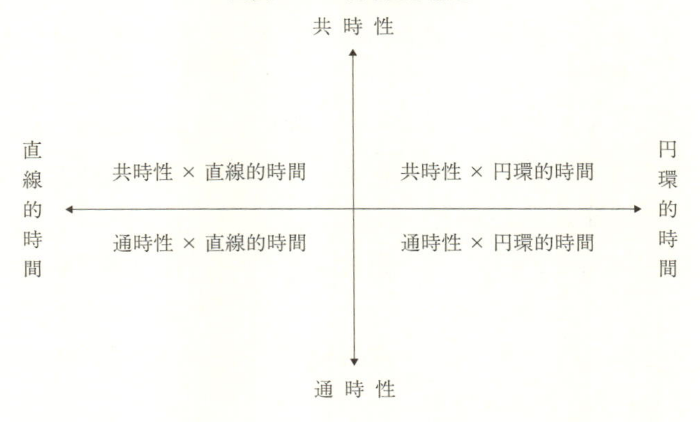

◇ コンステレーションマーケティングの対象時間領域 ◇

①共時性×円環的時間

②共時性×直線的時間

③通時性×円環的時間

コンステレーションマーケティングは，通時性と直線的時間の組み合わせで実現する場合も否定できないが，実際には経験価値への対応という関係をみれば可能性は低い。そこで有効と考えられる上記の3つの組み合わせでエピソードメイクとコンステレーションマーケティングとの関係を考えたい。

エピソードメイクとターゲティングの関係は4つあるが，無意識型エピソードメイク指向性×ターゲット非設定指向性は効果が期待できないため，関係対象としては現実には次の3形態に限定される。

◇ エピソードメイクとターゲティングの関係 ◇

①意識型エピソードメイク指向性×ターゲット設定指向性

②意識型エピソードメイク指向性×ターゲット非設定指向性

③無意識型エピソードメイク指向性×ターゲット設定指向性

このように，エピソードメイクとターゲティングの組み合わせは，時間の流れる形態との関係につながる。具体的には次のような組み合わせになるだろう。

◇ エピソードメイクとターゲティングの組み合わせ&時間軸との関係性 ◇

①意識型エピソードメイク指向性×ターゲット設定指向性
＝共時性×円環的時間

②意識型エピソードメイク指向性×ターゲット非設定指向性
＝共時性×直線的時間

③無意識型エピソードメイク指向性×ターゲット設定指向性
＝通時性×円環的時間

第4節　事例の体系化とポジショニングの考え方

本書では，5分類によってそれぞれ事例を紹介するが，これらのポジションを確定する。事例は，前述した物語を捉えた分類が採用される。

(1)　宗教におけるコンステレーションマーケティングの展開

1）記号創造・物語選定・共鳴行使としての宗教

第1の要素である記号創造は，他者よりも特徴的な記号を使用することであるが，宗教では，当該寺社を象徴する記号は古くから使用されてきた。これは寺社参りが唯一の娯楽であり，ハレの日であった時代は，目指すべき場所を象徴するものであった。宗教施設において，いかにこれら記号が創造されたかは，古い時代のことでもあり，それほどさだかではない。しかし，寺社の名前を出さなくとも，記号を示すだけでこれら寺社の名前や所在地，それに関連するトポスを多くの人たちが想像できるのは，記号のなせる業である。さらに，この記号に多様な意味が付与され，古くはこれら記号を旗印とした戦が行われた時代もあった。この点から，宗教施設やそれに関係するコンステレーションは，記号＝当該宗教施設を中心としたコンステレーションと考えられよう。

第2の要素である物語選定は，新たな独創的なコンテンツとしての物語の創作を意味しない。多くの人が容易に想起できる既存コンテンツにより，ゾーンやトポスとの親密性を確立できるのが望ましい。たとえば，曹洞宗の開祖は道元禅師である。道元は12世紀最後の年に生まれ，京都の上級貴族や公卿出身とされていることや両親についても諸説あるため，それらを掘り起こすところから物語である。また彼自身も『正法眼蔵』(75巻本＋12巻本＋補遺)という著作を残し，只管打坐の禅を受け継いでいることなど，多くの物語を現在に伝えている。

第3の要素である共鳴行使は，ユーザー(顧客)への影響力を増大させる方法である。そもそも宗教は，開祖の考えや言葉，他方では自然界にあるものに「神」を認め，受容し，日常生活に何らかの影響を及ぼす。自然呪力を名僧の強い呪力が起こす神との共鳴現象と捉えて，日蓮の立正安国論を「宇宙は波動の海」という認識で理解すると，まさに宇宙の原理に基づいた教えであるという考え方もある(岩井，2014)。特にこれまで長く続く歴史の中であるときに一本の筋が通り，これまでのさまざまな営みが循環として捉えられるようになることもあっただろう。そこにおいては共鳴行使が起こり，顧客への影響力を得ることになる。

2）事例に見るエピソードメイクとコンステレーションマーケティングの位置

第2章で取り上げる「禅」ブランドによる地域ブランディングは，図表1-4の，第Ⅱ象限に位置づけることができよう。また第3章で取り上げる「こんぴらさん」による地域ブランディングも，第Ⅱ象限に位置づけられよう。

(2)　文学におけるコンステレーションマーケティングの展開

1）記号創造・物語選定・共鳴行使としての文学

第1の要素である記号創造は，他の場所や人物，組織よりも特徴的で独特な記号の利用となる。文学においては，まさに文学的表現となる。俳句や短歌は，それぞれ17，31音で表現される目の前にある風景となり，そこから創造される連結となる。多くの場合，文学作品として知られ，それによって人々が別の場所において学んだり，知識を獲得したりすることになる。

文学作品には，その象徴としての作品集があり，さらにはその人物も記号として機能することになる。松尾芭蕉であれば，門弟である河合曽良と旅に出る絵は，道を極める人物として印象づけるものであるし，またそれに関連する施設も記号として捉えられることになる。

俳句には，季語が必要となる。季語は，記号として季節を表すものとなる。日本独特の文化として，短い音で表すだけでなく，四季折々の風景を映し出す役割を担うことになる。第5章で取り上げる山寺の場合，そこに俳句の中で取り上げられる蝉などが含められる。文学作品には，このような複数の記号が含められることで印象づけられる。

第2の要素である物語選定は，地域マーケティングにおける独特の価値を生み出すための価値創出と大きく関連する。本書において追求しているのは，新たな物語の創出ではなく，すでにある資源をつなぎ合わせる資源統合の観点からアプローチすることになる（庄司，2016）。さらに，ゾーンとトポスとの関連性がより明確になることによって，これが追求されることになる。

文学作品の場合，作者の物語が大きく影響する。松尾芭蕉であれば，江戸時代という時代背景と彼が影響を受けた平安時代末期に活躍する西行が関係する。そして，後世の俳句に関連する正岡子規などもその物語として用いられるであろう。また斎藤茂吉であれば，直接の指導を受けた伊藤左千夫だけでなく，彼の写実主義に影響を与えた正岡子規も関連する。第5章では取り上げなかったが，斎藤茂吉の子である斎藤茂太や北杜夫などもそうである。

第3の要素である共鳴行使は，顧客との相互作用と捉えることが可能である。神社であればパワースポットなどが有名であるが，文学の場合は，文章および俳句や短歌であれば写実される景観がそれにあたると思われる。顧客へと影響を与えることによって，自らのエピソードが関連付けられ，それらの中での共鳴行使が起こることになる。

2）事例に見るエピソードメイクとコンステレーションマーケティングの位置

文学による地域デザインとして，第4章では，黒部ダムについて，第5章では俳句による松尾芭蕉の『おくのほそ道』と短歌による斎藤茂吉を取り上げている。図表1-4では，第4章の事例は，第Ⅲ象限に位置づけられ，第5章の事例は第Ⅳ象限に位置づけられよう。

(3) 民俗におけるコンステレーションマーケティングの展開

1）記号創造・物語選定・共鳴行使としての民俗

第1の要素である記号創造は，他者よりも特徴的な記号を使用することである。たとえば，阿寒アドベンチャートラベルの場合，かつての阿寒観光での物見や買物といった旅行形態が広義の記号であった。それに対し，マリモやアイヌの工芸品が狭義の記号である。また，新しいコンステレーションを描くアドベンチャートラベルでは，その名称や概念が広義の記号であり，阿寒フォレストルミナなどが狭義の記号となっている。

一方，三好長慶と飯盛城址の事例では，長慶の家紋「三階菱に釘抜」が注目度を高めるサインである。また，長慶が掲げた「理世安民」も重要なサインとして考えられる。長慶は戦国屈指の教養人として知られているが，その豊かな教養によって「理世安民」の考えが生まれたのであろう。飯盛城址については，城址の北東に現存する石垣が挙げられる。飯盛城は当時では珍しく石垣を多用しており，その石垣の技術は高く，規模も大きい。

第2の要素である物語選定は，新たな独創的なコンテンツとして物語を創作することを意味しない。多くの人が容易に想起できる既存コンテンツにより，ゾーンやトポスとの親密性が確立できることが望ましい。たとえば，第6章では，アイヌや縄文が所有していたと考えられている狩猟採集時代の冒険や放浪，そして，自然と共生してきたことが物語となる。そして，アドベンチャートラベルを自然や異文化に物語を吹き込む行為と考えられる。

他方，第7章の物語は，三好長慶の歩んだ人生そのもので，足利将軍家を擁立せず政権を遂行した，その決断と生きざまが地域価値の創出に繋がることが期待される。また，飯盛城址の石垣も重要なトポスとしての物語を演出している。なぜ，飯盛城の北東の京都側に立派な石垣を築いたのか――三好長慶当時の思いを感じ取れることが指摘される。

第3の要素である共鳴行使は，ユーザーへの影響力を増大させるものであり，人の心の奥底に長期記憶として完全に定着するまでの重要な対応である。第6章では，阿寒アドベンチャートラベルの深層には，採猟採取を中心としたアイヌや縄文文化が存在することが示されている。いずれの地域でも，農耕以前は採猟採集であり，潜在的な郷愁を喚起することで共鳴を行使できることが指摘されている。

また，第7章では，飯盛城址から一望できる景色で共鳴を行使できるものと考えている。実際に飯盛山に登り，城址から大阪平野を望むと，当時の三好長慶の気持ちになり，戦国初の天下人を疑似体験できる。この体験がユーザーの共鳴行使に繋がるものと指摘される。

2）事例に見るエピソードメイクとコンステレーションマーケティングの位置

第6章で取り上げる「アドベンチャートラベル」による地域ブランディングは，図表1-4では第Ⅲ象限に位置づけられよう。また第7章で取り上げる「三好長慶と飯盛城址」による地域ブランディングは，第Ⅱ象限に位置づけられよう。

⑷　芸術におけるコンステレーションマーケティングの展開

1）記号創造・物語選定・共鳴行使としての芸術

第1の要素である記号創造は，他者よりも特徴的記号を使用することであるが，芸術分野において，芸術作品を象徴する記号は多様である。芸術には古くからあるもの，近年誕生したものまで多様である。さらに形があるものから形がないもの，触れることができるものできないものなど幅がある。また，消えずに残るものから生まれた瞬間に消えるもの，人間がどの感覚器官でそれを感受するかにより，大きな相違がある。このように芸術のつくり手(芸術家)と受け手(鑑賞者)の関係性により，芸術はさまざまな姿を見せることになろう。そのため，ある芸術作品から関連するものが誕生し，それらの誕生したものがある種の記号となり，地域の価値を高めていくことは十分に可能である。

たとえば，「上野の西郷さん」の銅像は上野公園を象徴するものである。西郷隆盛の銅像は，出身地である鹿児島県内にも何カ所かあるが，「西郷さん」といえば上野を想起する人は多い。西南戦争では，朝敵となり，自害し果てたが，彼が座右の銘としていた「敬天愛人」に表されるように，豪放磊落で多くの人々から愛されたと伝えられている人物像は，本来設置されるはずであった皇居前よりも上野公園が似つかわしい場所といえる。

これまでにも何度かそのブームが訪れたのは，上野動物園のパンダである。生き物が特定の場所を象徴することはしばしばある。「新潟県佐渡といえば朱鷺」「北海道釧路湿原といえば丹頂鶴」というように，実際の生き物と特定の場所が結びつく。わが国では，パンダは他の場所でも飼育され，上野動物園より多く繁殖されている場所も存在する。しかし，最初に日本にパンダが来た場所は上野動物園であり，都市部でもあったことから「上野動物園＝パンダ」となった。多くの人には，子どもの頃パンダを見に行った上野動物園，遠足で写真に収まった西郷さんの銅像，新入社員の頃の花見の場所取り，美術には全く興味はなかったがデートで訪れた美術館，個性的な美術教師の出身校である東京芸術大学など，上野公園には多くの物語が存在している。この地域の取り組みは，それぞれのコンステレーションにより，地域価値を高めるものである。

第2の要素である物語選定は，多くの人が容易に想起できる既存コンテンツにより，ゾーンやトポスとの親密性が確立できることが望ましい。たとえば，映画『男はつらいよ』の主人公は車寅次郎(フーテンの寅さん)である。その誕生は，高度経済成長の終盤であった1969年に第1作目が封切りとなった。寅さんは16歳で柴又を離れ，各地を転々とし，20年ぶりに生まれ故郷である柴又に帰ってきた。その後も放浪と帰郷を繰り返す生活が続いた。また映画は，放浪の旅と各地でのマドンナとの出会い，失恋の繰り返しである。つまり，ストーリーはワンパターンであり，新作が出される度に楽しみにしている観客も，終わりのわかりきっている物語の経過だけを楽しんでいるところがある。

第3の要素である共鳴行使は，ユーザー(顧客)への影響力を増大させる。芸術は，美の創造と鑑賞に関する文化であり，美を表現し，それにより人間の生を他者へ伝達し，感動させ，共感させるものである(倉橋・大塚，1997，p. 75)。

特に上野公園は，歴史的な建造物に加え，「世の中に絶えて桜のなかりせば春の心はのどけからまし」という歌に端的に表されるように「桜」という日本人の心を古くから捉えてきた花，不忍池を中心とした自然生物の息づかい，人間が創り出す芸術を表現するトポスとして独自の存在感を際立たせている。また映画芸術の場合，寅さんの日本各地への放浪を追体験している面もある。『男はつらいよ』の1作目の場所は「矢切の渡し」であった。後年，演歌歌手である細川たかしが同名の歌をヒットさせたが，その背景には寅さんの1作目と重なるところもあった。そして，あるときには一本の筋が通り，これまでのさまざまな営みが循環としてとらえられるようになる。そこにおいて共鳴行使が起こり，ユーザーへの影響力を得ることになる。

2）事例に見るエピソードメイクとコンステレーションマーケティングの位置

第8章で取り上げる「上野公園」ブランドによる地域ブランディングは，図表1-4では第Ⅲ象限に位置づけられよう。また，第9章で取り上げる『男はつらいよ』による地域ブランディングも，第Ⅲ象限に位置づけられよう。

⑸ 名所におけるコンステレーションマーケティングの展開

1）記号創造・物語選定・共鳴行使としての名所

第1の要素である記号創造は，宮崎県の事例においては多くの人々の中にある宮崎のイメージとしての「海岸沿いに立ち並ぶヤシの木」が記号として位置づけられる。宮崎におけるヤシの木は，単に南国だからということで自生していたものをそのまま植栽したものではなく，あくまでも宮崎を南国イメージで訴求しようとする宮崎交通の社長岩切章太郎（当時）によって作り出された風景である。岩切は名所作りとして，①古い木，老木を育てること，②数で勝負をするということ，③（植物の）植え方として樹木にはそれぞれに一番良い姿を現す植え方があり，宮崎のイメージとして想起されるフェニックス（ヤシの木の一種）は，背景に空と水があり，一列に並んだ姿が素晴らしい（渡辺，1986）との考えによる。

浦添市の事例は，観光客増加の恩恵に与らなかった浦添市が「青い海と白い砂浜」という人々の中にある沖縄のイメージ(記号)を利用する選択は取り得ないため，「りっか！浦添」が提供する歴史に紐づけた体験型プログラムであることをユーザーが想起できるように「うらそえ感動体験」の文字をネーミングに加えている。これにより，沖縄の他地域における記号との明確な差異性を示した。

第2の要素である物語選定は，宮崎の事例においては古事記や日本書紀などの伝説や神話が位置づけられる。明治以降の開発においても九州内の鉄道は九州西側から開通し，東側に位置する宮崎は鉄道や道路の開通は西側より後であった。このような背景から，「陸の孤島」とも揶揄された宮崎であるが，まさに陸の孤島と感じさせる山深い場所にある高千穂や，崇神天皇の御代に創建されたと伝えられる鵜戸神宮，嵯峨天皇の時代に創建されたといわれる青島神社もこのような自然環境と相まって伝説・神話に描かれた世界観を現実のものとして経験できる場所になっている。

浦添の事例は，浦添に存在する琉球王国の陵墓「浦添ようどれ」を活かし，現在まで紡ぎ出されてきた琉球王国の歴史と，歴史に紐づけた体験型プログラムである前述の「りっか！浦添」のコンテンツと結びつけることによって，琉球王国の歴史と浦添との親密性を訴求している。

第3の要素である共鳴行使は，宮崎の例では自らを「民間知事」と称した岩切章太郎による宮崎交通の周遊バスコースが挙げられる。この周遊バスのコースは「歴史」と「南国」を訴求するものであったが，コースに組み込まれていた青島神社や鵜戸神宮は，神社に伝わる伝説はいずれも縁結びと関連するため，昭和40～50年代における新婚旅行ブームとの関連性も指摘されている。

浦添の「りっか！浦添」プロジェクトの例は，従来見られた紋切り型の観光地，特産品，グルメに対するアンチテーゼとして「今だけ，ここだけ，あなただけ」という特別感の創出を目指した。浦添市内における37の同時多発的な参加型プログラムは，その特別な体験によって個々のユーザーに対し情報発信という形で共鳴をもたらすものである。

2) 事例に見るエピソードメイクとコンステレーションマーケティングの位置

第10章で取り上げている「歴史」および「南国」による地域ブランディングでは，南国イメージからもたらされる経験やエピソードは具体的な内容が設定されているわけではなく，あくまでも自然環境や歴史から個々人が自由に感じ，経験できるものであることから無意識型のエピソードメイクである。一方で，伝説や神話が描いてきた世界観，および宮崎県内の神社が訴求している縁結びや安産祈願等は「新婚」「結婚」にまつわるコンテンツであることから，図表1-4では第Ⅱ象限に位置づけられよう。

第11章で取り上げている浦添市の「りっか！浦添」プロジェクトは，浦添市が他の沖縄の自治体と異なり観光資源に乏しいことから，歴史に紐づけた体験型コンテンツを用意することとなった。このことは，体験した顧客がそれぞれ浦添と琉球王国にまつわる歴史を感じ取って欲しいとの意図によって行われていることから，図表1-4では第Ⅲ象限に位置づけられよう。

おわりに～地域におけるコンステレーションマーケティング研究の課題

本章では，新たな地域マーケティングとしてのコンステレーションマーケティングの特徴を明確にし，伝統的なモデルを援用した4Ps型の地域マーケティングとは異なるモデルであるコンステレーションマーケティングモデルを提示した。これはZTCAデザインモデルのマーケティングへの概念拡張である。

このようなコンステレーションマーケティングモデルは多く構想できるが，地域マーケティングモデルのトリガーモデルとしてSSRモデルが提示された。また，これ以外のモデルの構想もあるため，今後はこれらを踏まえた検証が必要である。また，エピソードメイクとコンステレーションマーケティングの関係も多様な設定が可能であり，これらの研究も必要である。このような問題はあるが，本書ではSSRモデルの確立を指向したコンステレーションマーケティングの枠組みに依拠した事例に対する解釈が行われる。

なお，本書ではモデル化が主目的であるため，コンテクストから地域マーケティングを考えることに伴う課題が見出される。マーケティングの地域に対する活用の視点からモデルの構築を指向してきたが，急速な工業化に伴って誕生したマーケティング論自体の存在意義に関する考察も不可欠である（原田・三浦，2007）。

注

1）地域デザイン学会では，ZTCA デザインモデルを地域デザインのために不可欠なモデルとしている。当初は，ゾーンを起点とし，トポス，コンステレーションをデザインすることで価値発現が指向されたが，後にこれらの要素にアクターズネットワークが追加され現在の ZTCA デザインモデルに進化した。
2）当然ながら，他にゾーン起点 ZTCA 型マーケティング，トポス起点 ZTCA 型マーケティング，アクターズネットワーク起点 ZTCA 型マーケティングが考えられる。
3）挿話とは，物語や事件の本筋の間に挿入される短いまとまった話である。主題から自然に展開するもの，主題に密接に結びつかないものがあるが，文学作品では多様な形で効果的に利用される（ブリタニカ国際大百科事典）。
4）逸話とは，世間や世人にあまり知られていない興味深い話，世人の目から逸した（逃れた）話である。英語では，anecdote といい，挿話の episode とは異なる意味を示す。
5）デジュールとは，標準化団体によって定められた標準規格のことである。
6）アイコンとは，ファイルの内容やソフトウェアの用途，機能などを図や絵柄で表したものである。それは文字による名称や説明に比べて言語の壁がなく，国籍や年齢を問わず，誰にでもわかりやすい。
7）古事記は，日本最古の歴史書であり，712（和銅 5）年に太安万侶が編纂し，元明天皇に献上された。
8）手塚治虫の手塚プロダクション本社が高田馬場にあり，鉄腕アトムも物語の中では高田馬場で誕生したことになっている。鉄腕アトムが高田馬場で生まれたのは，手塚治虫がアトム生誕に関して徹底的に“馬”にこだわった駄洒落を連発していることによる。アトムの生みの親は天馬博士，彼がトビオという一人息子を交通事故で亡くし，その等身大の身代わりのロボットとして作られたのがアトムであった。同博士は群県出身，練馬大学で学び，脳の海馬の研究の第一人者，高田馬場にある科学省長官に出馬したが，いつか馬脚を現すと野次馬から下馬評を浴びている…といった具合である。手塚プロダクションと鉄腕アトムに因んで，高田馬場駅下の大ガードの壁一杯に，鉄腕アトムをはじめとする手塚漫画の人気キャラクターたちの絵が描かれている（http://fum-tan.sakura.ne.jp/TakadaBaba.htm：2018 年 10 月 5 日アクセス）。
9）B級グルメとは，ぜいたくな食事ではなく，安価で庶民的でありながらも，おいしいと評判の料理を指している（デジタル大辞泉）。
10）くまモンは，2011 年 3 月の九州新幹線全線開業をきっかけに誕生した。くまモンの仕事は，身近にあるサプライズ&ハッピーを見つけて，全国のみんなに知ってもらうことであり，熊本だけでなく関西や関東にも出張して熊本のおいしいものや大自然を訴求している。熊本県知事からは熊本県営業部長兼しあわせ部長に抜擢されている（くまモンオフィシャルページ https://kumamon-official.jp/profile：2018年8月13日アクセス）。

11）サインとは，情報伝達や思考・感情・芸術など精神行為の働きを助ける媒体である。狭義には，文字やマーク，絵など，意味を付された図形であるが，広義には表現物，ファッションやさまざまな行為を含むこともある。

12）役小角は奈良時代の山岳呪術者であり，役行者，役の優婆塞ともいわれる。1799（寛政11）年に修験道を開き，神変大菩薩の勅諡号を受けた。大和国南葛城郡茅原に生まれ，32歳のとき葛城山に登り，孔雀明王の像を岩窟に安置して草衣木食し，持呪観法して不思議の験術を得たとされる。また，諸山岳を踏破して修行したが，彼の呪術は世間を惑わすものとされ伊豆に流された。山岳信仰と密教とが合流し，修験者の理想像とされ，平安時代以降一般の信仰を受け，その足跡を伝える説話は全国の霊山幽谷にできあがった（ブリタニカ国際大百科事典）。

参考文献

Tulving, E.（1983）*Elements of episodic memory*, Oxford University Press.（太田信夫訳（1985）『タルヴィングの記憶理論―エピソード記憶の要素』教育出版）

太田信夫（1988）「エピソード記憶」太田信夫編『エピソード記憶論』誠信書房，pp. 1-25。

小此木啓吾・河合隼雄（2013）『フロイトとユング』講談社学術文庫。

影浦峡（1998）「言語における共時性と通時性」国立情報学研究所『学術情報センター紀要』10号，pp. 23-27。

河合隼雄（2009）『ユング心理学入門』岩波現代文庫。

河合隼雄（2013）『こころの最終講義』新潮文庫。

杉本徹雄（2012）『新・消費者理解のための心理学』福村出版。

高野陽太郎編（1995）『認知心理学2　記憶』東京大学出版会。

田中洋（2015）『消費者行動論』中央経済社。

遠山諦虔（1983）「時把握の仕方をめぐる比較文化論の試みについて」『研究論文』11，pp. 119-126（http://www.jacp.org/wp-content/uploads/2016/04/1982_09_hikaku_16_toyama.pdf：2018年10月10日アクセス）

原田保（2014）「地域デザイン論のコンテクスト転換―ZTCAデザインモデルの提言」地域デザイン学会誌『地域デザイン』第4号，pp. 11-27。

原田保（2015）「『深表統合モザイクゾーン』の戦略性に関する試論―“深層”のローカル性と“表層”のグローバル性」地域デザイン学会誌『地域デザイン』第6号，pp. 9-24。

原田保・三浦俊彦編著（2007）『スロースタイル　生活デザインとポストマーケティング』新評論。

原田保・三浦俊彦編著（2011）『地域ブランドのコンテクストデザイン』同文舘出版。

原田保・三浦俊彦編著（2016）『小売&サービス業のフォーマットデザイン』同文舘出版。

原田保・鈴木敦詞（2017）「ZTCA デザインモデルにおけるコンステレーションの定義と適用方法に関する提言」地域デザイン学会誌『地域デザイン』第9号，pp. 9-32。
原田保・宮本文宏（2016）「場の論理から捉えたトポスの展開　身体性によるつながりの場とエコシステムの創造」地域デザイン学会誌『地域デザイン』第8号，pp. 9-36。
原田保・武中千里・鈴木敦詞（2013）『奈良のコンステレーションブランディング　“奈良”から“やまと”へのコンテクスト転換』芙蓉書房出版。

第2章

宗教①＝禅による鎌倉市のコンテクスト転換

—鎌倉宗教者会議と Zen2.0 を捉えて

中野　香織

はじめに

鎌倉は「古都・鎌倉」と表現されるように，古都や伝統のイメージが強いだろう。観光パンフレットでは20年前も現在も同様に「古都鎌倉の寺社」が豊富に紹介されている(神谷ほか，2017)。しかし，近年の鎌倉は古都だけの街ではな

図表 2-1　2017 年 Zen2.0 の様子

図表 2-2　鎌倉市の地図

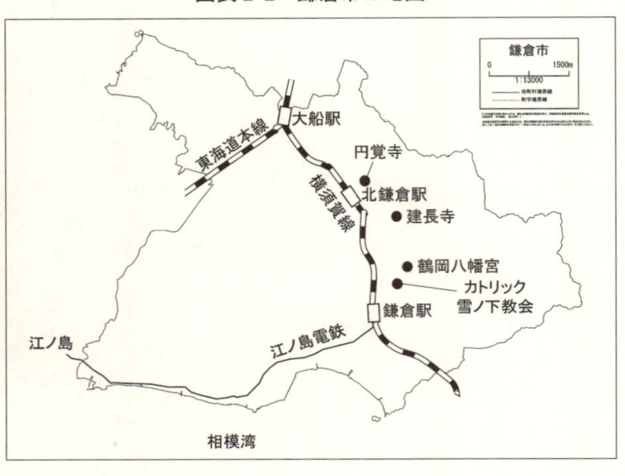

い。現在ではIT系企業が集積しユニークなまちづくり活動が盛んになり，若い世代やファミリーの移住も増えているという（東洋経済ONLINE；SUUMO)。こうした変化はどのようにして生じたのだろうか。

活発な地域活動の例として，宗派を超えて追悼を行う「鎌倉宗教者会議」，鎌倉を元気にするアイデアを実現する「カマコン」，マインドフルネスの国内初の国際フォーラム「Zen2.0」の開催などが挙げられる。こうした活動を通して，鎌倉は多様な価値を受け入れる場として認識されることになり，人や企業がより一層集まってきているのではないだろうか。

そして，これらの変化の背景には物語としての宗教の存在があると考えられる。そこで本章では，現在の鎌倉の姿とその変化の理由をコンステレーションマーケティングの枠組みから考察していきたい。なお，鎌倉に関する記述は，二次情報（新聞記事，雑誌記事，書籍，Webサイト）に加え，Zen2.0やカマコンに関わる主要人物へのインタビュー調査をもとにしている。インタビューの対象は，Zen2.0ファウンダーの三木康司，宍戸幹央，大串竜之介，カマコン運営の渡辺みさきである[1]（以下，敬称略）。

本章では，まず鎌倉の変化として，第1節では活性化している地域活動を，第2節では鎌倉に集まる人や企業を説明する。第3節以降では，コンステレーションマーケティングの枠組みに沿って，鎌倉の変化の理由が考察される。具体的には，SSRモデルにおける記号創造（S）には鶴岡八幡宮の大銀杏倒木が，物語（S）には宗教が，共鳴行使（R）には鎌倉宗教者会議が該当すると捉え，トポスとコンステレーションが分析される。

第1節　活性化している地域活動の現状

(1)　鎌倉宗教者会議（2011年〜）

まず，近年の鎌倉において盛んに行われている地域活動の現状を説明したい。特に，2011年に活動が開始され2013年に正式に設立された鎌倉宗教者会議の存在は重要であり，これはその他の活動にも影響を与えている。

図表 2-3　鎌倉宗教者会議参加一覧

宗教	宗派	神社，寺院，教会
神道		鶴岡八幡宮
神道		御霊神社
神道		江島神社
神道		鎌倉宮
仏教	天台宗	杉本寺
仏教	真言宗泉涌寺派	浄光明寺
仏教	真言宗泉涌寺派	覚園寺
仏教	真言宗御室派	明王院
仏教	浄土宗	蓮乗院
仏教	浄土宗	光明寺
仏教	浄土宗	高徳院
仏教	時宗	光照寺
仏教	臨済宗建長寺派	建長寺
仏教	臨済宗建長寺派	報国寺
仏教	臨済宗円覚寺派	円覚寺
仏教	臨済宗円覚寺派	臥龍庵
仏教	臨済宗円覚寺派	帰源院
仏教	臨済宗円覚寺派	佛日庵
仏教	臨済宗円覚寺派	浄智寺
仏教	臨済宗円覚寺派	東慶寺
仏教	曹洞宗	大船観音寺
仏教	日蓮宗	妙本寺
仏教	日蓮宗	安国論寺
仏教	日蓮宗	薬王寺
仏教	真言律宗	極楽寺
仏教	日蓮宗系単立	大巧寺
仏教	仏教系単立	長谷寺
キリスト教	カトリック	カトリック雪ノ下教会
キリスト教	カトリック	カトリック由比ガ浜教会
キリスト教	カトリック	カトリック大船教会
キリスト教	カトリック男子修道会	イエズス会日本殉教者修道院
キリスト教	カトリック女子修道会	レデンプトリスチン修道院
キリスト教	カトリック女子修道会	聖母訪問会本部修道院
キリスト教	カトリック女子修道会	メリノール女子修道会鎌倉修道院
キリスト教	プロテスタント	日本基督教団 大船教会
キリスト教	プロテスタント	日本聖公会 聖ミカエル教会

出所）鎌倉宗教者会議 Web サイト

鎌倉宗教者会議とは，鎌倉文化圏を地盤とする宗教者が宗派を横断して協力することにより，「宗教都市鎌倉」の実現を目指す組織である。2013年に設立された（鎌倉宗教者会議）。事務総長である浄智寺の朝比奈恵温によると，鎌倉宗教者会議とは「異なる宗教間の対話をする場であり，神道，仏教，キリスト教の3宗教が宗派を超えてつながる組織」だという（朝比奈恵温講演）。

2011年3月11日の東日本大震災で多くの犠牲者が出た際に，鎌倉は海が近いこともあり，人々の不安を軽減し安心してもらえる場を提供したいと考えたという（朝比奈講演）。そこで，2011年4月11日に鶴岡八幡宮において，宗派を超えた合同祈願として「東日本大震災 追善供養 復興祈願祭」を執行した（鎌倉宗教者会議 Webサイト）。神道とは異なる宗教者が鶴岡八幡宮の「舞殿」にあがることはそれまでは，非常に画期的な出来事であった（朝比奈講演，鎌倉宗教者会議 Webサイト）。これには宗教関係者は400名以上が[2]，一般参列者は約1万名が参加した（鎌倉宗教者会議 Webサイト）。

その後も，毎年3月11日に法要・祈願祭を行っている。2019年には「第9回東日本大震災復興祈願祭」がカトリック雪ノ下教会において行われ，これには1,000名以上が参加した[3]（鎌倉宗教者会議 Webサイト）。

現在の鎌倉宗教者会議には神道，仏教，キリスト教の36神社・寺院・教会が参加しており[4]，その一覧を図表2-3にまとめている。なお，鎌倉宗教者会議のロゴマークは，神道を象徴する榊，仏教を象徴する蓮，キリスト教を象徴する白百合から成る。

(2) カマコン（2013年～）

① カマコンの概要

カマコンとは「この街を愛する人を，全力支援！」をキャッチコピーとし，「鎌倉の魂をもつ人たちが集まる」地域団体である（カマコン Webサイト）。面白法人カヤック CEOの柳澤大輔を初めとした，鎌倉を拠点とするIT企業7社（カヤック，グローバルコーチング，ランサーズ，テトルクリエイティブ，村式，ジャンプスタート，小泉経営会計）の経営者が「鎌倉をもっと元気にしたい」ということから2013年に設立した(マガジンハウス Local Network Magazine collocal)。

ある新聞記事がシリコンバレーに由来して「カマコンバレー」と名付けたことがきっかけになり，カマコンという名称になった。ただ，このような対応はもともとシリコンバレーを意識していたわけではなく，影響を受けたのは鎌倉宗教者会議の活動を受けたものであったという。柳澤は，宗派を超えた取り組みである鎌倉宗教者会議の追悼を見て，「競争よりも協力」し，「異なる価値観の人々が立場や領域を超えてつながる」ことを鎌倉の強みとしたいと考えた(『Forbes JAPAN』2017年6月号；柳澤，2018)。

カマコンの毎月の定例会の場では，「鎌倉を面白くする」ためのアイデアやプロジェクトのプレゼンテーションが行われる。これらのアイデアに対して，参加者全員でブレーンストーミング(ブレスト)を行う[5)]。ブレストを行うことで,「ジブンゴト」として取り組めて，解決志向型の思考になるという(『Forbes JAPAN』2017年6月号；柳澤，2018)。カマコンではブレストを重視しており，メディア取材や他の自治体による視察でさえも，定例会を単に見ることは許されず，ブレストに参加しなければならない(カマコン運営 渡辺みさき氏インタビュー)。ここで提案されたブレストが行われたプロジェクトは企画内容が修正され，いくつも実現されている。

そのためか行政側もカマコンの存在意義を認めている。鎌倉市の松尾崇市長は，カマコンは鎌倉にとっての財産であり，起業や企業誘致をバックアップしていきたいと話している(『日本経済新聞』2014年12月26日)。松尾自身がカマコンの会員でもあり，市役所職員が定例会に参加することもある[6)](カマコン；渡辺氏へのインタビュー)。

② カマコンから実現した企画

カマコンによって実現した企画はいくつもある。市議会選挙(2013年)の投票率を高めるためのプロジェクトから始まり，鎌倉をよくしたいという思いを応援するクラウドファンディング「iikuni」，津波に対する防災意識を高めるイベントである「津波が来る前に高いところへ逃げるプロジェクト」，マインドフルネスの国際フォーラム「Zen2.0」などである。

最近では，2018年4月からオープンした「まちの社員食堂」がある。鎌倉で働く人が昼食や夕食に利用できる場であり，地元の飲食店が毎週メニューを提供している（柳澤，2018）。2019年時点では50もの飲食店が協力しているという（柳澤大輔氏講演）。

(3) Zen2.0（2017年～）

① Zen2.0の概要

カマコンのプロジェクトから生まれたイベントのひとつに，Zen2.0がある。これはマインドフルネスの国際フォーラムであり，2017年9月2日～3日，および2018年 9月8日～9日に建長寺と鎌倉学園において開催された。2018年のテーマは「感じる身体，実践する心」であった。

Zen2.0のWebサイトによると，講演者のコンセプトは「マインドフルな実践を，すべての分野から」であり，国内外から多様な人材を集めている。建長寺の宗派である臨済宗（吉田正道，朝比奈恵温ら）だけでなく，曹洞宗（藤田一照），浄土真宗（松本紹圭）といった異なる宗派の僧侶もいる。その他，マインドフルネスの研究者（スティーブン・マーフィ重松）や幸福学の研究者（前野隆司），マインドフルネス研修（荻野淳也），ヨガ（ジャクリーン ハーグリーヴス，丹羽順子），瞑想（清水ハン栄治），茶道の専門家（傳田妙京），トップアスリート（為末大），コンサルティング会社会長（梅澤高明），ゲーム開発者（三宅陽一郎）など多岐にわたる。講演だけでなく，多くのワークショップを取り入れており，マインドフルネス，瞑想，ヨガ，茶の湯，尺八などの実践ができる。また，スポンサーとしては19の組織が協力している[7)]。

イベントの来場者は，2017年は延べ人数476名，2018年は386名であり，その5%程度もの人が海外から来ているという[8)]（Zen2.0ファウンダー 三木康司氏と宍戸幹央氏インタビュー；森竹，2019）。

② マインドフルネスとは何か

ここで，マインドフルネスとは何かを確認しておきたい。マインドフルネスは，ストレス軽減や集中力向上の方法としてGoogle社やIntel社などのIT企業が研修プログラムに導入したことで注目されている[9]。また，マインドフルネスはストレス軽減だけでなく，うつ病などの医療においても効果が認められている(『日本経済新聞』2015年11月1日，2016年8月9日)[10]。

マインドフルネスを広めた一人はマサチューセッツ大学のジョン・カバットジンであり，禅の教えに影響を受けてマインドフルネスストレス低減法を開発した。かれは最初に仏教哲学者の鈴木大拙から禅を学び，道元の思想にも大きく影響を受けたという(Kabat-Zinn, 1990＝2007)。カバットジンによると，マインドフルネスは「仏教瞑想の心」とも言い，以下のように説明されている。つまり，マインドフルネスとは，「独特の方法で注意を払うこと」なのである。「意図的に，その瞬間に，判断をせず，このように注意を払うことにより，今この瞬間に存在する現実に対してより大きな気づき，明晰さ，受容が育まれます。人生がその一瞬，一瞬のみ展開しているのだという事実に気づくこと」ができるという(Kabat-Zinn, 1990＝2007, p. 4)[11]。

また，マインドフルネス瞑想法(注意集中型瞑想法)とは，「今という瞬間に完全に注意を集中する方法」(Kabat-Zinn, 1994＝2012, p. xi)，であり，その基本は「自分が存在する瞬間の中に入り込み，意識を開く」(Kabat-Zinn, 1994＝2012, p. 32)ことである。

③ Zen2.0の設立経緯

Zen2.0の主催者(ファウンダー)は三木康司(株式会社enmono 代表取締役)と宍戸幹央(鎌倉マインドフルネス・ラボ株式会社 代表取締役)である。主催者2名に加え，現WIRED編集長松島倫明を初めとする4名がZen2.0を構想した(鎌倉新聞Webサイト)。

三木と宍戸によれば，日本の精神性を学べる場を鎌倉に作り，世界にも発信したいと考えたという。鎌倉全体をキャンパスとして，禅の伝統を活かすだけでなく，テクノロジーも取り入れた学びの場を目指している。その企画のプロセスにおいて，鎌倉宗教者会議が刺激となり，多様な学びが重視されている(三木氏，宍戸氏インタビュー)。

④ Zen2.0 の特徴

Zen2.0 の特徴は，柔軟さと多様性に整理できる。

まず，寺社のマインドフルネスに対する柔軟な対応である。マインドフルネスは前述したように，禅から影響を受けた手法ではあるものの，海外で開発され，日本に広まった。そのため，寺院ではマインドフルネスに対して抵抗を感じる可能性もあるが，Zen2.0 では建長寺や円覚寺といった伝統ある鎌倉五山の寺院も協力している。開催場所も建長寺である。

次に，講演者の多様性である。建長寺や円覚寺の宗派である臨済宗に加え，曹洞宗や浄土真宗の僧侶も参加しており，宗派が広い。さらに，仏教の僧侶やマインドフルネスの研究者だけでなく，幸福学の研究者，アスリート，ゲーム開発者，コンサルティング会社会長といった多様な人材がマインドフルネスを議論している。

Zen2.0 の創設メンバーである松島によると，Zen2.0 の魅力は，鎌倉で約 800 年続いてきた禅と，世界で広がるマインドフルネスがオープンに対話できる場であることだという（松島，2019）。このように，Zen2.0 は，伝統的な寺院がマインドフルネスを受け入れ，仏教の宗派も超えて，さまざまな立場から議論できるといった柔軟さと多様性を持つ場であるといえるだろう。

第２節　鎌倉に集まる人や企業

(1)　IT 関連企業

本節では，人や企業が鎌倉に集まってきている状況を整理したい。まず，面白法人カヤックを初めとして，IT 企業が鎌倉に移転してきたことがある。Web サイト制作のテトルクリエイティブ（2017 年末に解散）は 2005 年に，広告企画・制作のジャンプスタートは 2008 年に鎌倉へ移転した。IT 企業の村式は，目白から鎌倉の古民家へオフィスを移転し，顧客との打ち合わせも鎌倉で行っている。なお，鎌倉発ベンチャーも増えているという（『日本経済新聞』2012 年 10 月 20 日；『日経産業新聞』2015 年 1 月 9 日）。

こうした動きの背後には慶應義塾大学湘南藤沢キャンパス(SFC)の存在もあるだろう。たとえば，カマコン設立の重要人物である面白法人カヤックの柳澤はSFC出身である。本社を鎌倉にした理由のひとつは，カヤック創業メンバーが学生時代に好きだった場所であるためだという(柳澤，2018)。鎌倉は，SFCのある藤沢と地理的に近いためだろう。カヤックが鎌倉を拠点にしたことに影響を受け，他のIT企業が鎌倉に集まった。シリコンバレーとスタンフォード大学との関係のように鎌倉とSFCとの関係も重要であり，SFCはIT人材の供給源にもなりうるという(『日経産業新聞』2015年1月9日)。Zen2.0ファウンダーの三木もSFCの出身である。

(2) カマコンの盛り上がり

IT企業が鎌倉に集積したこともあり，前述の通りカマコンが設立された。そのカマコンにも人が集まってきている。2019年3月現在，カマコンの会員は個人会員116名，法人会員34社52名にのぼる。定例会には会員以外も参加することができるが，ゲストでの定例会参加は数カ月待ちの状況である(渡辺氏インタビュー)。毎月の参加者の年齢層は中学生からシニア層までと広い。職種も多様であり，北海道や沖縄といった遠方からの参加者もいる(柳澤，2018；カマコン)。

カマコンに人が集まるだけでなく，カマコンの思想や手法が全国へも拡大している。カマコンの手法は全国30カ所以上の地域に展開されており，福岡県福岡市，東京都世田谷区，福井県鯖江市，富山県高岡市，宮崎県小林市などに広がっている(渡辺氏インタビュー；柳澤，2018)。

(3) マインドフルネス関連の組織

Zen2.0ファウンダーの三木によれば，鎌倉はマインドフルネス関連のビジネスができるベースが揃っていたという。特に，面白法人カヤックがさまざまな企業向けインフラを整備していたことが大きく，そのひとつであるカマコンは多様な人材リソースに繋がる場となっている(三木氏インタビュー)。

環境が整っていたこともあり，鎌倉にはマインドフルネス関連の組織や人が集まってきている。たとえば，Think Space 鎌倉は「マインドフルネスを軸に，『心』と『思考』に着目したワーキング環境」を提供するコワーキングスペースである。運営は2014年に設立された株式会社 R-DIRECTION が行っている。(Think Space 鎌倉)。

Human Potential Lab は，“Your Potential is Infinite.” をビジョンとするコンサルティング会社である。コンサルティングに加え，意識改革と個人の可能性を引き出すリトリートや研修を実施している。メニューの一部に生き方を変える脱思考型体験として，マインドフルネス体験を提供している。代表取締役の山下悠一は，2015年にコンサルティング会社アクセンチュアを辞め，ポスト資本主義における生き方を変えるべく，Human Potential Lab を設立したという(Human Potential Lab)。

鎌倉投信は，「いい会社をふやしましょう！」を合い言葉とする投資信託委託会社である。2008年に鎌倉に本社を設立した。社会と調和しながら発展する「いい会社」に投資し，未来につながる価値を多くの人と創造したいと考え，「結い 2101」という投資信託をメインに運用している(鎌倉投信)。

第3節　SSR モデルの解釈

(1)　記号創造

鎌倉において，なぜこうした数多もの地域活動が展開され，それと同時に人や企業が集まってきているのだろうか。コンステレーションマーケティングの SSR モデルの枠組みに沿って分析したい。

SSR モデルにおける「記号創造(sign create: S)」は，ユーザーの注目度が高まる方法である。近年の鎌倉における記号には，鶴岡八幡宮の大銀杏倒木が該当するだろう。鎌倉のシンボルのひとつだった，鶴岡八幡宮のご神木の大銀杏が強風のために2010年3月10日に倒れたことである。

この大銀杏は「隠れ銀杏」とも呼ばれ，1219年に源実朝を暗殺した公暁が隠れていたという伝説がある[12]。幹の周囲は約6.8 m，高さは30 mもある巨木であり，神奈川県指定の天然記念物でもあった。そんな大銀杏の再生を願う記帳は倒木の１カ月後には３万人を超え，その後も全国からメール，手紙，電話が鶴岡八幡宮に多く届いている(『日本経済新聞』2010年4月10日，2014年5月3日)。

鶴岡八幡宮の大銀杏は，鎌倉において特別な存在であったといえる。大銀杏はサインの分類における「ヒストリカルサイン」に該当する。ヒストリカルサインは，伝説を含めた，歴史上の人物と地域との関連によるものである(第1章参照)。公暁が隠れていた伝説により，大銀杏の存在がより大きなものとなったと推察される。

そのため，神社にもかかわらず仏教の若手僧侶達が大銀杏のために読経し，

図表 2-4　鎌倉市のSSRの概念図

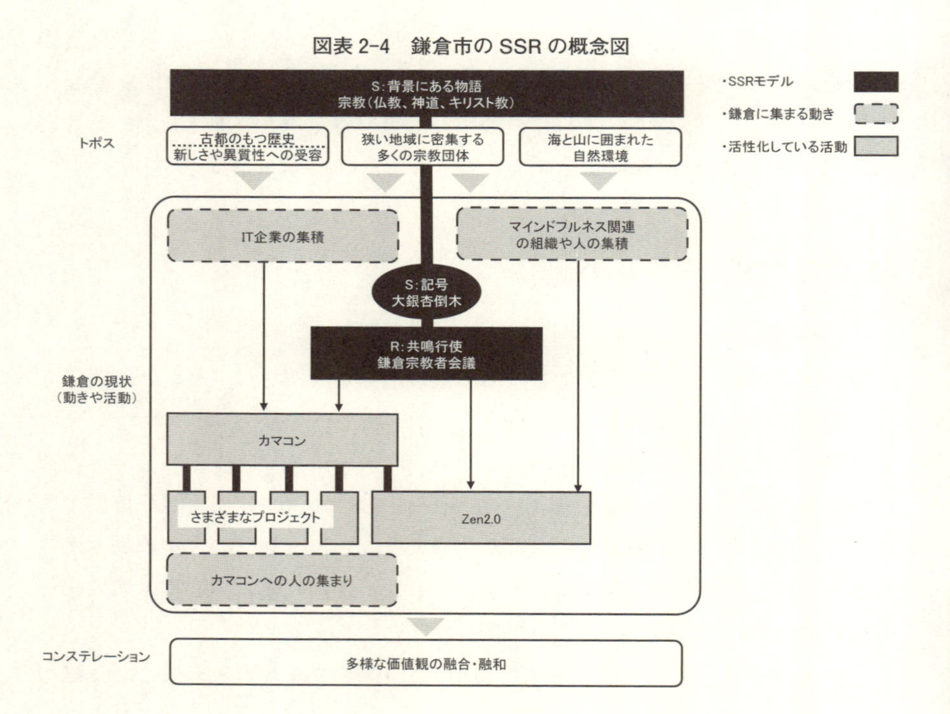

宗派を横断した取り組みがなされた。この時点で，翌年以降の鎌倉宗教者会議の活動が実現する雰囲気ができていたという(鎌倉宗教者会議)。

(2) 物語選定

SSR モデルにおける「物語選定(story select: S)」は，ユーザーとの認識共有化のための方法である。鎌倉における物語は仏教であり，800 年近く続いている禅の存在も重要であろう。浅見(2003a)は 1253 年の建長寺創建を「禅の源流」と位置づけている。道元や栄西はもちろん，禅を日本に初めて伝えた重要な存在である。しかし，禅の大きな潮流を作ったのは，日本で初めて純粋な禅宗道場として創建された建長寺だと，浅見(2003a)は捉えている。

山折監修(2013)によれば，中世の武家時代における鎌倉の寺社の活動は，「鎮まることのない怨霊を祀り，その受難の歳月を慰め，現世の天変地夭からの回復を祈る儀礼にみちみちて」(p. 7)いたという。寺社は多くの死者を鎮魂し，世の中のさまざまな異変からの回復を祈っていたということであり，鎌倉はそういう歴史を持つ土地であることがわかる。

また，鎌倉は狭い地域に多様な宗教団体が共生している(鎌倉宗教者会議 Web サイト)。山折・槙野(2013)では，鎌倉市の面積約 39.6km^2 という狭いエリアで 122 もの寺社を紹介している[13)]。鶴岡八幡宮に代表される神社，鎌倉五山[14)]を含む仏教の寺院，キリスト教の教会といった宗教団体が狭い地域に多く存在しており，宗派横断が可能となる環境があったのであろう。

以上のことから，前述した大銀杏倒木をきっかけに，鎌倉に存在する仏教という物語を背景として，鎌倉宗教者会議が生まれたと考えられる。

(3) 共鳴行使

SSR モデルにおける「共鳴行使(resonance act: R)」は，ユーザーへの影響力増大化のための方法である。近年の鎌倉における共鳴行使は「鎌倉宗教者会議」の存在であるだろう。鎌倉宗教者会議において，異なる宗教者が宗派の壁を越えて集い，協力して追悼する姿は，カマコンの設立にも Zen2.0 の開催にも影響を与えており，高い共鳴力があったと考えられる。

宍戸は，宗教戦争にならずに宗派の壁を越えて調和する，鎌倉宗教者会議の価値は高いと話している(宍戸氏インタビュー)。そのような鎌倉宗教者会議のあり方を大切にしながら，Zen2.0をテクノロジー，科学，伝統などが融合した，多様性のある学びの場にしたいという。また，柳澤は，『日経産業新聞』(2012年12月20日)において，宗派を超えて集まるといった鎌倉宗教者会議の精神性の高さが，日本で今後必要となる価値観だと指摘している。さらに，鎌倉で多様な価値観を認めあうようなコラボレーションを行い，世界に発信できたら面白いとしている。このような考えが基盤となり，カマコンが生まれたのであろう。

なお，共鳴行使(R)の時間軸については，鎌倉宗教者会議は「通時性×円環的時間」に該当すると考えられる。800年近く前から鎌倉には宗教が存在し，大銀杏と東日本大震災によって，宗派を超えた形として鎌倉宗教者会議が設立された。過去からの宗教の蓄積があるからこそ，成立したといえる。そのため，未来を過去の繰り返しと考える「円環的時間」(第1章参照)として捉えることができ，未来は常に新しいものを生じさせるという「直線的時間」には該当しないだろう。

第4節　コンステレーションマーケティングによる整理

(1)　鎌倉市ゾーンにおけるトポス

トポスとはゾーンに内在する価値であり，価値発現のためのトリガーとなる。コンステレーションは価値発現のためのレバレッジ(梃子)と捉えられる(序章参照)。ゾーンについて，原田・板倉(2017)によれば，鎌倉市は既存市町村を用いたゾーンに該当するという。そのため，本章でも鎌倉ゾーンは鎌倉市を用いることとする。

鎌倉ゾーンにおけるトポスには，地域の既存の諸資源(原田・古賀，2013)として，①古都のもつ歴史，②狭い地域に密集する多くの宗教団体，③海と山に囲まれた自然環境がある。さらに，歴史を背景とした④新しいものや異質性を受容する気質もトポスのひとつと捉えられる。これらのトポスを背景に，現象として鎌倉にIT企業やマインドフルネス関連の組織が集まってきているといえるだろう。それは移転理由にも表現されている。

IT企業については，たとえば村式の住吉優代表取締役によると「歴史や自然のある鎌倉で，じっくりと開発に取り組める」ため鎌倉に移転したという(『日経産業新聞』2015年1月9日)。他の起業家も，鎌倉を選んだ理由は「海と山と歴史」があり，「時間の流れ方がちょうどいい」ためと答えている(『日本経済新聞』2013年1月4日)。

『日経産業新聞』(2015年1月9日)によると，鎌倉は「歴史ある街でありながら，よそ者を受け入れる土壌」があることも，IT関連企業が集まった理由のひとつだという。建長寺や円覚寺といった歴史を持つ寺院も，さまざまな会合やイベントの開催場所になっている。

マインドフルネス関連の組織については，宍戸が2012年に鎌倉に引っ越した理由として，海と山の自然，日本の文化があり，精神性が深い街であることを挙げている(宍戸氏インタビュー)。鎌倉投信が鎌倉に本社を設立した理由は，豊かな自然があり，伝統文化が継承されている場であることに加え，鎌倉幕府の開府や日本初のナショナルトラスト実施といった革新的な気質を持つ場であるためだという[15)](鎌倉投信)。また，Think Space鎌倉が位置する鎌倉市稲村ガ崎は，昔から哲学者や文学者が「安らぎながら思索にふける場所」として訪れており，近くの音無川の源流は滝行を行うような神聖な場所であった(Think Space鎌倉)。三木によると，鎌倉という土地に対して霊的なイメージを抱く人が多く，マインドフルネスを受け入れる雰囲気があり，鎌倉と東京都内ではマインドフルネス関連の話への反応が異なるという(三木氏インタビュー)。

なお，鎌倉がそのような土地だからこそ，作られたと思われる漫画もある。『鎌倉ものがたり』(西岸良平)である[16)]。鎌倉の実在の場所を舞台としながら，人間と魔物が共存する設定である。鎌倉大仏や江ノ電などの場所，「鳩サブレー」や「梅花はんぺん」などの商品が出てくるため，現実世界と仮想世界が入り交じっている。鎌倉に魔物や霊的なものがいても不思議ではないと思わせる世界観の漫画である。

(2) コンステレーションデザイン

コンステレーションデザインは，総合的に価値を発現するよう，要素であるトポスを統合することである(第1章参照)。トポスを統合することで生まれる価値は，以下のように整理できるだろう。

前述のように，トポスを背景として鎌倉にIT企業やマインドフルネス関連組織が集まる現象が生じてきた。その後，鎌倉のシンボルだった鶴岡八幡宮の大銀杏が倒れたこと(記号創造)をきっかけとして，宗派を超えた活動である「鎌倉宗教者会議」が生まれた。鎌倉宗教者会議は多方面へ影響を与え(共鳴行使)，カマコン設立やZen2.0もその影響を受けている。そして，多くのプロジェクトを生み出しているカマコンに，さらに人が集まってきている。

つまり，トポスを統合することにより生まれた価値は，「多様な価値観の融合」だといえるのではないだろうか。トポスのひとつに「新しいものへの受容性」を提示したが，鎌倉には新しい価値観を取り入れることができる素地があり，それがさらに進化していると考えられる。

カヤックの柳澤は，鎌倉を「多様な価値観を受け入れる土地柄で，新しい文化を生む力」があると考えている(『日本経済新聞』2018年7月21日)。鎌倉市を選んだ理由は，学生時代に好きだった場所であること(柳澤，2018)に加え，多様性を重視する方針を実現できる場所(『日本経済新聞』2018年7月21日)であったためだという。宍戸は，鎌倉はコンパクトシティであることもあり，調和できる文化を持っていると話している(宍戸氏インタビュー)。同じく三木は，葉山エリアはスピリチュアル性が強く，藤沢にはSFCを初めとしたテクノロジーがあり，それをつなげられる場が鎌倉だという(三木氏インタビュー)。

以上のことから，現在の鎌倉は多様な価値観を融合・融和する場となり，それがさらに人や企業をひきつけ，集まる場になっているといえるだろう。

(3)　エピソードメイクとの関係

エピソードメイクとコンステレーションマーケティングとの関係は，第Ⅱ象限「無意識型エピソードメイク指向性×ターゲット設定指向性」によるコンステレーションマーケティング」に該当する。それぞれのエピソードは意図的に作ったのではなく，偶発的に生じたためである。大銀杏が倒れたことも，東日本大震災が起こったことで鎌倉宗教者会議が設立されたことも偶発的な出来事である。そのため，鎌倉におけるエピソードメイクは無意識的だと捉えられる。

他方，コンステレーションマーケティングのターゲティングについては，物語としての宗教を背景に，歴史，自然，受容性といったトポスをベースとしながら，マインドフルネスを指向する人が集まってきた側面がある。そのため，結果的にではあるが，ターゲティングが機能していると捉えられる。

おわりに

本章では鎌倉市ゾーンを事例とし，コンステレーションマーケティングにおいて物語を宗教としたSSRモデルを説明してきた。鎌倉には，物語(S)としての宗教がある。仏教を初めとして，神道，キリスト教といった宗教団体が存在しており，「多くの寺院，神社，教会」がトポスのひとつである。その他のトポスには「古都のもつ歴史」もある。そして，長い歴史のなかで生まれた「新しいものへの受容性(寛容さ)」もある。「海と山に囲まれた自然環境」という地形もトポスに挙げられる。宗教という物語とこれらのトポスがあるからこそ，近年，IT企業やマインドフルネス関連組織が鎌倉に集まる動きが生じたと考えられる。

そして，鎌倉のシンボルだった鶴岡八幡宮の「大銀杏が倒木したこと」が記号創造(S)となった。それがきっかけのひとつとなり，東日本大震災を追悼するために宗派を超えた「鎌倉宗教者会議」が設立された。鎌倉宗教者会議の存在は共鳴行使(R)として，多方面へ影響を与えている。そのひとつがカマコンであり，カマコンから多くのプロジェクトが生まれており，Zen2.0が開催された。Zen2.0も鎌倉宗教者会議の影響を受けている。

このように，記号創造，物語選定，共鳴行使を通じて，トポスを統合するコンステレーションが「多様な価値観の融合・融和」だと考えられる。現在では，鎌倉は多様な価値を受け入れる場として認識され，人や企業がより一層集まってきているのではないだろうか。つまり，鎌倉では大銀杏倒木というサインを起点として，コンステレーションマーケティングが展開されたといえる。

今後の課題としては，「多様な価値観を融合・融和」することで生じている現象，つまり新しい人や企業を受け入れやすい環境であることをさらに外部に発信すべきだと考えられる。冒頭に示したように，現在も観光パンフレットで紹介される中心は「古都鎌倉の寺社」である（神谷他，2017）。また，Webサイトの「鎌倉観光公式ガイド[17)]」では，新しい鎌倉観光を提案しているものの，現在の鎌倉が持つ「多様な価値を受け入れる」魅力はほとんど伝えられていない。今後は，「多様な価値観の融合・融和」というコンステレーションを観光面においても積極的に発信していくことで，鎌倉市のブランド価値が一層高まり，さらに面白い場となるのではないだろうか。

謝辞

駒澤大学経済学部長山宗広先生よりカマコンの存在を教えて頂き，鎌倉に関わる方々をご紹介頂きました。その内のお一人Sociarrange!の大平竜之介様が，今回のインタビューの方々をコーディネートして下さり，また鎌倉のさまざまな情報を教えて下さいました。Zen2.0の三木康司様，宍戸幹央様，大平竜之介様，カマコンの渡辺みさき様には，お忙しいなかで長時間インタビューをさせて頂きました。ご協力下さいました皆さまに心より感謝申し上げます。

なお，本研究は「平成28年度文部科学省私立大学研究ブランディング事業採択『禅と心』研究の学際的国際的拠点づくりとブランド化事業」の補助を受けています。

注

1）インタビュー調査概要は以下の通りである。なお，本文中では論文の特性上，敬称をつけずに表記している。

インタビュー調査概要

・日時と場所：2019年２月26日（火）17時～20時，駒澤大学にて
・対象：Zen2.0 理事　大平竜之介（Sociarrange!）

・日時と場所：2019年３月11日（月）16時～21時，旅する仕事場・御成オフィスにて
・対象：Zen2.0 ファウンダー　宍戸幹央（鎌倉マインドフルネスラボ株式会社 代表取締役），カマコン運営　渡辺みさき（ヒトノコト），Zen2.0 理事　大平竜之介（Sociarrange!）

・日時と場所：2019年３月19日（火）19時30分～20時30分，浄智寺にて（「熊野パーパスカレッジ　―鎌倉と熊野をつなぐマインドフルな体験」イベント参加後にインタビューを実施）
・対象：Zen2.0 ファウンダー　三木康司（株式会社 enmono 代表取締役），Zen2.0 理事　大平竜之介（Sociarrange!）

2）仏教関係105名，キリスト教関係約110名，神道約25名，およびテントに入れなかった方を含めて400名以上であった（鎌倉宗教者会議）。
3）2019年３月11日に実際に参加したところ，教会内に全員が入れず，焼香のみとなった人も多いくらい，多くの参列者がいた。
4）鎌倉宗教者会議 Web サイト上で確認した，2019年３月時点の数字である。
5）カヤック流のブレーンストーミングのルールでは，「他人のアイディアに乗っかる」ことと「アイデアは質より量」を特に重視している（『Forbes JAPAN』2017年６月号；柳澤，2018）。
6）2019年５月16日に行われたカマコンに参加したところ，松尾鎌倉市長も参加していた。
7）共感サポーターは，ANA，医療法人仁泉会，伊藤園，大鵬薬品，太陽住建，ダンデライオン・チョコレート，医療法人明心会 柴田病院，丸井グループである。地元の鎌倉サポーターは，井上蒲鉾店，ICTea，鎌倉鉢の木，Huber，鎌倉インターナショナル FC，面白法人カヤック，鎌倉マネジメント・ラボ，鎌倉マインドフルネス・ラボである。メディアパートナーは，日経ビジネススクールと毎日新聞社である。
8）2017年と2018年の Zen2.0 に参加したところ，会場が満席だったり，朝８時からのヨガ会場も入れないほど来場者がいたり，と活況であった。
9）Google の研修方法は，*Search inside Yourself: The Unexpected Path to Achieving Success, Happiness (and World Peace)* の書籍にまとめられており，日本ではその翻訳書『サーチ・インサイド・ユアセルフ　―仕事と人生を飛躍させるグーグルのマインドフルネス実践法』（英治出版）が2016年に出版されている。
10）医学におけるマインドフルネス関連の論文は増加しており，2015年から2017年２月までで1,743本の論文が発表されたという（貝谷，2018）。貝谷によると，論文数の推移は，1997年～2000年17本，2000年～2003年34本，2003年～2006年90本，2006年

〜2009年236本，2009年〜2012年592本，2012年〜2015年1280本であり，右肩上がりに増加している。

11）マインドフルネス学会は，「今，この瞬間の体験に意図的に意識を向け，評価をせずに，とらわれのない状態で，ただ観ること」と定義している（マインドフルネス学会Webサイト）。この「観る」は，見る，聞く，嗅ぐ，味わう，触れる，さらにそれらによって生じる心の働きをも観ることを含んでいる。2016年にNHKのテレビ番組『NHKスペシャル　―キラーストレス―』に出演した熊野宏昭氏は，マインドフルネスとは「今の瞬間の現実に常に気づきを向け，その現実をあるがままに知覚し，それに対する思考や感情に捉われないでいる心の持ち方」と定義している（熊野，2018，pp. 53–54）。なお，マインドフル状態とは目が覚めてはっと気づいており，「目の前の現実の全体を捉えている状態」だという（熊野，2018，p. 57）。三木氏も「マインドフルとは，あらゆることに，全ての状態に気づいている状態」だと話している（三木氏インタビュー 2019年3月19日）。

12）石井（1965）によると，銀杏の木に隠れていた話は江戸時代以降に伝えられており，そのような話が書かれた史料はみあたらないと示されている。『日本経済新聞』2014年5月3日の記事でも，倒れた銀杏の樹齢から約800年前に大木ではない可能性があり，鶴岡八幡宮の広報担当者も，銀杏に隠れていたとする公式な記録はないと話している。

13）山折監修（2013）によると，類書の『寺社を歩く』シリーズにおいて，京都市は505の寺社（面積は約828平方キロメートル）を，奈良市は150の寺社（面積は約277平方キロメートル）をめぐっている。鎌倉には狭い地域に寺社が密集していることがわかる。

14）五山とは，浅見（2003b）によると，臨済宗寺院の5つの大寺を頂点として，全国の禅院を統括した制度のことで，鎌倉幕府が始めた。鎌倉と京都に五山がある。現在の鎌倉五山は，一位建長寺，二位円覚寺，三位寿福寺，四位浄智寺，五位浄妙寺である。

15）鎌倉は日本のナショナルトラスト運動発祥の地でもある。高度経済成長期に鶴岡八幡宮の裏山「御谷（おやつ）の森」が宅地開発の対象となり，市民や大佛次郎ら文化人が，イギリスで行われていたナショナルトラストを取り入れて反対運動を行った（日本ナショナルトラスト協会Webサイト；岡田・関戸，2004）。このように，鎌倉は昔から新しいものを取り入れることに寛容だったと考えられる。

16）1984年から2019年現在も続くロングセラー作品である。2009年には日本漫画家協会賞大賞を受賞しており（双葉社Webサイト），クオリティの高い作品であることがわかる。

17）鎌倉市と鎌倉市観光協会はWebサイトを統合し，2019年3月27日から「鎌倉観光公式ガイド」を公開した。「時を楽しむ，旅がある。」をキャッチコピーとして，新しい鎌倉観光を提案している（鎌倉観光公式ガイドWebサイト）。

＊本章では，以下の講演内容を参照している。

朝比奈恵温（2018）「異なるものとの融合　―宗教者会議から考えたこと」Zen2.0講演，2018年9月8日。

柳澤大輔（2019）「鎌倉資本主義」第2回武相まちづくりフォーラム（地域デザイン学会），2019年6月9日。

参考文献

浅見龍介（2003a）「鎌倉―禅の源流」東京国立博物館・日本経済新聞社編『鎌倉―禅の源流（建長寺創建750年記念特別展）』日本経済新聞社，pp. 11-23。

浅見龍介（2003b）「鎌倉五山」東京国立博物館・日本経済新聞社編『鎌倉―禅の源流（建長寺創建750年記念特別展）』日本経済新聞社，p. 27。

石井進（1965）『日本の歴史7 鎌倉幕府』中央公論社。

岡田寿彦・関戸勇（2004）『カラー版　鎌倉　感じる＆わかるガイド』岩波書店。

貝谷久宣（2018）「マインドフルネスの臨床―特に不安障害，気分障害患者を中心に」貝谷久宣・熊野宏昭・玄侑宗久著『マインドフルネス・レクチャー―禅と臨床科学を通して考える』金剛出版。

Kabat-Zinn, Jon（1990）*Full Catastrophe Living*, London; Piatkus.（春木豊訳（2007）『マインドフルネス　ストレス低減法』北大路書房）

Kabat-Zinn, Jon（1994）*Wherever You Go, There You Are: Mindfulness Meditation In Everyday Life*, New York: Hyperion.（田中麻里監訳，末丸さとみ訳（2012）『マインドフルネスを始めたいあなたへ　毎日の生活でできる瞑想』星和書店）

鎌倉観光公式ガイド
https://www.trip-kamakura.com/index2.html　（2019年3月27日アクセス）

鎌倉宗教者会議
http://www.praykamakura.org/　（2019年3月22日アクセス）

『鎌倉新聞』「相手の気持ちへの『気づき』が高まる!? マインドフルネスについてZen2.0の代表に聞いてきた」
http://kamakura1192times.com/zen2-0.html/　（2019年3月5日アクセス）

鎌倉投信
https://www.kamakuraim.jp/　（2019年3月24日アクセス）

KAMACON　―この街を愛する人を全力支援！―
http://kamacon.com/　（2019年3月22日アクセス）

神谷陽太・臼井祐輔・関戸真紀・夏目祥平（2017）「観光パンフレットによる『古都・鎌倉』の都市イメージ」『地理学報告』第119号，pp. 157-164。

熊野宏昭（2018）「マインドフルネスの科学」貝谷久宣・熊野宏昭・玄侑宗久『マインドフルネス・レクチャー―禅と臨床科学を通して考える』金剛出版。

『サンガジャパン』Vol. 19，2015年1月号。

Think Space 鎌倉
http://thinkspace.jp/　（2019年3月22日アクセス）

SUUMO「住みたい街ランキング2015　関東　鎌倉総合10位」
https://suumo.jp/edit/sumi_machi/2015/kanto/eki/kamakura.html　（2019年4月10日アクセス）

zenschool
https://www.zenschool.jp/mindfulbusiness　（2019年3月30日アクセス）

Zen2.0
https://zen20.jp/ （2019 年 3 月 22 日アクセス）
zenmono「鎌倉から『禅とマインドフルネス』を世界に発信する国際会議『Zen2.0』を開催」
前編 https://zenmono.jp/story/340?locale=ja
後編 https://zenmono.jp/story/341 （2019 年 3 月 5 日アクセス）
Tan, Chade-Meng (2012) *Search inside Yourself: The Unexpected Path to Achieving Success, Happiness (and World Peace)*, New York: HarperOne.（マインドフルリーダーシップインスティテュート監訳，柴田裕之訳（2016）『サーチ・インサイド・ユアセルフ―仕事と人生を飛躍させるグーグルのマインドフルネス実践法』英治出版）
東洋経済 ONLINE「古都・鎌倉に若手起業家が続々移住するワケ」（2014 年 2 月 3 日）
https://toyokeizai.net/articles/-/29445 （2019 年 3 月 20 日アクセス）
『日本経済新聞』「大銀杏再生，鶴岡八幡宮ここまでやる」（2010 年 4 月 10 日）
――「『カマコンバレー』羽ばたく」（2012 年 10 月 20 日）
――「IT 起業家，いざ鎌倉」（2013 年 1 月 4 日）
――「隠れイチョウなかった？」（2014 年 5 月 3 日）
――「カマコンバレーで初上場，ネット広告などのカヤック」（2014 年 12 月 26 日）
――「瞑想……うつ和らげる，心鍛える『マインドフルネス』」（2015 年 11 月 1 日）
――「マインドフルネス，鍛えよ，社員の集中力」（2016 年 8 月 9 日）
――「人や企業つなぐ場に，鎌倉で働く人が集う社員食堂開設」（2018 年 7 月 21 日）
――「『面白』鎌倉から世界に」（柳澤大輔 カヤック社長）（2012 年 12 月 20 日）
――「ランサーズ 24 万人のプロを仲介」（2014 年 1 月 28 日）
――「『鎌倉バレー』出陣，都心を離れ開発に集中」（2015 年 1 月 9 日）
日本ナショナルトラスト協会
http://www.ntrust.or.jp/about_ntrust/about_ntrust2.html （2019 年 3 月 30 日アクセス）
原田保・板倉宏昭（2017）「地域デザインにおけるアクターズネットワークデザインの基本構想―アクターズネットワークデザインの他のデザイン要素との関係性を踏まえた定義づけと体系化」地域デザイン学会『地域デザイン』第 10 号，pp. 9-43。
原田保・古賀広志（2013）「『海と島』の地域ブランディングのデザイン理論―ZCT デザインモデルによるドラマツルギーの発現に向けて」原田保・古賀広志・西田小百合編著『海と島のブランドデザイン―海洋国家の地域戦略』芙蓉書房出版，pp. 49-75。
Human Potential Lab Web サイト
http://h-potential.org/ （2019 年 3 月 23 日アクセス）
双葉社「祝！鎌倉ものがたり 30 周年」
https://www.futabasha.co.jp/introduction/2013/kamakura/index.html （2019 年 3 月 22 日アクセス）
『Forbes JAPAN』2017 年 6 月号，「地域の課題を自分事化する『カマコン式ブレスト』とは」プレジデント社，pp. 28-30。

マインドフルネス学会
http://mindfulness.jp.net/concept.html （2019年3月27日アクセス）
マガジンハウス Local Network Magazine colocal「すべては鎌倉のために。ITを使った参加型支援カマコンバレー前編」
https://colocal.jp/topics/think-japan/journal/20150707_50764.html （2019年3月25日アクセス）
松島倫明（2019）「インタビュー：ZENとテクノロジーが作る未来の幸福」『別冊サンガジャパン：禅—ルーツ・現在・未来・世界』Vol. 5, pp. 10-25。
森竹ひろこ（2019）「レポート：マインドフルネス国際フォーラム　Zen2.0『感じる身体，実践する心』」『別冊サンガジャパン：禅—ルーツ・現在・未来・世界』Vol. 5, pp. 26-37。
柳澤大輔（2018）『鎌倉資本主義』プレジデント社。
山折哲雄監修，槇野修（2013）『鎌倉の寺社122を歩く』PHP研究所。

第3章

宗教②=「こんぴらさん」を活用した琴平町のコンテクスト転換

—広域吸引力のあるトポスを捉えて—

石川　和男

はじめに

わが国では，神社は自然を崇拝するアニミズムであり，崇拝のかたちは多様である。「こんぴらさん」として親しまれている金毘羅宮（金刀比羅宮）の本宮は，香川県仲多度郡琴平町にある。同宮は，地元だけではなく，海事従事者を中心に参詣が多い。同宮は，象頭山中腹にあり，祭神は大物主命と崇徳上皇である。建物は改築，増築，改修，再建を繰り返し，現在の形状になった。本殿に行き

図表 3-1　金毘羅宮本宮

図表 3-2　琴平町地図

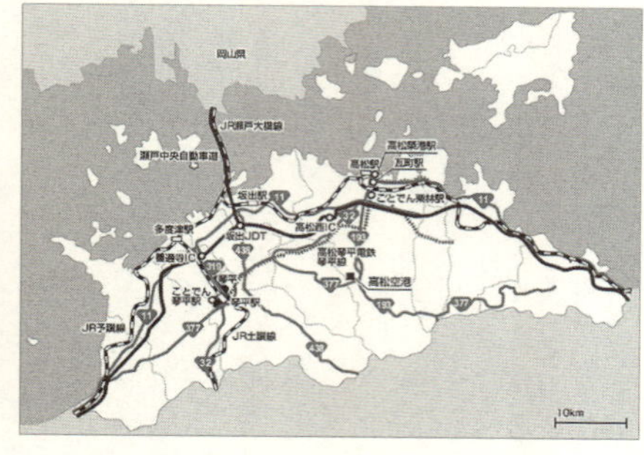

出所）NEXCO 西日本ウェブサイトより

着くまでの参道石段は，本宮まで785段，奥社まで1,368段である。参道両脇には土産物や讃岐うどん店，周辺には旧金毘羅大芝居（金丸座）などがある。

近年，「しあわせさん。こんぴらさん。」のコピーにより，多様なプロモーションが展開され，さらに地元のホテルが中心となって掘削した温泉，「金」に因んださまざまなアイコンや事物がコンステレーションを形成している。これらにより，琴平町だけではなく，香川県の玄関口高松市を含め，瀬戸内海と関連づけ，地域価値を高めようとしている。

本章では，「こんぴらさん」を第1章で取り上げたエピソードメイクとコンステレーションマーケティングとの関係で，第Ⅱ象限「無意識型エピソードメイク指向性×ターゲット設定指向性」によるコンステレーションマーケティングに位置づける。その上で，時間軸との関係として「通時性×円環的時間」を捉えて，過去から現在に至るまでの各時代において観光客を誘客してきたコンテクスト転換を考察する。

図表3-3　こんぴらさんを取り巻く概念図

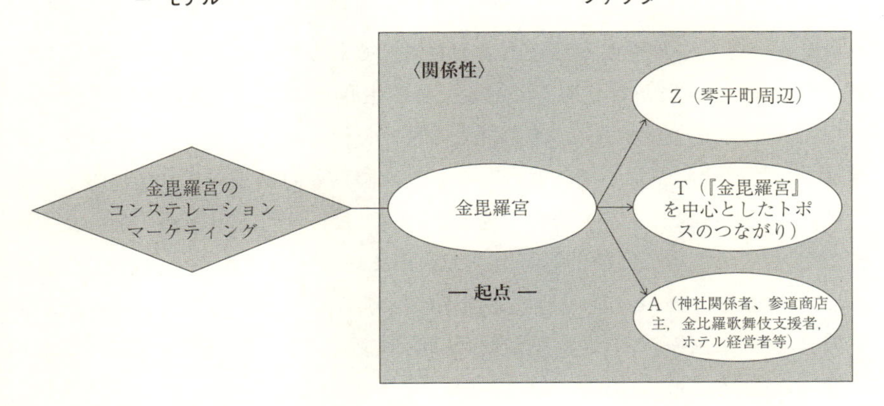

第1節　SSRモデルにおける「宗教」の位置づけ

(1)　金毘羅宮の記号創造

SSRモデルの第1要素である記号創造は，金毘羅宮では他者より特徴的な記号を使用している。宗教やその施設では，当該宗教を象徴する記号は古くから使用されてきた。これは寺社参りが唯一の娯楽であり，ハレの日であった時代，目指すべき場所を象徴するものでもあった。これはわが国だけではなく，キリスト教をはじめ多くの「施設」や「聖地」では，このような動きがかなり以前からあった。したがって，わが国でも寺院や神社でこれらの記号が創造されたのは，古い時代のものも多く，詳らかではないことも多い。寺社の名前を出さなくても，記号提示だけでそれら寺社の名前や所在地，それに関連するトポスを想像できるのは記号のなせる業である。

「金毘羅船々，追風に帆かけてシュラシュシュシュ　まわれば四国は讃州那珂の郡象頭山　金毘羅大権現一度まわれば」と民謡にある金毘羅宮は，香川県仲多度郡琴平町琴平山(象頭山)にある。同宮には，大物主命と崇徳天皇の二柱が祀られており，この神を合わせて「琴平大神」と称する。大物主命は国づくりに励み，同宮が鎮座する琴平山はその拠点である。また崇徳天皇は帰京の悲願が叶わず，長寛2(1164)年に崩御し，その生涯を偲び，1165年に御霊が祀られた。大陸伝来の仏教は，わが国古来の神社を根本から変えて，平安時代以降，神様は仏様に比定され，神仏習合となった。同宮も同様であり，祭神の金比羅大神は，仏教由来の神様である金毘羅(宮毘羅)大将と同一視され「金毘羅大権現」と呼ばれて，別当金光院が山内を治めていた。権現とは「権(仮)に(神仏として)現れる」という意味から，神様の称号である「神号」として各地の神仏習合の寺社で使用された。神仏習合は明治まで続き，長い間金毘羅大権現と呼ばれた(琴陵，pp. 11-12)。

金毘羅宮は江戸時代以降，「こんぴらさん」として親しまれるようになり，幅広い信仰を集め，海上信仰の神として知られた。ただ，その歴史や信仰の実態は明確にはなっていない。なお，同宮には多種多様な有形信仰資料がある。

神札・版木という神社からの授け物以外は，神社奉納物が大半で石造物が中心である。それには，船絵馬や和船模型，大漁旗，流し樽，流し木という海上信仰資料と，石灯籠，玉垣，敷石，鳥居，狛犬など全国の神社にある一般資料がある。前者は金毘羅信仰の中心である海上信仰の特色，後者は信仰の歴史や伊勢信仰に次ぐ全国的信仰の拡大を示している。同宮がある象頭山は，瀬戸内海に面し，その信仰や拡大を考える上で重要である。金毘羅大権現の成立は，1573年の金毘羅宝殿の棟札が最古でこの時期に始まっている（印南，1993，pp. 316-317）。

(2) 物語選定

SSRモデルの第2要素である物語選定は，新たな独創的なコンテンツとしての物語の創作を意味しない。多くの人が容易に想起できる既存コンテンツにより，ゾーンやトポスとの親密性の確立を目指すものである。金毘羅信仰と海上信仰の関係を示す明確な資料はないが，江戸時代中頃にはその様相が明確になった。象徴的資料には海難絵馬があり，海難に遭い，生命の危険に瀕した極限状況を描き，金毘羅大権現の加護で難を逃れた後に奉納された。また，海難遭遇時の同大権現への信仰は漂流記や霊験記もある。

もちろん，航海安全を願い奉納した海上信仰資料は海難絵馬より多い（印南，1993，p. 318）。信仰の山であった琴平山中腹に真言宗・松尾寺が立てられたのは平安時代であった。その後，室町期に寺を守るため鰐を神格化した守護神クンピーラを祀ったのが金毘羅権現の起源である（十和田市，2014，p. 13）。鰐は竜神に転化し，外来神ながら水の信仰と関係があった。

また，金毘羅神は天狗とする信仰も庶民にあり，風の神とする信仰は江戸火消中から絵馬や石灯籠が奉納され，出火の際に大木札を掲げて，金毘羅を招いている図柄の絵馬，実際の民俗例などでも確認できる。海難絵馬には，天狗が船から落ちた子どもを助ける図柄もある。近世の廻船は風で帆走し，金毘羅神（天狗）が風を操る神とすると船乗りの頼りになる。こうして金毘羅山内には，当時の船人が篤い信仰を寄せた諸神仏が一緒に祀られ，現世利益を約束していた(印南，1993，p. 319)。

一般的には信仰拡大には母体が必要である。金毘羅宮への信仰は，塩飽中心の内海の船乗りである。同宮が海上信仰の神とされるのは，象頭山が海から見て秀麗で地元船人の信仰を集める条件を揃えたためである。瀬戸内は，造船術や航海術が発達した国内海運の先進地域であった。塩飽諸島もそのひとつであり，中世末から近世中頃の活躍が目立った。塩飽諸島は同宮の沖間にあり，奉納物は塩飽の船頭中や塩飽最大の船持ちであった。また，瀬戸内海には特有の潮流と霧の発生がある。塩飽諸島一帯は，瀬戸内海で最も狭く，多島で潮流がぶつかるため，加護を祈ることが船乗りに浸透した(印南，1993，p. 320)。さらに同宮だけの信仰習俗に「流し樽」「流し木」がある。奉納者がこれを川や海から流し，拾った船乗りが順送りで金毘羅大権現へ届ける。つまり，拾った者が金毘羅宮に代わりに奉納(代参)する。柳田(1962)は，川筋や海の上では材木に大きく伊勢木と書き，山から流したものや海で奉納住吉大明神と書いた酒樽を船頭が拾い上げた様子を描いている。伊勢神宮・住吉大社は，古くから航海安全の神として幅広い信仰がある。流し木・流し樽が同宮特有とされる以前は，伊勢や住吉で行われていた可能性もある(印南，1993，pp. 321-322)。

海上信仰資料には，鯨漁や大敷網漁の図柄絵馬もあり，豊漁を願う漁師の信仰も窺える。現在も奉納が続く大漁旗には，大漁と同時に進水の願文がある。大漁旗自体は新しい奉納習俗であるが，船の大型化で遠洋に出ることが増えており，地先の漁とは異なる不安感から航海の安全を願う気持ちが強くなったため，金毘羅を以前からあった漁の神と共に祀るようになった。岡山では新造船時に接待船として大漁旗を掲げながら，付近の人々を乗せて金毘羅宮に参詣するが，漁の神では蛭子を古くから信仰している。そのため，海上信仰資料による金毘羅信仰は主に航海安全であった。江戸時代には，大坂・江戸中心に米や物資の遠隔地間の大量輸送が行われ，海上交通が発達したため，望む同宮は航海安全の神として隆盛した。漁民の信仰が中心であれば，急速に信仰は拡大せず，大坂・江戸という大都市との関係も弱かったとされる(印南，1993，pp. 322-323)。

金毘羅は，航海安全や豊漁祈願の他にも，家内安全・無病息災・病気平癒など現世利益の神として，近世に全国的規模で武士・庶民など階級を問わず，崇敬対象となり，参詣が大流行した。さらに金毘羅は大名から篤い信仰があった。讃岐国の高松藩・丸亀藩・多度津藩は，藩主が非公式に参拝したが，度々家臣に代参させた（香川県，1988，p. 758；神崎，2016，p. 210）。

古い大木札や紙符などを再び納めたものでは，1806年から1940年までの信仰の諸相がわかる。家内安全が223枚のうち143枚と多いが，その他に諸願成就・商売繁昌・海上安全・当病平癒・武運長久・心願成就・講中安全・火災消除・大漁満足・漁猟潤沢・船中安全等もある。このような幅広い信仰は，信仰者層も石灯籠では，大名から日雇仲間に至るまでの各層に及んでいる。同宮の近世以降における奉納物の代表は絵馬と石灯籠である。後者は，山内の拡張整備で位置が移動したが，よく揃い，安定した信仰を物語る。絵馬は大絵馬から小絵馬までに比べて格差が少なく，その時代社会を代表する人や組織が奉納したようである。このような時代を先導する人の信仰は，金毘羅信仰の動勢にも重要である（印南，1993，pp. 323-325）。

石灯籠の奉納は，文化元年以前は西日本中心で大坂が多い。多くは大坂の石工が作り，奉納の世話をする取次宿も未発達であり，大坂中心の人々が奉納しやすかった。地縁的結びつきではなく，商人仲間など社会経済面で商人層の台頭により信仰を拠り所に相互の関係を強固にした。文化元（1804）年以降には，分布は東日本に拡大し，全国的になった。奉納の中心は大坂から江戸に移動し，大坂・江戸・名古屋の大都市に多く，都市の経済力が背景にある。そのなかには，都市同士，あるいは都市と地方といった遠隔地の人々が結びつき奉納することも多く，商品物資を仲立ちに全国レベルでの商品経済の発達が表れている（印南，1993，pp. 326-328）。こうして，絵馬や石灯籠に刻まれた絵や文字は現在でも多くを物語っており，こんぴらさんが身分や職業を超え，多くの人に浸透したことがわかる。

(3) 共鳴行使

SSR モデルの第 3 要素である共鳴行使は，ユーザー(顧客)への影響力を増大させる方法である。そもそも宗教は，開祖の考えや言葉，他方では自然界にあるものに「神」や「仏」を認め，受容し，日常生活に何らかの影響を及ぼす。自然呪力を名僧の強い呪力が起こす神との共鳴現象ととらえる(岩井，2014)。これまでの長く続く歴史の中で，あるときに一本の筋が通り，これまでのさまざまな営みが循環としてとらえられるようになる。そこにおいて共鳴行使が起こり，顧客への影響力を得るようになる。

金毘羅宮参詣は，庶民の参詣熱の高まりによって，遠隔地からの旅のための航路整備が望まれた。同宮への参詣は，江戸時代に急拡大した。早い資料には承応 2(1653)年澄禅著『四国遍路日記』がある。しかし，参詣の隆盛は享保年間(1716～1736)で，全国各地の大名が代参を派遣した。その後，庶民参詣も増加し，西国巡礼の途上，同宮参詣も行われていた。文化年間(1804～1818)には 3，4 百軒であった門前の家は 2 千軒余に増加した。同宮周辺だけでなく，対岸の備前下津井から岡山までの街道は「金毘羅往来筋」と呼ばれて繁栄した(頼富・白木，2001，pp. 157-158)。

このような金毘羅参詣のために定期航路が発達した。下津井だけでなく，本街道を外れた港でも 30 艘以上の船を持つ船宿で賑わった。また，大半の参詣者は，大坂から船を利用した。なお，長い航海には危険があったが，岡山までの陸路よりも海路の方が肉体的にも経済的にも楽であったようである。同宮参詣の隆盛により，四国への定期航路が整備された。これは参詣者専用ではなく，四国遍路を目的とする人々もいた。航路整備は同宮参詣だけではなく四国遍路への窓口を拡大したため，まさに遍路隆盛の一翼も担った。四国遍路をする者は，必ず同宮に詣でたが，そのついでに遍路する者は見られないことも，遍路の困難さを物語っている(頼富・白木，2001，p. 158)。

多数の信者のためや奉納物を金毘羅に残すには，街道整備や宿，奉納物取次が必要になる。街道の整備のために街道沿いには次々と常夜灯が並び，民間人の街道整備も行われた。四国には 88 カ所の遍路道があり，信者を遇するに慣れており，参詣者の常設接待所(茶堂)施設も建てられ，宿は元禄時代に既に存在した。同宮には参詣者の世話をする坊や社家はなく，民間の宿がその役割を果たした。

こうして，街道は往来で賑わい宿は街道の発達で道路沿いに並び立った。また，大坂は本土の金毘羅参詣最大の基地であり，畿内だけでなく東国の信者は大坂から金毘羅船に乗るか陸路岡山から船で瀬戸内海を渡り，丸亀港から金毘羅街道を歩き同宮に至った。瀬戸内海の船旅は，季節がよければ東国をはじめ，参詣人には穏やかな内海としてひとつの魅力であった(印南，1993，pp. 328-329)。

この長距離航路は危険もあり，人々は各地域の神仏に加え，航路の安全を願う神を求めた。そして北前船が活躍する文化文政期には，金毘羅信仰は海上信仰の神として広く船乗りの信仰を受けた。もちろん，その信仰には近世の流行神的な側面もある。たとえば政治的基盤を確立して大坂・江戸等の都市へ働きかけながら庶民の寺社参拝の時流に乗せていった。船旅の魅力は，金毘羅には金毘羅大芝居，茶屋，遊郭が並び，京・大坂から直輸入された文化に満ちていることである。これらによって，ここが多様な信仰を受容する諸神仏を祀る霊地となり，瀬戸内屈指の遊興地ともなった(印南，1993，p. 332)。こうして，こんぴらさんを目指すという旅程は，多くの人々が一生に一度それを味わうことによって，次世代にも引き継がれ，「こんぴら信仰」へとつながった。

第2節　コンステレーションとゾーン・トポスの関係

(1)　ゾーン起点のコンステレーションマーケティングの展開

1)　琴平町の観光客

金毘羅宮がある香川県仲多度郡琴平町は，香川県中西部の人口9千余人の町である。県庁所在地の高松市中心部へは自動車，電車，バスのいずれでも1時間以内である。同宮を中心に門前町が発展した。現在も観光が主要産業であり，年間約290万人の観光客を集める(「平成26(2014)年香川県観光客動態調査報告」)。

琴平町への観光入込数は，瀬戸大橋開通の1988年の約520万人をピークに減少し，2015年には約233万人となった。

同町内の商店街では，閉店する店舗が増えているが，金毘羅宮の参道沿いには歴史的価値の高い建造物があり，歴史や伝統を繁栄した人々の生活が地域固有の風情，情緒，佇まいを醸出している。ただこれらの維持は，多額の費用や手間がかかり，高齢者や人口減少による担い手不足のため，歴史的価値が高い建造物や歴史や伝統が失われつつある。

他方，香川県内では瀬戸内国際芸術祭が開催されるようになり，香川県の知名度が一気に上昇し，新たな観光地として歩み出した。しかし，琴平町・周辺地域では，外国人観光客を迎えるためのハード面やソフト面での取り組みが他の地域と比べて遅れている(琴平町，2016，pp. 1-2)。瀬戸大橋開通以前の30年前は，金毘羅宮への参詣客の大半は，屋島，栗林公園に立ち寄り，屋島－栗林－琴平というのが香川観光のパターンであった(『日本経済新聞』1984年9月5日)。それが瀬戸大橋開通後，東京，大阪の住民や有識者対象のイメージ調査では，香川といえば瀬戸大橋という結果となった。瀬戸大橋は，東京，大阪で89%と知名度が高く，同宮(66～78%)や小豆島(60～81%)を上回るようになった(『日本経済新聞』1989年6月22日)。

琴平町には，表参道中心に町内に点在する歴史的建造物が数多くある。それらを改修し，交流人口拡大による地域活性化に向けた整備を実施する。これによりスポット型観光から旧金毘羅大芝居(金丸座)，琴平町公会堂，呑象楼，琴平町民俗資料館の周遊ルートの構築により表参道をはじめ町内散策ができる滞在交流型観光へと転換を図り，満足のできる観光地域づくりを進めようとしている(琴平町，2016，p. 2)。

呑象楼は，天保年間(1830～44)に興泉寺郭栄上人の隠居所として建てられ，後に勤皇の志士と交流があった日柳燕石が37歳頃から1865年高松藩の獄に繋がれるまでの12年間住居として使用した。2階の窓から見える象頭山を盃に映して飲み干す館として呑象楼と命名とされた。保存保護のため，1954年に現在の榎井小学校の北西角に移転し，その際に1階部分は集会所に改修されたが，2階には壁のドンデン返し，掛け軸裏の抜け穴，隣の寺へ逃げるための隠し階段など6つのからくりが現存する。

移転後には小さな修繕等を行っているが，2階部分の床の撓みや建物全体の歪みは非常に危険である。また，1階部分を改修したため文化財指定も受けられなかった。そのため，一般公開もできずに老朽化が進んでしまい，地元「燕石会」「こんぴら賢人会」「榎井学校」の協力で何とか維持されている状態である(琴平町，2016，p. 3)。

また，観光が主要産業である琴平町の産業を分析し，観光以外の観点から振興が検討された。同町の産業をRESASで分析した結果から，観光産業の位置づけの確認と振興の方向性が確認でき，競争力の高い産業として農業の可能性が確認された。同町の観光産業競争力を全国的に門前町として知られる三重県伊勢市，島根県出雲市と比較分析すると，産業構造は観光産業とともに製造業が盛んな伊勢市に類似していることがわかった。そこで，「こんぴらブランド」として，地域素材を活かした地域産業を創造する施策を推進する方針が確立された。他方で，RESASの農林水産業マップで分析した結果，農業販売金額の総額は減少していたが，それでも経営体あたりの販売金額は増加していた。後継者不足で耕作放棄地率が増加したが，それを借りる農業者が増加し，農地流動化率が上昇した。そのため，全町的な土地利用調整や収益性確保と安定生産を目指す技術徹底，新規就農者への育成支援等を継続する(経済産業省，2016，pp. 198-199)。

2）香川周遊

四国運輸局は2012年12月，外国からの留学生を香川県内の主要観光地に招いて，外国人観光客の目線から観光活性化のアドバイスを受ける「サポーター派遣事業」を開催した。これでは，源平屋島合戦で知られる屋島(高松市)や金刀比羅宮などを電車やバスで巡ることによって，外国人から見た魅力や交通の不便な点が探られた(『日本経済新聞』2012年12月13日)。他方で，香川県は，1950年代半ばから60年代に京都・奈良に次いで修学旅行先として，人気が高かった。団塊世代などに県の観光関係団体が「中学・高校時代の思い出の地をもう一度訪れて」と呼びかけている。

また，旅行会社も「なつかしの修学旅行」と名付け，2013年夏に商品化した。そこでは金刀比羅宮へ向かうレトロ電車を運行し，周辺で昭和の家電店や映画の上映会などで企画を盛り上げようとしている。県観光協会や旅行会社は，新しい形の同窓会などとしての需要を見込んだ(『日本経済新聞』2013年6月10日)。さらに，香川県ではPR映像として「うどん県。それだけじゃない香川県」が，2013年以降，ウェブサイト上で公開されている。この制作主体は県内のクリエーターらによる香川デジタルファクトリー事業協同組合である。同組合では地方都市は仕事自体が少なく，今回の制作を契機として活性化に繋がることが期待されている。この映像は，屋島や同宮などがかつて修学旅行で賑わった観光地と，県が力を入れるアートが2大テーマである。祖父が香川県出身という演出家の宮本亜門が同宮を案内し，県出身の俳優石倉三郎が学生服姿で屋島を訪ねている(『日本経済新聞』2013年7月10日)。

3）千年物語

金毘羅宮の神秘的風景は，628段目の旭社から始まる。竿に龍が巻き付く灯籠や長宗我部元親が金毘羅神の神罰を恐れて寄進した逆木門がある(松山，2013, p. 3)。2017年春から土讃線の多度津・琴平～大歩危間に新たな観光列車を運行する同区間は，地理的に四国の中心あたりに位置する。その沿線には，弘法大師の生誕地善通寺や金毘羅宮，平家落人の秘話や伝説が今なお残る秘境祖谷地方など千年を超える歴史的な文化や景観が残されている。

そこで，JR四国ではトンネルを抜けるたびに移りゆく清らかで美しい里山や渓谷の景観と「千年」という言葉に遥か昔に思いをはせながら，隠れた良さを見つけ出す列車旅行をイメージした(JR四国)。「四国まんなか千年ものがたり」の試乗会においては琴平駅を出発し四季の移ろいをテーマとして採択した。車両毎に内装や外観が異なる3両編成の列車がホームを離れると，讃岐平野や里山の長閑な風景があり平家の落人伝説のある大歩危駅へ向かい，トンネルを潜り徳島県に進むと眼下に吉野川の渓谷を見下ろせる。

2017年4月からの運行開始後は，琴平駅より高松寄りの多度津～大歩危間を週末中心に1日1往復する。車で行けない秘境・坪尻駅(三好市)ではスイッチバックを体験し，ホーム上で記念撮影も可能である。また，景観とともに乗客をもてなす食事は地元産食材を使い，四国の豊かな食を内外に発信している。金毘羅宮レストラン「神椿」料理長の「讃岐こだわり食材の洋風料理」は，讃岐牛やオリーブ豚を使った洋食を提供する。日本料理「味匠　藤本」の「おとなの遊山箱」は，手まり寿司や鱧など旬を活かした和食を3段重に詰め込んでいる(『日本経済新聞』2017年3月24日)。そして「四国まんなか千年ものがたり」の運行1周年を記念では，「あなたのものがたりかなえます」として募集した。往路の琴平駅では，専用待合室で同宮の「幸福の黄色いお守り」を社長が手渡す演出がされた(『日本経済新聞』2018年6月29日)。

4）リゾート計画の立案と頓挫

1988年，中国・四国は瀬戸大橋ブームに沸き，リゾート開発計画も多くあった。海洋型リゾートだけではなく，高原立地もあり，すべて実現すると瀬戸内はリゾート施設が乱立しそうでもあった。大阪に所在したゴルフ場開発会社は，ゴルフ場建設のため，土地買収に乗り出したが，瀬戸大橋まで約10kmの地の利から，急遽計画を西日本版ディズニーランド(サン・アヤウタパーク)に変更し，レオマワールドとして1991年4月に開園した。

投資額は約450億円，年間想定来場者は年間300万人とした。これは金毘羅宮を訪れる観光客数(年間約400万人)から推定した。ここから半径5km以内で2つのリゾート開発が進んだ。他にも西条金属グループが建設中の日帰り型「しこくニュージーランド村」と建設省が造成を進めた滞在型の「国営讃岐まんのう公園」があった。タイプの異なる3つのリゾートの集積効果や競合可能性はわからず，いずれも同宮や屋島などへの観光客数をベースとし，リゾート乱立を想定しなかった(『日経産業新聞』1988年6月29日)。

その後，レオマワールドは2000年に9月に休園した。年間100万人集客の観光施設であったため，香川県や地元綾歌町など地域への影響は大きく，関係自治体は早期の再開を運営会社(レオマ)と親会社に要望した。レオマ側も季節営業，運営委託など事業継続を模索した。家族連れはレオマと金毘羅宮を2日かけて回るが，目的地が同宮だけになれば，近隣で宿泊する必然性が薄れてきた(『日本経済新聞』2000 年 8 月 28 日)。

そして，同園休園からの 2004 年 4 月，ニュー・レオマワールドとして再オープンした。そこでは四国基幹産業のひとつである観光では，温泉などを新しい訴求物とした(『日本経済新聞』2003 年 12 月 27 日)。同園は，2004 年のゴールデンウィーク中，17 万 3,400 人の人出があった。旧レオマワールドのオープン時の GW 集客数(1991 年)は 17 万 7 千人で往時の勢いを取り戻した。関係者は集客数を 15 万人程度と見ていたが，予想以上の賑わいになった(『日本経済新聞』2004 年 5 月 7 日)。

5）芸術のまち

金毘羅宮には表書院を中心に「文化ゾーン」がある。円山応挙や伊藤若冲の障壁画，美術工芸品などが随時公開され，自然林に包まれたミュージアムである(『日本経済新聞』2010 年 12 月 15 日)。また，同宮では 2014 年 9 月に，江戸時代中期に活躍した絵師伊藤若冲らの作品を所蔵する奥書院の一般公開を行った。通常は非公開だが，瀬戸内海国立公園 80 周年記念イベントの一環として公開した。奥書院の公開は約 5 年ぶりで，伊藤若冲は写実と創造を巧みに融合させた「奇想の画家」と称された絵師である(『日本経済新聞』2014 年 9 月 6 日)。

そして，大原美術館(岡山県倉敷市)と金毘羅宮が中心となり，「瀬戸内海学会」を旗揚げした。学者，芸術家，文化人，経済人ら各界の瀬戸内海ファン，専門家を結集し，歴史や文化，経済，宗教など多面的に新しい環・瀬戸内海文化圏のあり方を考え，提言しようとした(『日本経済新聞』2005 年 8 月 10 日)。さらに，四国は現代アートの島として外国人観光客に人気が高い直島など瀬戸内海の島をめぐるクルーズの提案も開始し，金毘羅宮や道後温泉などの観光地にも呼び込もうとしている。

これはターゲットの大幅な拡大である。アジア中心に格安航空会社の地方空港への就航が増え，成田空港や関西国際空港に偏っていた入出国ルートが多様化した。高松空港には 2011 年夏に中国の春秋航空(上海市)が高松～上海間の定期チャーター便が運航を開始した。各県や地域が個別に誘致するより，広域で観光ルートを訴求した方が効果があるとした（『日本経済新聞』2011年５月17日）。

さらに，現代アートの祭典「瀬戸内国際芸術祭」の来訪者は，島や他の観光地での行動が課題となった。それがスマホの情報を活用したビッグデータの分析でわかった。2013年３月下旬から５月中旬の春開期を対象に，期間中に芸術祭が開かれている島々を訪れたKDDIのスマホ利用者740人と，島々を除く香川県を訪れた１万３千人弱の位置情報や属性情報から分析した。芸術祭来訪者の中心は若い女性層と確認できた。居住地は近畿地方が最も多く，中国地区が続いた。関東地区が３番目で男性の15%，女性の16%を占めた。旅行日程は，日帰りが半数近い香川県来訪者に比べ，芸術祭来訪者は全体的に長めであった。芸術祭来訪者がどの程度香川県内の観光地に立ち寄ったかについて，小豆島は分析対象となったスマホ利用者のうちの526人が訪問した。このうち7.6%が直島にも立ち寄ったが，周遊率は9.1%に止まった。芸術祭に来た人々に対して香川県の他の観光地への立ち寄りも調査した。１時間以上滞在した主要観光地の最多は，高松市市街地・玉藻公園（15.3%），金毘羅宮（5.7%），丸亀市街・丸亀城（1.9%）であり，屋島，栗林公園，ニュー・レオマワールドなどは1%未満であった（『日本経済新聞』2013年11月１日）。

2016年の「瀬戸内国際芸術祭」の夏開期は７月18日に始まった。そこでは資生堂が，琴平町の金毘羅宮とのコラボレーションに乗り出した。境内の美術館の一角で夏開期が終わる９月４日まで山名文夫のイラスト展を開催した。山名は戦前戦後，資生堂の広告宣伝で活躍し，唐草模様を取り入れたモダンな女性像で資生堂デザインの原点を築いた。シンボルマークの花椿も山名が今の形に仕上げた。同宮の境内の長い石段の途中にあるカフェ・レストラン「神椿」では資生堂が愛用者組織の会員に配った山名デザインの記念品やイラスト，戦前の販促用マッチの図柄など常設展を始めた。神椿を2007年から受託運営するのは資生堂パーラーである。同宮が茶所を改修する際には，当時資生堂の社長池田守男が協力した背景があった（『日経MJ』2016年８月８日）。

(2) トポス起点のコンステレーションマーケティング

1) こんぴら歌舞伎

金毘羅宮の門前町琴平町には，多くの土産物屋がある。江戸時代にその参道は「金毘羅街道」と呼ばれ，多くの灯籠が備えられ，丸亀や多度津の港は参道口として繁栄した。同宮は，駕籠タクシーが有名であり，一之坂鳥居前から大門まで参詣客を送迎している。土産物店には無料で杖の貸出がある。重要文化財である「旧金毘羅大芝居金丸座」は，天保6(1835)年，参道近くに建てられた現存するわが国最古の芝居小屋である。

金丸座は，同宮麓にあり，内部には回り舞台(歌舞伎では人力で回すが，舞台と受け枠の間に24個の樫材のコロが入り，舞台下の心棒を押して回すと直径4間の舞台が回る)，セリ，スッポン，ブドウ棚(天井に竹を格子状に組み，荒縄で締めたもの)，かけすじ(宙乗り装置)など江戸時代の多様な仕掛けが復元された。その他，芝居が見やすいように前方が低く，後方に行くほど自然に高くなる「平場枡席」，自然光を取り入れた3階の上部高窓などがある(一ノ関，2001)。金丸座は，1835年に富くじの改札場を兼ねた芝居小屋として建築され，昭和の大修復・復元で当時の姿となった。その規模は，江戸，大坂，京都の大都市の小屋に匹敵し，東西の有名な役者は挙ってこの檜舞台を踏んだ。その後は，明治，大正，昭和の移行とともに小屋は寂れ，戦後は映画館として利用された。しかし，これは廃館となり長い間荒廃したままであった。これを後世に残すため，1950年代中頃から郷土史家らを中心に熱心な復元運動が始まり，1970年の国の重要文化財指定を契機に復元された。1972年から約4年の工事期間と2億円以上をかけ，1976年4月に復元した(琴平町教育委員会，p. 50)。

1984年7月，TBS系番組で同地を訪れた中村吉右衛門，澤村藤十郎，中村勘三郎が金丸座に魅せられ，「これこそ歌舞伎の原点」「ぜひこの舞台を踏みたい」「何よりも客と一体感を得ることができる」と語った。その後は，1985年に重要文化財での歌舞伎公演許可を受け，官民一体での準備活動が始まった。琴平町有志のボランティアに支えられ，1985年6月27日「第1回四国こんぴら歌舞伎大芝居」の緞帳が上がった(近兼，1999)。現代の劇場にはない舞台と客席との距離，江戸時代の劇場そのままの２本の花道，総檜造りの舞台，全てを人力に頼る奈落の仕掛けなどが再び使用された(琴平町教育委員会，p. 51)。

第１回こんぴら歌舞伎は，中村吉右衛門が芝居小屋のよさを活かすために自ら脚色した「再桜遇清水(さいかいざくらみそめのきよみず)」を上演し，全国からの熱烈なファンで賑わい，３日間満員となった。公演前日は，役者を乗せた人力車が町を練り歩く「お練り」を行い，町は1,000本の幟とお練り見物の人々で溢れた。紙吹雪が舞い，かけ声が飛び交い，人力車の廻りは黒山の人だかりとなった。中村吉右衛門は，「自然光を最大限に利用して舞台を作りたい」と要望したため，町の青年らが窓番の役を引き受け，自発的に訓練を開始した。彼らは素人であったが練習を繰り返した。第３幕目に舞台の仕掛けが活かされた。舞台袖の合図で１階，２階，３階の明かり窓をタイミングに合わせて閉める。３階の窓番の青年は屋根の上を走り，外から窓を閉めた。真っ暗闇になり，明かり窓の暗転で場内は完全に真っ暗になった。その間に役者は空井戸へ行き，幽霊がスッポンから登場した。青白い火の玉が浮かぶ。幽霊が花道を行き来する。観客席に落ちそうになる度に歓声が上がる。この見事な連携で公演は大成功であった。江戸時代の芝居小屋であるため電気や機械を使わず，舞台転換時の廻り舞台・セリ・スッポンは全て人力により操作する。また照明は自然光のみで３段階になっている明かり窓の開閉によって行う。これらは，そのすべてが琴平町商工会青年部がボランティアで行った(琴平町教育委員会，p. 52)。

こんぴら歌舞伎大芝居は，1995年に11回目を迎え，四国の春の風物詩となった。過去最長の18日間(36公演)に及ぶ公演中に全国からのべ２万数千人のファンが集まった。ここでは絣の着物に前掛けの「お茶子さん」が案内する。これはボランティアであり，年々その希望者が殺到し，1995年は200人の募集に対し700人の応募者があった。ボランティアは2，3日ずつ交代しながら「とってもいい時間を過ごした気分」と満足している。また，力仕事を受け持った琴平町商工会青年部の45名のボランティアは，まさに１人6日間はこの芝居にかかり切りになった。各々に仕事を持つ身には厳しいが，熱意により今日の成功をもたらしている(『日本経済新聞』1995年5月14日)。1996年には「第4

回全国芝居小屋会議」(全国芝居小屋サミット)も開催された。同時開催により，金丸座の活用や新たな観光の魅力作りによる集客対策などを目的とした。こんぴら歌舞伎は町の活性化に繋げようという動きにも影響を与えている。その先駆けがこんぴら歌舞伎だという自負がある(『日本経済新聞』1996年2月14日)。

他方，四国こんぴら歌舞伎大芝居の経営は，再開以降，ずっと赤字収支であったため入場料値上げに踏み切った。チケット販売は順調であったが，国民の共有財産である重要文化財指定の芝居小屋を自治体が運営するため，課題は多い。ひとつはチケットのみの入手困難さである。東京や京阪神での販売が多くなり，高額なセット商品でないと入手できないという批判がある。また，チケットも高額のA席(13,000円)が全体の8割以上である。1999年の興行が諸経費増で1,500万円の赤字となり，A席を2000年から1,000円値上げした。約3億円の公演経費を財源が乏しい琴平町が独立採算で毎年賄い，収入確保もやむを得ない面がある。「こんぴら観光」の生き残りをかけて金丸座を復活させた経緯もある(『日本経済新聞』2000年4月15日)。こんぴら歌舞伎は，2001年には約3億円の興行予算に対し，約1,000万円の赤字が出た。座席数が限られてチケットが完売しても，構造的には経費増への対応は難しい。それがグローブ座誘致につながった。グローブ座は，ロンドンの有名劇場グローブ座との縁組話を具体化させて，2003年秋のシェークスピア劇公演が固まった(『日本経済新聞』2002年4月14日)。

2) こんぴら温泉

琴平グランドホテルは，1973年10月に金毘羅宮の門前町に開業した。同町の就労人口の7割は観光産業に携わり，観光が地域を支えている。第1回「四国こんぴら歌舞伎大芝居」実現の前年である1984年，琴平町への観光客は大低迷期といえるほど落ち込み，老舗旅館が相次いで廃業した。そこで，琴平町の2軒のホテルが宿泊客減少に歯止めをかけるため，温泉掘削に乗り出した。同宮の門前町だけでなく，「ことひら温泉」を新たに訴求し，本州四国三架橋時代の観光客呼び込みにつなげようとした。

温泉を掘削したのは琴平グランドホテルと琴平ロイヤルホテル琴参閣である。

工事は石油掘削技術を利用した温泉開発を手がけるカノー(東京・中央区)が請け負った。ホテル隣接地に石油掘削用のボーリング機械を設置し，地下1,500〜2,000mまで掘り進める。温度40度以上，1日あたり100トン以上の汲み上げが可能な温泉を掘り当てる。1997年年明けから宿泊客向けに温泉のサービスを提供する計画であった。

掘削工事とホテルの入浴施設の改良など両ホテルともに約2億5千万円の総事業費を見込んだ。それ以前は琴平町中心に掘削を検討してきた。行政主導の計画は用地取得などが難航したため，民間2軒が先行した(『日本経済新聞』1996年9月21日)。温泉の湯量に余裕があれば，町内の他の旅館やホテルにも融通し,「温泉の街・琴平」として観光客増加につなげることを視野に入れていた(『日経流通新聞』1996年10月10日)。

そして，1997年，多くが望む新たな地域の魅力づくりを中心に考え，長期ビジョンにより，温泉掘削を成功させた。1988年4月には町と一体となり,「こんぴら温泉郷」として全国に発信し，1990年に第1回こんぴら温泉まつりを開催し，以後「さぬき三湯物語」(こんぴら温泉・小豆島温泉・塩江温泉)として振興に取り組んでいる(近兼，1999)。金毘羅宮のお膝元で湧いた湯を独占せず，日量70トン余を町が買い取り，1998年4月から全長4.3kmの配管で結んで12軒のホテル・旅館に届け，自力で掘削するゆとりがない旅館に泊まった観光客も楽しんでもらっている。1998年4月の明石海峡大橋開通を機に四国への関心が高まり，この効果を享受できたのも温泉のお陰とした(『日本経済新聞』1998年5月25日)。こうして，地元の温泉ホテルの有志による温泉掘削により，新たなトポスが琴平町にも誕生することとなった。

第3節　共時性と円環的時間における現在

(1)　物語起点とサイン起点—「しあわせさん。こんぴらさん。」

金毘羅宮の事例は，物語起点やサイン起点で構想できる。サインは，第1章において，①アイコンサイン，②キャラクターサイン，③ヒストリカルサインが提示されたが，本章の同宮は，海の安全を願う中心的な位置づけであることから非常に目立ち，わかりやすいサインが掲げられている。それらは旗にも記され，船にも掲げられる。さらに，ヒストリカルサインは，同宮では大物主命や崇徳天皇が祀られているが，本宮だけではなく，日本各地に金毘羅宮が点在している。そして新たなサインが創造されるようになった。

金毘羅宮も変貌を遂げ，町を歩くと黄色のポスターが目を引いている。「しあわせさん。こんぴらさん。」と大書きされ，鬱金で染めた黄色は幸福の色である。これをお守にしたところ，希望者は3年で100万人をも突破し，2001年秋からポスターに取り入れた(『日本経済新聞』2002年4月14日)。そして，同宮では2004年9月の「平成の大遷座祭」を機に，社務所を美術館などの芸術文化施設に改修し，幸福の黄色いお守りの授与などで若者にターゲットを絞ろうとしている。

薬草の「鬱金」で染めた温もりのある色で，「しあわせさん。こんぴらさん。」と書かれている。参詣者は黄色に託されたメッセージに新たな神社の息づかいを感じとったようである。また，「こんぴら船々」はわが国のCMソングの第1号といわれ，与謝蕪村や小林一茶ら文化人も大勢立ち寄り，区や歌碑を残している(『日本経済新聞』2001年10月13日)。

琴平バスのタクシー事業部は，2004年2月から車体を金毘羅宮のイメージカラーの黄色に塗装したジャンボタクシー1台を運行している。同宮では2004年秋，33年に1度の遷座祭を機に「縁起のよいタクシー」として，参拝・観光グループ客を取り込もうとしている。9人乗りの車両に「しあわせ号」と命名した。同宮の許可を得て，黄色の車体に濃紺で「しあわせさん。こんぴらさん。」の文字も配した(『日本経済新聞』2004年2月18日)。

金毘羅宮では遷座祭の広報活動にも力を入れてきた。2001年に東京の地下鉄車内に「しあわせさん。こんぴらさん。」と書いたポスターを掲示し，首都圏の駅自動改札機にも「讃岐のこんぴらさんへ行こう」と書いた黄色いステッカーを貼り出した。遷座祭に向け認知度を高めるためである。県外の若い人からもインターネットを通じて問い合わせがあり，関心が集まっている。

(2)　事例におけるレゾナンス─ゴールドプロジェクト

レゾナンスの体系は多様であるのだが，本書では時間軸で分類している。そのため，レゾナンスアクトである共鳴行使を時間軸で捉える。そこでは，時間の性格を通時性と共時性により，時間の流れを直線的時間と円環的時間で捉えている。

2015年JR四国や香川県，琴平町，県観光協会は，「ゴールドプロジェクト」として3年をかけて「金」をテーマに金毘羅宮と周辺の観光振興に乗り出した。イベントは，同宮が実施し，金に因んだ参詣客を迎える仕掛けを披露した。本宮までの石段のうち113段目の鳥居の足元をマリーゴールドで飾り，「かがわ・こんぴら観光案内所」も内装などに金色の要素を取り入れた。官民で作る実行委員会が地元業者などに対し，金にちなんだ土産品やグッズ，メニューの開発も促している。縁起のよい金と，石段を登り切ることで人生や恋愛をステップアップできるというパワースポットとしての同宮の魅力を訴求し，若い世代や外国人など新たな観光客の呼び込みに繋げようとするものである（『日本経済新聞』2015年7月18日）。

香川県の観光客動態調査では，2014年に琴平を訪れた観光客数は289万人と前年を13%上回った。ただ瀬戸大橋開通の1988年に500万人を突破して以降，低落傾向にある。高速道路網の充実などで宿泊客も減少した。プロジェクトは，石段を開運へのステップとするパワースポットとしての同宮を再発信し，フェイスブックやツイッターも活用している。国内最大の金精錬所がある直島，高松市と文化・観光交流協定を結び，金箔の産地でもある金沢市との連携も探り，商店街では土産物店や飲食店に呼びかけて金に因んだ商品やメニューなどの開発も進めることとなった（『日本経済新聞』2015年7月31日）。

金毘羅宮では，本宮前の険しい石段「御前四段坂」の下に金色に輝くプレートを設け，2015年7月に披露した。プロジェクトに応じたもので縁起のよい金色で参拝客を迎える。プレートは，石段下の左右に置かれた。真鍮製で高さ75cm，片方には「御前四段坂」，もう一方には「あと少し　御本宮まで133段！」と長い石段を登ってきた参拝客を励ます言葉が記されている（『日本経済新聞』2015年7月22日)。さらにゴールドプロジェクト実行委員会は，金に因んだ地元商品を認定商品に選んだ。製麺業の石丸製麺「黄金讃岐うどん」と酒造会社の西野金陵「金陵ゴールド」の2商品を認定した。うどんは県産小麦「さぬきの夢」を使った乾麺で，金色に見える小麦畑をモチーフにした。日本酒は純金箔を浮かべた大吟醸酒で，同宮の参道にある「金陵の郷(さと)」で販売している(『日本経済新聞』2015年11月5日)。

金毘羅宮の参道にある飲食施設では2016年4月，金箔を載せた讃岐うどんソフトクリームが販売され始めた。同宮に因み，「金」をテーマとしており，国内客だけでなく，金を好むアジアからの観光客の呼び込みにも活かそうとしている。これも「ゴールドプロジェクト」の認定商品である。これまで認定した商品は金箔入り日本酒など物販品のみだった。飲食メニューの提供によりSNSを通じた国内外での話題の拡散も視野に入れている(『日本経済新聞』2016年4月26日)。

2017年4月には，JR琴平駅に金毘羅宮に因んだ金色をした畳が現れた。JR四国が4月から運行する「四国まんなか千年ものがたり」の専用待合室に設置された。自由に座れ，縁起物として乗降客らに楽しんでもらっている。これも「ゴールドプロジェクト」の認定商品に選ばれた。畳表の代わりに金色の水引を使用している(『日本経済新聞』2017年4月28日)。

さらに金毘羅宮の参道に店を構える老舗，こんぴらうどん本店の「こんぴら金箔うどん」には，手打ち麺の上に大きな金箔が載っている。食べられる金箔は10センチ四方で，金沢市から取り寄せる。これはゴールドプロジェクトの認定商品である。当初はざるうどんに金箔を載せただけであったが，秋からとり天とエビ天を添え，つけ汁は温冷を選べるようにした。価格も奥社までの石段の数と同じ1,368円とした。台湾など海外客の注文も多く1日100食も出ている。使われる金箔は，金相場に左右され，最近では1枚400円近くと上がり気味である。風で金箔がめくれてしまうと作り直す手間もかかるが，きらりと光る名物メニューとして提供し続ける(『日本経済新聞』2017年8月9日)。

多くの人が航海の安全や現世利益を祈ってきた金毘羅宮は，現在同所を訪れる観光客には，パワースポットとしてコンセプト転換を行い，現在の生活における「しあわせ」を感じ，それを「未来への希望」へと転換する場所に転換しつつある。これまで直接参詣することが叶わなかった人々を思い，代わりに参詣する代参の場所が，直接訪れて参詣することが可能となったのも現代だからである。この場所や周辺の場所を中心として，新たな幸せ探しの基点となる場所でもある。

おわりに

本章では，金毘羅宮をトポスの中心と捉え，江戸時代に人気を集めた「こんぴら参り」に関する人々の行動，そして時代を経て，かつて存在した江戸時代の芝居小屋「金丸座」の修復・復元により，有名歌舞伎俳優を招いての興行の復活である。それを支える地元の人々のボランティア活動をまず取り上げた。そして，四国に本州とつながる橋(瀬戸大橋)が架かり，多くの観光客がかつての水路ではなく，陸路で四国を訪れるようになり，他の地域と同様に，四国でもリゾート開発が進んでいった。しかし，レオマワールド再建に代表されるように大きなコンテクスト転換をしても，残念ながら観光客には心打たれるものがなく，単に東京ディズニーランドの二番煎じや三番煎じとしか映らなかったために，今でも顧客から大きな支持を得ることができないままになっている。

他方で，瀬戸大橋効果が消え，同ゾーンやそこにある各トポスに観光客が期待するものが，「癒やし」であることを再確認した事業者らは温泉を掘削し，さらにこんぴらさんの色を鬱金色の「金色」として，発信するようになった。それがパワースポットブームや温泉ブーム，さらに香川の地域資源である讃岐うどんと相乗効果を生んでいる。これらのトポスがコンステレーションを形成し，多くの人々にレゾナンスを提示しているといえよう。

物語やサインを起点として想起できるが，金毘羅宮は海の安全を願う中心的な位置づけとしてわかりやすいサインが掲げられ，旗に記され，船にも掲げられてきた。讃岐の同宮は本宮であるが，日本各地に建立され，安全や船の守り神としての位置づけが与えられてきた。現在もそれには変化がないが，現在の同宮が所在する琴平町には，同宮をはじめ，金丸座やさまざまなトポスが近隣に配されることにより，訪れる人々は長い歴史的な時間を感じつつも，円環的な時間も少しずつずれていくことにより，新たなコンセプトを巻き込こんでいる。そこでは「しあわせ」を願い，不思議なパワーを得られる場所へと変換されていることが理解できよう。

参考文献

一ノ関圭（2001）『夢の江戸歌舞伎』岩波書店。

岩井國臣（2014）「御霊信仰哲学に向けて」
http://www.kuniomi.gr.jp/geki/iwai/leadingwave.pdf（2018 年 10 月 28 日アクセス）

印南敏秀（1993）「金毘羅信仰資料から見た瀬戸内文化」網野善彦・木下忠・神野善治編著（1993）『海・川・山の生産と信仰』吉川弘文館，pp. 316-332。

香川県（1988）『香川県史・第 4 巻・通史編・近世Ⅱ』香川県。

香川県（1992）『ふるさと香川の歴史』香川県。

神崎直美（2016）「日向国延岡藩内藤充真院の金毘羅参り(1)」『城西経済学会誌』37，pp. 195-210。

経済産業省地域経済産業グループ地域経済産業調査室（2016）「case. 12　香川県琴平町―RESAS を使った分析例―」pp. 197-212。

琴平町（2016）「地域再生計画」
http://www.kantei.go.jp/jp/singi/tiiki/tiikisaisei/dai41nintei/plan/a458.pdf（2018 年 12 月 10 日アクセス）

琴平町教育委員会生涯教育課「旧金毘羅大芝居『金丸座』」pp. 48-53
http://www.pref.kagawa.jp/kenkyoui/gimu/hometown/kagawa/s_pdf/48_53.pdf（2018 年 12 月 10 日アクセス）

琴陵泰裕「なぜ，金毘羅さんが『海の神さま』なのか」『MRJ 歴史探訪シリーズ』8，pp. 11-14
https://www.mrj.or.jp/suikyu_news/pdf/vol105_1/MRJ_vol105_1_4.pdf（2018 年 12 月 10 日アクセス）

JR 四国（2016）「土讃線新観光列車の名前とデザインが決まりました」2016 年 2 月 29 日

近兼孝休（1999）「琴平グランドホテルと『金丸座』」。

十和田市（2014）「広報とわだ」2014 年 12 月号，pp. 1-24。

松山寛明（2013）『散策善通寺―ふるさとの風景を歩く―』。

柳田國男（1962）「村と学童」『定本柳田國男集第 21 巻』筑摩書房。

頼富本宏・白木利幸（2001）『四国遍路の研究（日文研叢書 23）』国際日本文化研究センター。

『日経 MJ』「地域ブランド AtoZ　丸亀うちわ」5 面，2013 年 8 月 26 日
『日経 MJ』「資生堂と金刀比羅宮」3 面，2016 年 8 月 8 日
『日経産業新聞』「中国・四国地方リゾート共倒れの懸念―構想乱立，甘い読み」1 面，1988 年 6 月 29 日
『日経流通新聞』「ホテルが温泉を掘削」13 面，1996 年 10 月 10 日
『日本経済新聞』「屋島－栗林－琴平，根強いパターン」地方経済面四国 12 面，1984 年 9 月 5 日
『日本経済新聞』「香川といえば瀬戸大橋になりました，金刀比羅宮などより有名―香川県・電通が調査」地方経済面，四国 12 面，1989 年 6 月 22 日
『日本経済新聞』「『意気』が支える町おこし」20 面，1995 年 5 月 14 日
『日本経済新聞』「全町民参加をアピール」地方経済 33 面，1996 年 2 月 14 日
『日本経済新聞』「温泉掘り当て町を沸かそう」地方経済面 12 面，1996 年 9 月 21 日
『日本経済新聞』「地域の共有財産見付ける努力を―門前町で温泉郷の魅力作り，近兼孝休」31 面，1998 年 5 月 25 日
『日本経済新聞』「町の文化ビジネス正念場」地方経済面 12 面，2000 年 4 月 15 日
『日本経済新聞』「地域振興の思惑揺らぐ」30 面，2000 年 8 月 28 日
『日本経済新聞』「社務所を油絵美術館に」地方経済面 12 面，2001 年 10 月 13 日
『日本経済新聞』「『こんぴらさん』に新風」31 面，2002 年 4 月 14 日
『日本経済新聞』「全国資本しのぐ知恵を」地方経済面 12 面 2003 年 12 月 27 日
『日本経済新聞』「GW，新レオマに 17 万人」地方経済面 12 面，2004 年 5 月 7 日
『日本経済新聞』「金刀比羅宮の縁起色　黄色のタクシー」地方経済面 12 面，2004 年 2 月 18 日
『日本経済新聞』「瀬戸内海学会旗揚げを準備」地方経済面，2005 年 8 月 10 日
『日本経済新聞』「こんぴら　アートの粋」夕刊，7 面，2010 年 12 月 15 日
『日本経済新聞』「西日本で誘致連携」地方経済面四国，2011 年 5 月 17 日
『日本経済新聞』「留学生の目で魅力探る」地方経済面四国，2012 年 12 月 13 日
『日本経済新聞』「修学旅行の地再訪して」夕刊，2013 年 6 月 10 日
『日本経済新聞』「うどん県，新 PR 映像公開」地方経済面四国，2013 年 7 月 10 日
『日本経済新聞』「『瀬戸芸』どうめぐった？」地方経済面四国，2013 年 11 月 1 日
『日本経済新聞』「豪華絢爛『こんぴらさん』」地方経済面四国，2014 年 9 月 6 日
『日本経済新聞』「『金』テーマに誘客」地方経済面四国，2015 年 7 月 18 日
『日本経済新聞』「参拝者励ます『金言』」地方経済面四国，2015 年 7 月 22 日
『日本経済新聞』「琴平観光輝き取り戻せ」地方面四国，2015 年 7 月 31 日
『日本経済新聞』「金にちなんだ商品認定」地方経済面四国，2015 年 11 月 5 日
『日本経済新聞』「金刀比羅宮参道に新名物」地方経済面四国，2016 年 4 月 26 日
『日本経済新聞』「車窓に渓谷地酒飲み比べ」地方経済面四国，2017 年 3 月 24 日
『日本経済新聞』「金比羅参りに金ピカ畳」地方経済面四国，2017 年 4 月 28 日
『日本経済新聞』「金刀比羅宮にちなみ考案」地方経済面四国，2017 年 8 月 9 日
『日本経済新聞』「『観光列車で元気に』夢かなう」地方経済面四国，2018 年 6 月 29 日

第4章

文学①＝小説を活用した黒部地域のコンテクスト転換

―黒部ダム建設を題材とした文学作品群を捉えて―

諸上　茂光
木暮　美菜

はじめに

富山県東部の立山黒部地域とは，立山連峰と後立山連峰に囲まれた峡谷や黒部川の流域の地帯を指す。黒部川上流の山岳地帯は中部山岳国立公園に指定され，立山黒部アルペンルートという登山ルートとしても知られており，黒部川下流の扇状地では農業やアルミ製品の製造が行われる産業も盛んな地域である。

図表 4-1　黒部ダム周辺施設

図表 4-2　黒部地域の地図

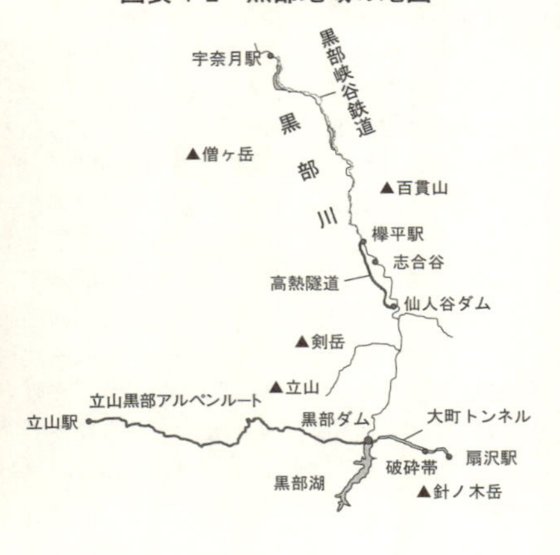

また，この地域では大正時代より黒部川の水力を利用した電源開発が行われ，戦時中の仙人谷ダムの工事や戦後の黒部ダム（黒部川第四発電所ダム）の工事が多くの犠牲者を出す難工事であったことで知られている。

知名度が高い地域でありながらも，観光に関しては2015年の北陸新幹線の開通以来北陸地域の観光客数は増加している一方で，富山県への観光客数はランキングで全国38位（2014年）と伸び悩んでいる。また，立山黒部アルペンルートがあることで通過型の観光が多く滞在時間が短い点や繰り返し観光に訪れる観光客が少ない点が観光業の課題となっている（自治体国際化協会経済活動，2018）。

そこで，近年富山県は「立山黒部」世界ブランド化推進会議を設置し県内東部の黒部川流域地帯の観光事業に注力しており，そのひとつとして「黒部ルート」の観光資源化を目指し始めた。「黒部ルート」は黒部ダムと黒部峡谷鉄道の欅平駅を結ぶ関西電力専用の軌道を指し，12の発電所と5つのダムからなる関西電力による黒部川流域の電源開発地帯の一部である。

この「黒部ルート」地域の電源開発の歴史は，プロジェクトXといったドキュメンタリー作品やブラタモリといった紀行番組などのドキュメンタリー作品で取り上げられ，また，いくつかの文学作品でも描かれてきた。そこで，本章では黒部地域の電源開発を描いたドキュメンタリー作品および文学作品[1)]を用いたコンステレーションマーケティングの提案を行う。

同一トポスについてコンステレーションマーケティングを行う場合であっても，その描き方がドキュメンタリー作品か文学作品かによってそのモデルや効果は異なると考えられる。たとえば，それぞれの作品を利用したマーケティングを第1章のコンステレーションマーケティング4分類に当てはめて検討すると，ドキュメンタリー作品の場合は第Ⅳ象限（意識型エピソードメイク指向性×ターゲット非設定指向性），文学作品の場合は第Ⅲ象限（意識型エピソードメイク指向性×ターゲット設定指向性）に相当した戦略を立てることができる。

そのため，本章ではドキュメンタリー作品と文学作品を軸にしたコンステレーションマーケティングの違いに着目し，それぞれの作品の物語におけるメッ

図表 4-3　2つの作品群を用いたコンステレーションマーケティング概念図

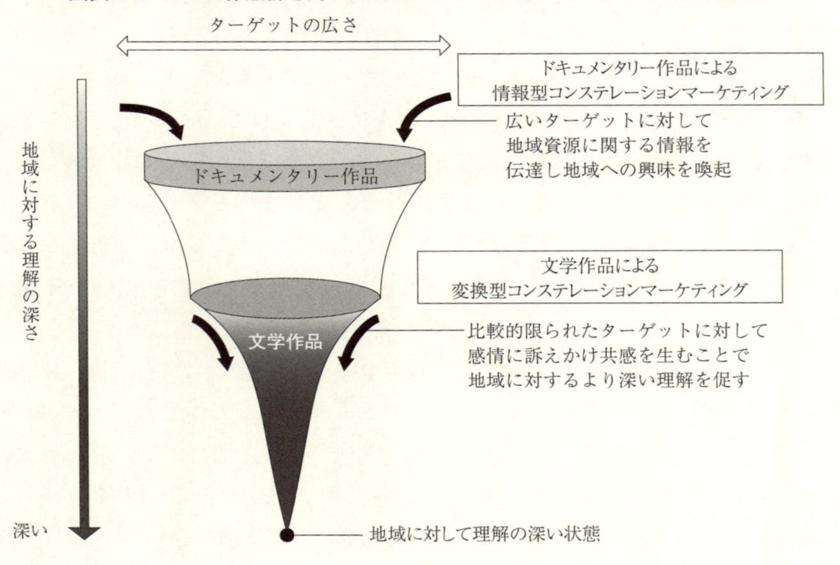

セージの提示方法の違いが地域ブランディングに与える影響について論じる（図表 4-3）。

第1節　ドキュメンタリー作品による黒部地域のコンテクスト抽出

(1)　コンテクスト抽出対象作品の選定

文学作品によるコンステレーションマーケティングの特性と効果を明らかにするために，まずは本節で比較対象として黒部地域に関するドキュメンタリー作品を取り上げながら，この作品の概要とその特徴を考察する。黒部地域に関しては多くのテレビ番組や書籍で取り上げられているが，ここでは黒部地域の中でもとくに黒部ダム近辺に着目して事実をもとに描かれたドキュメンタリー作品として，「プロジェクトＸ～挑戦者たち～」と「ブラタモリ」の２つのテレビ番組を対象とする。

1）プロジェクトＸ～挑戦者たち～（黒四ダムシリーズ）

プロジェクトＸはNHK総合テレビで2000年から2005年に放送されていたドキュメンタリー番組である。毎週，戦後の日本における偉大なプロジェクトを取り上げ，プロジェクトに携わった企業や人物の苦闘や活躍に焦点を当てた。プロジェクトに携わった人物へのインタビューや再現ドラマによって，困難なプロジェクトをいかにして達成したかを描いている点が特徴である。

また，番組のテーマソングに起用された中島みゆきによる「地上の星」が第53回NHK紅白歌合戦で歌唱された際には，黒部川第四発電所地下道からの生中継が行われており，番組で取り上げるプロジェクトとして黒部ダム難工事が象徴的な事例であったことがうかがえる。

黒部地域については，第14回「厳冬　黒四ダム　断崖絶壁の輸送作戦」，第179回「シリーズ黒四ダム⑴　秘境へのトンネル　地底の戦士たち」，第180回「シリーズ黒四ダム⑵　絶壁に立つ巨大ダム　１千万人の激闘」の３回に渡って放送された。

各回で焦点を当てたエピソードや登場人物は異なり，第14回では黒部ダム建設を行った間組（当時）の中村氏らによる資材の輸送作戦が紹介されている。一方，第179回では熊谷組による大町トンネル建設について取り上げられている。ここでは芳賀氏や笹島氏の活躍を中心に大町トンネル開通までの物語に焦点を当て，スタジオに招待された笹島氏が当時を回想し涙ぐむ場面もあった。第180回では間組による黒部ダム本体の建設について特集し，ブルドーザーやクレーンの操縦士の活躍や岩盤の工事，そして発電所建設時の地熱帯の掘削作業が紹介された。

さらに，黒部ダム建設シリーズの締めくくりとして「人間の持つ底知れぬ力，その証に人々は心震える」というナレーションによって黒部ダムの建設が自然に打ち勝つ人間の偉業であったことを示した。

2) ブラタモリ　黒部の奇跡　～黒部ダムはなぜ秘境につくられた～

ブラタモリはNHK総合テレビの紀行番組である。本番組は司会者であるタモリが日本各地を散策しながらその街に関係するエピソードについて，歴史，地理，地質学的な観点を交えながら専門家と共に探っていくものである。ナビゲーターであるタモリが旅行者の視点から地域を観察し，謎解きをしながら地域を探索する過程で専門家による客観的な解説や地域に関するうんちく，発見を鑑賞者に伝えることも特徴のひとつである。

黒部地域についてはで2017年10月7日と14日に放送された番組内で，黒部第四ダム建設時の苦難エピソードである破砕帯の突破について，現在観光用に転用されている当時の工事用トンネルの該当部分を訪れながら紹介している。また，同ダムの立地や構造的な特徴について黒部地域周辺の地質学的な特徴に焦点を当てながら解説を加えている。

番組の中では建設時のエピソード紹介でしばしば『黒部の太陽』が参照されているが，特定の人物や企業を賞賛する内容ではなく，自然に立ち向かった人類の叡智を称賛するような語り口で描かれている。

また，タモリがたどったルートを追体験できるようにホームページなどに詳細なルート情報を掲載しており，一種の観光モデルコースの提案がされていることもこの番組の特徴である。

(2)　ドキュメンタリー作品によるコンステレーションマーケティング

本節ではドキュメンタリー作品を用いたコンステレーションマーケティングを指向する際，第1章の理論がどのように適応できるかを対応させて検討する。まずは，コンステレーションマーケティングモデル（SSRモデル）の3つの要素がどのように対応するのか整理する。

第1要素である記号創造については，「偉大な自然である」黒部峡谷とそこに建設された黒部ダムが該当するであろう。黒部ダムは知名度の高いアイコンであるため，ドキュメンタリー作品を用いたコンステレーションマーケティングの場合でも注目を集める役割を担う。

第2要素である物語選定には，地域資源の歴史的背景やそこに携わる人物について紹介することが該当しよう。具体的には，プロジェクトXで黒部ダム工事の際に雪山を重機で滑り降りながら資材を運び込んだ土木関係者のエピソードを紹介したことが，鑑賞者が黒部ダムの建設時に起きた歴史的な背景や黒部ダム建設に携わった人物のエピソードの理解を深めることにつながる。

また，ブラタモリでは，タモリが黒部ダム内部の岩盤調査の跡に案内され，黒部ダム建設時に世界銀行からダムの頑丈さを懸念された際に岩盤調査の結果をもとに説得し現在のダムが完成したという歴史的経緯が説明される。この場面がユーザーとのトポスに対する認識を共有する役割を担うであろう。ただし，物語選定の要素によって鑑賞者の地域への理解は深まるが，その物語が鑑賞者の感情に訴える情緒的な側面は文学作品が与える影響に比べると小さいと考えられる。

しかし，ゾーンやトポスの特性である黒部地域の厳しさはあくまでも情報のひとつとして鑑賞者に伝達されている点が，後述する文学作品とは質的に異なっている。このように，ドキュメンタリー作品における物語選定は，鑑賞者と認識を共有する役割は果たすものの，鑑賞者に伝達される内容は文学作品とは異なると考えられよう。

第3要素である共鳴行使については，紀行番組で紹介されたルートを鑑賞者が同様に旅行することが該当しよう。紀行番組ではゾーンのさまざまなトポスを順番に巡っており，鑑賞者にとっては旅行プランの手本となる。また，ブラタモリの例をあげれば，番組のウェブサイトにトポスを結んだ旅行の地図を掲載しており，鑑賞者はその地図をもとに，番組で見た物語を自身で追体験するように地域を巡ることが可能になっている。

その後鑑賞者が番組の物語と同じように自分で地域を体験することによって，共鳴行使が実現するといえよう。実際に，ブラタモリが黒部立山地域を取り上げた際には，「立山黒部アルペンルート」の観光マップをもとに観光のモデルプランを紹介している。

次に，各作品に使用されるサインについて検討すると，シリーズ化されているドキュメンタリー作品を用いたコンステレーションマーケティングにはアイコンサインが含まれていると考えられよう。アイコンサインとは判別が容易な対象をサイン化した，一目で認識できる絵柄を指すが，ブラタモリやプロジェクトXのロゴは，それらの番組の背景にあるイメージ，たとえばプロジェクトXでは「偉業を成し遂げた人物のドラマ」，ブラタモリでは「各地の魅力を紹介する教養番組」といったイメージを視覚的に想起させるものである。

こうしたロゴの掲出は観光客にその場所がそうした特別な番組に取り上げられた特別な場所であることを効果的に示す働きを持つ。ただし，ブラタモリについては，タモリという主人公そのものがキャラクターサインとなる可能性もあるが，タモリというキャラクターの内面に関する描写は文学作品と比較すると少なく，アイコンサインとしての役割の方が大きいと考えられる。

さらに，対象時間領域については，本章で取り上げた2つのノンフィクション作品は，第Ⅳ象限(意識型エピソードメイク指向性×ターゲット非設定指向性)に当てはまると考えられよう。ドキュメンタリー作品は事実に基づいて描かれるが受け手に伝達する際に意識的に物語としてまとめた作品であるため，エピソードメイク指向性は意識型である。また，ドキュメンタリー作品は事実を伝えるために特定のターゲットに限定しているというよりも幅広く多くの人に対してエピソードを伝える性格が強い。そのため，ターゲット非設定指向に分類されるであろう。

この分類は時間軸を元にしたレゾナンスの分類では共時性×直線型時間に該当する。共時的コンテクスト創造戦略はある一時点におけるコンテクストを創造する戦略であり，ライフスタイル提案と新たな世界観の提示という2つの基本戦略があるとされる(原田・三浦，2016，p. 42)。このうち新たな世界観の提示とは当該製品・サービスを中心に新たな世界観(コンテクスト)を創造するものであり，ドキュメンタリー作品はこれに該当すると考えられる。また，ドキュメンタリー作品によってつくられるコンテクストは，史実に基づいたコンテクストであるために時間の流れによって変化することは稀であるため，直線型時間に分類される。

第2節　文学作品による黒部地域のコンテクスト抽出

(1)　コンテクスト抽出対象作品の選定

次に，黒部地域の電源開発を取り上げた文学作品の概要とその特徴を考察する。黒部地域の電源開発に関する文学作品は限られており，ここでは黒三ダム建設をモデルに小説化された『高熱隧道』，そして黒四ダム建設について描いた『黒部の太陽』の小説と映画を対象とする。どちらも著名な小説であり史実に基づいて黒部地域の電源開発工事の様子やエピソードを描いている点では共通している。

1)『高熱隧道』(黒三ダム建設)

『高熱隧道』は吉村昭によるノンフィクション小説で，戦前に行われた黒部川第三発電所の水路トンネル・軌道トンネルの工事を題材に，工事の様子や技師と人夫の人間関係を描いている。高熱の岩盤によってダイナマイトの暴発事故が起き，多くの犠牲者を出す難工事となったトンネル掘削工事の様子を主人公の技師の心情に焦点を当てて描いている。

たとえば，軌道トンネル仙人谷～阿曽原間の高熱帯工事中のダイナマイト暴発や志合谷の泡雪崩と連続する大事故の描写では，悲惨な現場や犠牲者の克明な状況描写と共に，主人公が国家的事業という偉業を成し遂げるという情熱に取り憑かれ，それに伴う人夫の犠牲に対して感情が次第に麻痺していく印象的な心情描写がなされている。

また，作者がこの小説の中で追求しようとしたテーマは自然と人間の闘いである(吉村，1975，p. 263)とされており，全編を通して黒部峡谷を中心とした黒部地域の自然の雄大さと厳しさなど，地域資源の特徴について作品のなかで描いている点も特筆すべき本作の特徴である。

2)－1　『黒部の太陽』(黒四ダム建設)小説版

戦後の復興のために1963年に完成した黒部ダムの工事について，木本正次が毎日新聞に連載し，のちに書籍化された小説である。大町トンネル建設時に後立山連峰の破砕帯の掘削に苦労した事実を中心に，実在した関西電力の社員，とくに現場責任者の北川(実在する芳賀氏がモデル)に焦点が当てられ，工事に関係する話以外に家族の物語も描いている。たとえば，建設期間中に留守宅で三女が白血病となり，その様子を知らせる手紙が北川のもとに届いた場面では，北川が難航している建設現場を離れて娘を見舞いに行くかどうかを葛藤し，もどかしく感じている様子が描写されている。結果として，三女は建設期間中に亡くなってしまい，北川とその家族の物語は黒部ダム建設に従事する者が家族とともに過ごすこともできずに懸命に仕事に励んだことを示す印象的な出来事として描かれている。

さらに，黒部地域としての魅力を伝えるよりも，物語の中で事業や事業の担い手の「素晴らしさ」を描くことに主眼が置かれている(著者はこのことをあとがきで「紙碑を立てる」と記している)。具体的には，破砕帯によって工事が難航している際に現場で作業をする笹島が「成否は問う必要がない，ただ，男として，俺は全力をあげて，悔いのない仕事をしておくのだ！」(木本，1992, p. 279)と気持ちを奮い立たせる場面を描くことによって，労働者の仕事に対する熱心な姿勢が黒部ダム建設の成功に繋がったことを示している。

2)－2 『黒部の太陽』(黒四ダム建設)映画版

映画『黒部の太陽』は，小説『黒部の太陽』をもとに制作され，石原裕次郎や三船敏郎が出演し当時の史上最高の733万7000人を動員するヒットとなった。映画では小説よりも大町トンネル建設時の破砕帯の難工事に焦点が当てられており，小説の時には現場の管理職の北川を中心に描かれていた話であったが，それに加えて実際に掘削の作業に当たる岩岡(実在する笹島氏がモデル)のエピソードも含めた物語の構成になっている。また，現場で掘削の作業をする作業員が難工事の中で事故にあうなど過酷な環境で労働している様子が，大掛かりな撮影によって迫力のある映像で強調されて描かれている点も小説とは異なる。

さらに，小説よりも映画版の方が物語の展開をドラマチックに描いており，はじめはトンネルの掘削が思うように進まず現場の労働者の間で焦燥感が高まっていたが，破砕帯を乗り越えてついにトンネルが貫通した際には，祝賀行事で労働者が皆で喜びを分かち合うという感動的な描写をすることによって，困難な状況を労働者たちの頑張りによって乗り越えることができた成功体験として華やかに演出している。これにより，困難に立ち向かう男たちが最後には困難を乗り越えて国や社会のために大きなことを成し遂げた，という原作のメッセージを表す役割も担っている。

(2)　SSRモデルにおける文学の位置づけ

本節では，文学作品を用いたコンステレーションマーケティングを指向する際，第1章の理論がどのように適応できるかを対応させて検討する。まずは，第1章のコンステレーションマーケティングモデル(SSRモデル)の3つの要素はそれぞれ以下のものが該当するであろう。

1）記号創造

第1要素である記号創造については，ノンフィクション作品と同様に「偉大な自然の」黒部峡谷と，そこに建設された黒部ダムが該当するであろう。黒部ダムは広く一般に知られており知名度の高いアイコンであるため，注目を集める役割を果たしていて，他者よりもユニークな記号となり得る。

2）物語選定

第2要素である物語選定については，作品中に描かれる高熱地帯(高熱隧道)や破砕帯(黒部の太陽)に大きな人的犠牲を払いながらトンネルを貫通させるシーンを中心とした偉大な自然に人間が挑むストーリーが該当すると考えられる。多くの関係者の生身の人生や生命をかけた闘いのエピソードが，読者や映画の鑑賞者の情緒を揺さぶるため，ユーザーとのトポスに対する認識を共有する役割を担う。物語選定はゾーンやトポスとの親密性を確立できるコンテンツが望ましいとされているが，ゾーンやトポスの特性である黒部地域の自然の厳しさと親密性の高い，高熱の岩盤の掘削に苦労し完遂させるという物語はコンステレーションマーケティングの物語選定として有効であろう。

3）共鳴行使

第3要素である共鳴行使については，文学作品に描かれる場所への聖地巡礼や同様の体験をすることが該当するであろう。具体的には，関西電力が主催している黒部ルート見学会が挙げられよう。黒部ルート見学会は欅平駅から黒部ダムの間を結ぶ業務用のトンネルや施設を見学することのできるツアーであり，関西電力社員の解説を交えながら，文学作品中に描かれた高熱帯や破砕帯のあるトンネルに入坑でき，工事用設備の実物に触れられる。文学作品に描かれたさまざまな場面に自らも身を置くことによって，作品の登場人物の気持ちにより共感することができるために共鳴行使としての役割を担っており，一年に35回ほど開催される定員制の同ツアーは抽選倍率約5倍(平成29年)の人気を誇る。

4）コンステレーションマーケティングの検討

次に，サイン起点でのコンステレーションマーケティングを検討すると，キャラクターサイン起点でのコンステレーションマーケティングが適しているといえよう。両文学作品は共に登場人物，特に主人公の極限状況における内面描写が特徴であり，鑑賞者は文学作品中の登場人物の内面描写からキャラクターサインを読み取ることができる。

さらに『黒部の太陽』で描かれる主人公が仕事に熱心に取り組み困難を乗り越えていくストーリーは，昭和30年代の「人々が手の届く夢に向かって働いていた時代」というイメージ(浅岡，2005)を表しており，当時の世相を知る者にとっては一種のヒストリカルサインを含むと捉えられよう。

一方で，対象時間領域については，コンステレーションマーケティングの4分類に当てはめれば，文学作品は第Ⅰ象限(意識型エピソードメイク指向性×ターゲット設定指向性)に相当するといえる。文学作品は一部が事実に基づいて描かれる場合はあるものの，意識的に物語を作成している作品であるため，エピソードメイク指向性については意識型に該当すると考えられる。また文学作品は読み手によって受け取り方が異なるため，物語を用いたコンステレーションマーケティングを行う際にはターゲットを定める必要があり，ターゲット設定指向性があるといえよう。

この分類は，時間軸を元にしたレゾナンスの分類では共時性×円環的時間に該当する。「共時—通時」の分類ではドキュメンタリー作品と同様に共時的に新たなコンテクストを創造していると考えられる。他方で，コンテクスト転換の時間型についてはドキュメンタリー作品とは異なり，文学作品が付与するコンテクストは，文学作品の作者が作り出した架空の登場人物，物語によるものであり，地域に古くから存在するコンテクストと合致するものではない。文学作品が作りだした新たなコンテクストが地域のコンテクストに付与されることによって時間とともに徐々に地域のコンテクストが転換していくことが想定されるため，円環的時間のコンテクスト転換である。

第3節　黒部地域のコンテクスト抽出が地域ブランディングにもたらす意義

ここまでは，黒部地域を対象としたドキュメンタリー作品と文学作品についてそれぞれの特性や役割を第1章のモデルに当てはめて検討してきた。本節では，それぞれの作品のコンステレーションマーケティングの効果や特性の違いについて，広告メッセージの効果の知見および文学作品に関する知見をもとに比較しながら考察していく。

まず，消費者心理の知見をもとにドキュメンタリー作品と文学作品の区別を試みる場合，岸(1993)の広告のメッセージの分類に従えば「論理訴求をする情報型広告―情緒訴求をする変換型広告」のように分類することが可能であろう。この場合，ドキュメンタリー作品は事実を提示し論理的なメッセージの提示を行っている情報型広告に該当する。

他方，ブランド使用経験と感情を関連づける変換型広告にはブランド使用経験(＝地域資源に何らかの形で関わる経験)によってどのような感情が生じるかを提示している点が類似していることから，登場人物の感情の描写を行う文学作品が該当するだろう。このようなメッセージの提示方法の違い，とくに提示するメッセージに感情的な要素を含むか否かは受け手の感情への影響が異なることが指摘されている。

変換型広告を提示した際には，代理的条件付け(Petty and Cacioppo, 1986)によって受け手は広告の登場人物の感情と同じような感情を抱くようになり，ブランドに対して広告で提示されたような感情を感じるようになる(Aaker and Stayman, 1992)とされる。このことから，地域のブランディングについても感情を訴求する物語が受け手の地域に対する感情に作用すると考えられよう。

一方で感情が訴求されない情報型広告の場合には，提示された情報によって受け手は購買の不確実性を低減することができるとされており(岸，1993)，感情の訴求のある物語と比較すると受け手の感情への影響が少ないと考えられる。したがって，ドキュメンタリー作品と文学作品をそれぞれ地域のコンステレーションマーケティングに使用する際には，受け手の感情への影響を考慮し，提示するメッセージに感情を含むか否かに注意する必要があろう。

次に，文学論における知見より文学作品が受け手に与える影響を精緻化し検討する。文学作品が読者に与える影響については，読者が物語を理解する過程で主人公への同一化や物語の登場人物への感情移入を通じて感情を生起すること(Oatley, 2002)が指摘されている。また，物語の展開が望ましい方向へ進んだかどうかによって，幸福感，怒り，悲しみなどの情動を引き起こすことも指摘されている(Stein, 1989)。さらに，読後に生起した感情は一時的なものである場合もあれば永続的に続く場合も指摘されている(米田ら，2005；藤田ら，2007)。こうした知見から，文学作品に描かれる登場人物の感情や物語の展開は，コンステレーションマーケティングの方向性を規定する要因となり，結果として長期的に形成される地域のブランドイメージにも影響を与えると考えられる。

ここで，文学作品の物語の展開について「ある登場人物の身に時間が経過して何か起こったことで，ある登場人物が変化するもの」(下村，2010)という物語の定義に従い，登場人物の変化に着目して分類することが可能であろう。登場人物の変化がポジティブな変化(成長物語など)なのか，ネガティブな変化あるいはネガティブ状況から変化が見られないものなのかによって物語を分類すると，本章で取り上げた『黒部の太陽』では登場人物が努力することによって難工事を乗り越える成功体験が描かれており，ポジティブな変化を表す物語展開であろう。ポジティブな変化を示す物語を読む読者は物語に感情移入しポジティブな感情を生起すると考えられよう。

ただし，ポジティブな感情状態では消費者はヒューリスティックな情報処理を行うことが指摘されており(Schwarz, 1990)，物語に登場する地域資源について精緻化処理が行われにくい点に注意が必要であろう。

精緻化のレベルが低い時には，意味の関連を考えたり，イメージ化のための処理が積極的に行われたりしないことから単純な関係によって結びついたわずかな意味しか生成せず，結果的に消費者の理解のレベルや記憶のレベルが高まらない(棚橋，1997)。

同作品で登場する「黒部ダム工事」という事業全体の壮大さや「破砕帯」の困難さ，あるいはその困難に「打ち勝つ労働者たちの姿」はそれぞれ消費者の中でイメージ化される可能性があるが，それはたとえば演者である石原裕次郎や映画の中の壮大な映像と結びついた，あくまでも浅い意味づけや理解に基づくものでる。こうしたことから，特に映画を利用したコンステレーションの形成では黒部地域とダム工事という国家事業との関係性や背景，その後の変遷といった現在の地域資源そのものにかかわる意味づけを行うところまでは期待できないといえる。

また，こうした浅い精緻化に基づいて形成された意味の記憶についても浅いものに留まると考えられ，たとえば同じ消費者が似たようなポジティブな映画や映像に触れた場合に，黒部地域に対して形成されたポジティブな記憶やイメージが薄れやすく，コンステレーションマーケティングの効果が持続しにくいことが懸念されよう。

他方で，『高熱隧道』については，工事によって多くの悲惨な犠牲者を出すなかで主人公が苦しみ葛藤するというネガティブな感情が終始強く描写されており，読者が生起する感情もネガティブに方向付けされよう。これにより読者に伝達される地域のイメージはネガティブなものになる可能性がある。

しかし，ネガティブな感情状態の消費者はポジティブ状態の消費者よりも情報をより精緻化する傾向にある。すなわち，より積極的にその意味の関連を考え，イメージ化を行う。これは結果としてより精緻化された理解に結びつき，複雑な知識構造に統合された多くの意味の生成につながる(棚橋，1997)。

同作品の中には，軌道トンネル仙人谷～阿曽原間の高熱帯工事中のダイナマイト暴発事故や志合谷の泡雪崩による多くの犠牲が描かれるが，これは読者に深い恐怖感や抵抗感といった負の感情を抱かせる。しかし同時に，そもそもこうした犠牲がなぜ発生するのかといったような時代的背景や黒部地域の地理的背景と関連した問題の本質的理解につながる物語の意味づけを促進し，地域に対する深い理解や共感につながるという側面を持つことが予想されよう。こうして深い精緻化に基づいて地域の意味やイメージの記憶はその後同じ消費者が触れるさまざまな地域に関するエピソードとの混同に対して一定の抵抗力を持つと考えられる。

こうした点は，近年注目されるようになったダークツーリズムの持つ効果の議論と合致する部分が多い。ダークツーリズムの効果についてはまだ未解明な部分も多いが，黒部地域についても，こうしたネガティブ感情の特性を活かしたコンステレーションマーケティング戦略を構築することで，深い共感に基づいた持続的な効果を期待できよう。

おわりに

最後に，文学作品を活かしたコンステレーションマーケティングとドキュメンタリー作品を活かしたコンステレーションマーケティングのそれぞれの特徴と違いについて整理し，地域ブランディングにおける有効な活用方法について議論する。

本章で扱った「ブラタモリ」や「プロジェクトX」といったドキュメンタリー作品については，地域ブランディングにとって岸(1993)の情報型広告と類似した効果を持つと考えられ，これを活かしたコンステレーションマーケティングにおいては，情報型広告が購買の不確実性を低減することができるように，ドキュメンタリー作品によって当該地域にはどのような資源があるのかといった情報を提供し，地域への来訪を促すことができると考えられる。

こうしたマーケティングが有効な対象者は主に当該地域への訪問経験を持た

ず，当該地域に対して事前情報をあまり多く持たず，関与度も高くない広い消費者層が想定されよう。ただし，こうしたターゲットはこのマーケティング活動だけでは深い関与を持つまでには至らないと考えられる。

他方で，『高熱隧道』や『黒部の太陽』といった文学作品については岸(1993)の変換型広告と類似した効果を持つと考えられ，作品内の登場人物の感情描写を通して対象者の感情に訴求し，地域資源にまつわる「物語」に対して共感や理解を促進させることが期待されよう。

ただし，商品の機能について理解を促すシーンの後に登場人物の行為もしくは人物の心的充足状態を理解させることによって視聴者がその商品機能の効果を理解するという広告メッセージの理解プロセスに関する知見(加藤，2000)より，消費者が広告からブランドの価値を理解する際には，「認知→感情の喚起」というプロセスをたどることが示唆される。

つまり，地域ブランディングに置き換えれば，まず地域について認知し理解する段階があり，地域に関する知識があったうえで地域に関する感情が喚起され地域の価値を理解することができると考えられよう。

こうした各作品の特性を鑑みると，地域ブランディングにおいては，まず「ブラタモリ」や「プロジェクトX」といったドキュメンタリー作品で地域資源の知識を与えることで来訪を促す戦略が有効であろう。その上で，地域に来訪中あるいは来訪経験のあるコアターゲットに対し，『高熱隧道』や『黒部の太陽』といった文学作品を用いたコンステレーションマーケティングを行うことで地域に対する情緒的な共感を持たせ，地域に対する理解や関与を高め，地域に対するロイヤリティの形成にまで至らせるという戦略が有効であると考えられる。

本章では黒部立山地域の文学作品によるコンステレーションマーケティングについて扱ったが，他のゾーンにおいても同様の手法を用いてコンステレーションマーケティングを行うことができると考えられる。このとき，前述したドキュメンタリー作品，文学作品のそれぞれの特性の違いによって適切なターゲットやコンステレーションマーケティングの効果が異なることを考慮し，各ゾーンのブランディングの目的とターゲットに応じた作品の選定が重要であろう。

注

1）ここで扱う文学作品は，作品のメインテーマと地域あるいは地域資源が直結するものを対象とする。主題とは関係なく作品中に登場する地名として扱われるもの，たとえば，ロケ地やモデルとして地域資源が使用された作品や著者が地域で執筆した作品は別の章にその議論を委ねる。

参考文献

Aaker, D. and D. M. Stayman (1992) "Implementing the concept of transformational advertising", *Psychology & Marketing*, 9(3), pp. 237-253.

NHK「ブラタモリ」制作班（2018）『ブラタモリ 13　京都（清水寺・祇園）　黒部ダム　立山』原孝寿編著，角川書店，pp. 60-105。

Oatley, K. (2002) "Emotions and the Story Worlds of Fiction". *Narrative Impact: Social and Cognitive Foundations*, Lawrence Erlbaum Associates, Inc., pp. 36-69.

Petty, R. E. and J. T. Cacioppo (1986) "The elaboration likelihood model of persuasion", *Communication and persuasion*, Springer, pp. 1-24.

Schwarz, N. (1990) "Feelings as Information Informational and Motivational Functions of Affective States", Richard M. Sorrentino, E. Tory Higgins ed., *Handbook of motivation and cognition* 2 c 1986-1996, Guilford Press, pp. 527-561.

Stein, N. L. and Levine, L. J. (1989) "The Causal Organisation of Emotional Knowledge: A Developmental Study", *Cognition & Emotion*, 3, pp. 343-378.

浅岡隆裕（2005）「見出された『昭和 30 年代』：メディア表象の論理と過程から」『応用社会学研究』47，pp. 31-49。

加藤雄一郎・徃住彰文（2000）「ブランド知識形成における感情の役割について―認知的感情理論に基づく広告理解プロセスモデル」『広告科学』40，pp. 29-44。

岸志津江（1993）「テレビコマーシャルの表現特性と消費者情報処理」『消費者行動研究』1(1)，pp. 47-63。

木本正次（1992）『黒部の太陽』信濃毎日新聞社。

米田英嗣・仁平義明・楠見孝（2005）「物語理解における読者の感情―予感，共感，違和感の役割―」『心理学研究』75(6)，pp. 479-486。

自治体国際化協会経済活動「立山黒部では，通過型観光から滞在型観光への転換を目指す」http://economy.clair.or.jp/casestudy/inbound/2001/　(2018 年 3 月 13 日アクセス)

下村直樹（2010）「広告と物語」『北海学園大学学園論集』146，pp. 71-89。

棚橋菊夫（1997）「消費者の知覚」杉本徹雄編著『消費者理解のための心理学』福村出版，p. 97。

原田保・三浦俊彦（2016）「フォーマットデザインの分析枠組み」原田保・三浦俊彦編著『小売＆サービス業のフォーマットデザイン』同文館出版，p. 42。

楠見孝・米田英嗣（2007）「感情と言語」藤田和生編『感情科学』京都大学学術出版，pp. 55-84。

吉村昭（1975）『高熱隧道』新潮文庫。

第5章

文学②＝俳句を活かした山形市と上山市のコンテクスト転換

—松尾芭蕉と斎藤茂吉の人気を捉えて—

庄司　真人

はじめに

従来の地域マーケティング研究の多くは，地域資源の発見とその活用に関するものであるが，その活用は単体の商品の創出に力を入れてきたといってよい。たとえば，観光資源となる風景をお菓子などに商品化し，これを販売すること

図表 5-1　立石寺内にある芭蕉像

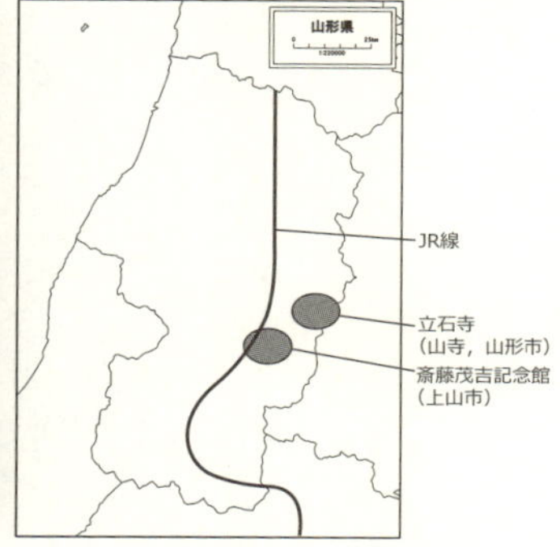

図表 5-2　立石寺と斎藤茂吉記念館

出所）http://www.freemap.jp/itemFreeD1Page.php?b=yamagata&s=yamagata より引用

によって地域の活性化につながるマーケティングを展開するということである。これらの中には，成功しているものもある程度見られるが，必ずしもうまくいくとは限らない。それは，この前提がいわゆる4Psマーケティングにあるためであると考えることができる。

マーケティングにおいて長らく支配的なアプローチとして知られている4Psマーケティングは，マーケティング・ミックスとして頭文字がPでそろえられた4つの項目（プロダクト，プライス，プレイス，プロモーション）を組み合わせることによって，ターゲットとなる顧客に訴求するというものである。このモデルもある程度必要性は認識されるものであるが，顧客との関係が製品でしか結びつかないというところに限界がある。

そのため，継続性や関連性が必要とされる現代のマーケティングにおいては，4Psモデルの限界が指摘されるようになり（Gronroos，1994；上原，1999），それを補完するものとして，企業と顧客とのインタラクションを強調するものが現れるようになる。企業と顧客とのインタラクションを中核としたマーケティングが近年の主流となる一方で（石井ほか，2004；嶋口，1994），地域のマーケティングは伝統的な手法のままにあるということになる。

これらを克服するひとつの試みが本書で扱うデザイン思考となる。特に，本

図表5-3　文学と体験の概念図

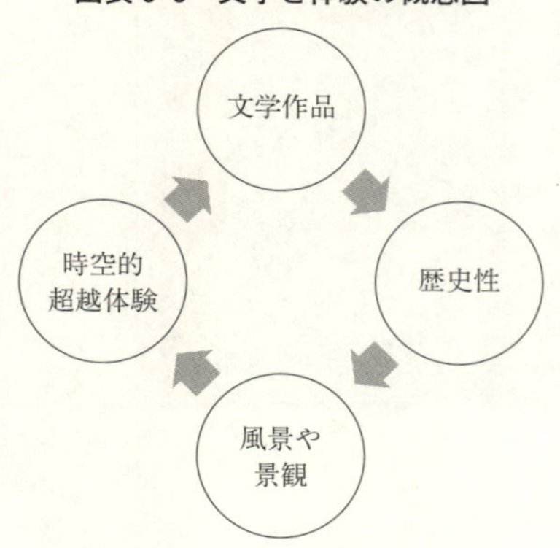

章で強調するのが文学のもつ「時空的超越」(spatiotemporally transcendence)である。原田らが強調する地域デザインモデルであるZTCAモデルにおいて(原田, 2014), ゾーン(Zone)とコンステレーション(Constellation)を組み合わせることによって空間としてのゾーンと時間的超越を可能とするコンステレーションの有効性について検討するものである(図表5-3)。

第1節　SSRモデルにおける「文学」の位置づけ

(1)　『おくのほそ道』と斎藤茂吉の記号創造

文学は，芸術作品のひとつであり，文字および言語によって表現される。人類の登場からまもなく，文学が現れることになる。文学の定義については，ここでは詳細について取り上げることはせずに，人類の生み出した言語的な芸術作品として位置づける。芸術のもつ地域資源としての可能性については，これまでの地域デザイン学会関連の書籍の中で触れられているが(原田ほか, 2016), 文学についてはこれまで触れられてこなかった。

文学については，欧米，東洋ともに数多く存在するが，本章ではわが国における文学作品を元に議論することになる。その中でも本章では，『おくのほそ道』[1)]で知られる松尾芭蕉と短歌の斎藤茂吉を取り上げる。

SSRモデルの第1要素である記号創造では，『おくのほそ道』は，他の紀行文よりも特徴的な記号を有している。それは，俳諧・俳句という省略による想像力を満たす文章をつかっているということである。これらが用いられることによって，文学と景観を結びつける記号が創造されることになる。

世の中には数多くの紀行文がある。古代における有名な紀行として紀貫之による『土佐日記』があり，菅原孝標女による『更級日記』などがある。紀貫之は，女流文学の影響を受け，土佐(現在の高知県)の国司の任期を終えた後で土佐から京都へと帰る旅路に関する話をまとめたものである。

現代でも，歴史小説の大家である司馬遼太郎による『街道をゆく』や斎藤茂吉の次男である北杜夫による『どくとるマンボウ航海記』など数多くの紀行文が存在している。これらは，文学というよりはノンフィクションとして捉えるべきものであり，体験したことを時系列にまとめているスタイルが多くなっている。

しかしながら，このような旅行記は，記号を生み出すことによって現代社会の中で用いられているのである。つまり，記号として用いられる「何か」が明確になることによって，地域の資源として用いられることになる。

たとえば，海外の旅行記のひとつとして，『大唐西域記』に関して考えてみよう。この作品は，唐(現在の中国)の僧である玄奘が中国からインドへの旅を記した旅行記である。この作品そのものは7世紀に記されたものであり，それだけでは有名になるわけではなかった。これが世界的に知られるようになるのは『西遊記』である。西遊記は紀行文ではなく，伝奇小説であり，また16世紀に記されたものであり，玄奘自身であったり，同時代の人々が書いたりしたものではなく，後世の人々による創作である。しかし，孫悟空や猪八戒など特徴的なキャラクターによって記号として意味を創出し，さまざまな場面で利用されている。

つまり，紀行文だけではなく，登場人物という記号が生み出されることによって，地域資源としての価値が高まることになる。『おくのほそ道』においては俳句が記号となっている。

もうひとつの斎藤茂吉の場合についてもここで検討する。斎藤茂吉が発表し続けた短歌は，「5・7・5・7・7」の音律の定型詩であり，古くから読まれてきたものであるが，文学史としては近代短歌として区分されるものである。

近代短歌は明治時代に生み出され，発展することになるが，その趣旨は自由と個性である。江戸時代とは異なり，諸外国の影響を受けながらも，日本という国が意識される明治時代では，数多くの近代文学が生み出されることになる。

短歌においては，それまでの作品を批判的に考察し，その時代に合った主張が見られるようになる。明治時代の俳人でもあり，国語学研究家でもあり，歌人でもあった正岡子規は，『古今和歌集』を取り上げて，これを「くだらぬ歌集」であると位置づけることによって，過去からの決別を示した(佐佐木，

1996)。

そのため，ここで取り上げる短歌はそれまでの短歌である和歌とは異なるものとして取り上げられる。明治時代には，与謝野鉄幹や与謝野晶子，正岡子規，石川啄木などいわゆる義務教育の教科書でも登場する人物が多く現れる。与謝野鉄幹は，ロマン主義の中で『明星』を創刊し，また，その妻である与謝野晶子は『みだれ髪』を1901年に発表した。石川啄木は，自然主義をもとに1910年に『一握の砂』，1912年に『悲しき玩具』という歌集を発表することになる。これらは3行で表され，口語的で鮮明な表現が用いられている。このような明治時代の文学者が生み出した芸術として，近代日本を象徴する記号としての短歌が生み出されることになる。

(2)　物語選定

第2は，物語選定となる。文学の場合，紀行文であろうが，小説であろうが，そこには，登場人物と風景という装置が存在する。そして，ゾーンとトポスの密接な関係が構築されることになる。

日本の文学として「俳句」の芸術レベルを高めたとされる松尾芭蕉に関するものがあげられる。松尾芭蕉が東北から北陸というゾーンにかけての旅行という紀行文と，それぞれの場所(松島や山寺，最上川)が関連することになる。江戸時代の俳諧師が門弟をつれて旅をするという物語が取り上げられることになる。

『おくのほそ道』の場合，江戸の出発から伊勢への到着までがひとつのエピソードとして記載されることになるが，それぞれの場所でのエピソードが含まれる。それぞれの場面でドラマのようにシーンが添えられることになる。

そして『おくのほそ道』は，江戸時代の俳人である松尾芭蕉の紀行文である。松尾芭蕉は，伊賀(現在の三重県)出身であり，江戸において職業俳諧人として生活をしていた。それは，元禄2(1689)年に弟子である河合曾良を伴って江戸を出発し，奥州と北陸へ出かけた紀行とその中で詠んだとされる俳句を含めている文学作品である。

元禄２年は，鎌倉時代の歌人である西行の500回忌に当たる年であった。西行を尊敬していた松尾芭蕉は，貞享元(1684)年から翌年にかけて，芭蕉の出身地である伊賀へと旅行に出かけた。この紀行は『野ざらし紀行』としてまとめられることになるが，この足跡は，西行のものに即しているといわれていた。西行は，1144年ごろに東北地方の和歌の名所を訪ねる旅に出た。この経路が芭蕉の紀行に影響を与えたとされている。つまり，芭蕉の東北への旅は，尊敬する西行の跡を辿ろうとした芭蕉の気持ちを示しているとも解釈できる(恒松，2015)。

西行は，遠縁である奥州藤原氏の拠点である平泉にて，「聞きもせず　束稲(たばしね)山の　桜花　吉野のほかに　かかるべしとは」という和歌を詠む。吉野とは，大和国(現在の奈良県)南部のことであり，桜の名所として知られている。奥州藤原氏の全盛時期の平泉にも東稲山に素晴らしい桜花があることを詠んだ和歌となっている。これ以外にも，西行は白河や松島など東北各地を回っている。

このような西行の旅路を松尾芭蕉も同じように回ることになる。つまり，松尾芭蕉の紀行は，西行を追悼しようとしたものと捉えることが可能かもしれない。この点の文学的な位置づけに対する解釈を個々で議論することは避けるが，われわれも巡礼をするような場合には，歴史的な有名人のあとを辿るということが行われることがあるが，それに似ているとも捉えることができよう。芭蕉は，西行の辿った四国にも行こうとしていたが，周囲に反対され，断念する(恒松，2015)。そして，東北への紀行にあたり，自らの家である芭蕉庵を処分している。不退転の決意ともとれるこの行動によって，松尾芭蕉がこの旅行を重視していたということができる。

他方，斎藤茂吉などのような明治時代の文学者は，その生誕地での顕彰が盛んに行われている。正岡子規は俳人と歌人であるとともに，国民的スポーツである野球を紹介した人物としても知られている。松山市では，この正岡子規の多才な芸術性を活かして，子規記念博物館を運営するとともに，野球歴史博物館を開設し，アートツーリズムとスポーツツーリズムを組み合わせている。

図表5-4　主な文学者の記念館

記念館名	所在	設立	運営母体
与謝野晶子記念館	大阪府堺市	2015年	さかい利晶の杜
石川啄木記念館	岩手県盛岡市	1970年	盛岡市文化振興事業団
子規記念博物館	愛媛県松山市	1981年	松山市
虚子記念文学館	兵庫県芦屋市	2000年3月	公益財団法人虚子記念文学館
斎藤茂吉記念館	山形県上山市	1968年	公益財団法人齋藤茂吉記念館

これらの歌人には，それぞれに記念館が設けられ，その活動が現代においても広く語り継がれていることになる。これまで述べてきた明治期の文学者を顕彰する記念館の一部をまとめたのが，以下の通りである（図表5-4）。

正岡子規が文学作品とともに，野球に関する多くの随筆を書き，その魅力を説くことが野球の普及につながったとして，2002年には野球殿堂入りをしている。また，明治時代の最も著名な文学作品である『坊っちゃん』が松山市を舞台にしていたこともあり，「坊っちゃんスタジアム」が松山市の中央公園内に設置されている。

芸術の分野のみならず，このように文学作品をつなぎ合わせることによって，地域のブランディングを促進できる可能性は一定程度存在するといえよう。

もうひとりは，斎藤茂吉である。大正から昭和にかけての代表的な歌人でもあり，また，精神科医でもあった。アララギ派の代表的な歌人である斎藤茂吉は，山形県南村山郡堀田村大字金瓶（現在の山形県上山市）に1882年に生まれた。東京に在住していた親戚の医師である斎藤家のもとに行き，現在の開成高校となる東京府開成中学校に編入する。

学生時代に文学に触れ，明治時代に登場した近代文学の影響を受けた。東京帝国大学医科大学（現在の東京大学医学部）に在学中，正岡子規の門弟であった伊藤左千夫の門下生となる。伊藤左千夫は，千葉県の農家出身であり，錦糸町にて乳牛を育てながら多くの歌人を育てた。

伊藤左千夫のもとで，文学史に残る『アララギ』が発刊されることになる（佐佐木，1996)。アララギは根岸短歌会の機関誌『馬酔木』を源流としたものであり，ここから作品を発表する人々を中心にアララギ派とよばれるグループが形成されることになる。アララギは，写実的で生活に密着した歌風を特徴とするものである。

斎藤茂吉の作品は，アララギだけでなく，『赤光』など複数の作品に含まれている。

［代表作］
最上川　逆白波(さかしらなみ)の　たつまでに
ふぶくゆふべと　なりにけるかも

ここにあげた最上川の短歌は，斎藤茂吉が戦時中に疎開していた故郷の山形で詠んだものである。精神科医としての仕事を続けながら，生涯で18,000首もの和歌を創作することになる。その影響力から代表的近代歌人として位置づけられる。

山形県上山市には，この郷土の偉人を顕彰する施設として「斎藤茂吉記念館」がある。この建物は，設立当初は，上山市が設立，運営していたが，現在では，公益財団法人斎藤茂吉記念館として運営され，平成30(2018)年には，設立50周年を迎えている。明治時代になり日本という国が明確に認識されていく中で，それぞれの地方を印象づけるとともに発展を捉えた文学作品の進化をその物語として捉えることができる。

(3) 共鳴行使

第3の要素である共鳴行使は，山寺を訪れる人々が，松尾芭蕉と同じように山を登り，風景を感じることによって，その美しさを共感することとなろう。紀行文である『おくのほそ道』に含まれた「俳句」という装置によって，文字を感じるだけでなく，それが映像として感じることができることになる。

冒頭の写真(図表5-1)は，山形にある立石寺(以下では，山寺)で撮影したものであるが，芭蕉の像と石碑をおくことによって，山寺のゾーンとトポスが結びつくことになる。つまり，この場所を訪れた人々は，学校やその他の場所で知る「閑さや　岩にしみ入る　蝉の声」という俳句と，その風景やエピソードが結びつくことになる。

山寺は，宝珠山立石寺といい，慈覚大師が開いた天台宗の寺院の通称となっている。9世紀に開山した歴史的に由緒ある寺院である。これは山形市東部にあり，高い場所にあることから長い階段で有名である。1000段という長い階段をひとつひとつ登ることによって，煩悩が消えると伝えられている修行の霊山としても知られている[2)]。

これまで述べてきた「俳句」という文学が，このゾーンのエピソードを創造する物語として機能することになる。季語と5，7，5による定型詩によって，文字による写生が行われるが，これが景観と結びつくことによって物語を作り出すことになるとともに，時空間の枠を超えていく。

そして，季節と風景と生き物(セミ)が結びつくことを可能とするドラマがここでは展開される。山の下から見る風景，登山をしたなかで感じる音声，そして山の上から見る景観を感じることによって，そのゾーンに独特の意味をもたらす。

『おくのほそ道』はそれぞれのゾーンにおいて，芭蕉が創作した「俳句」によるエピソードが形成されることになる。奥州藤原氏の拠点であった平泉では，「夏草や　兵どもが　夢の跡」という句を詠むことによって，栄華を極めた藤原氏の拠点について表している。ここでは文学的な解釈は避けているが，先に述べた西行の頃との変化が述べられているようである。

『おくのほそ道』では「月日は百代の過客にして，行きかふ年も又旅人也」(月日は永遠の旅人であり，来ては過ぎゆく年もまた旅人のようなものである)とあるように，時間的な存在を超越する自然の変化を描写することが可能なのかもしれない。

斎藤茂吉には，その継続性という観点から共鳴行使が見られる。一時期，地域振興のトリガーとしてアートとしての文学に関心があつまり，各地で文学賞が設立された時期があった。文学作品のもつ地域との親和性に注目し，地域の冠をもうけた賞を設立し，文学作品の賞を選定することで地域のブランディングを行うという動きがあった。これらの中には現在も続いているものがあるが，多くは持続していない。文学作品という単体だけでは持続が難しいことを示しているように思われる。

斎藤茂吉記念館は，そのアクセスが容易である。これは，この記念館が，JR 奥羽本線の「茂吉記念館前」から徒歩 10 分という所にあるためである。首都圏や関西圏のような大都市圏とは異なり，電車での移動が頻繁に起こるわけではない。しかし，公共財としての交通機関の駅名につくことによって，多くの人に認知してもらえることになる。

斎藤茂吉が短歌の普及と芸術性を高めたことによって，短歌の発表会も行われることになる。小学校・中学校・高等学校の児童や生徒を対象とした「斎藤茂吉ジュニア短歌コンクール[3)]」や「斎藤茂吉短歌文学賞[4)]」など文化の発信にも力を注いでいる。

第 2 節　事例に見るエピソードメイクとコンステレーションマーケティングの位置

(1)　コンステレーションマーケティングの展開前提

地域デザイン学会で提案されている ZTCA デザインモデルでは，コンステレーションにより，それぞれのトポスを結びつけることになる。そのため，ゾーンとトポスを統合的に捉える必要がある。

ここではゾーンとしての地区と，トポスにおける象徴としての文学が，コンステレーションによって時空間的に結びつくということについて述べていくことになる。地域ブランディングにおいて，それほど議論されることがないが，空間的なコンステレーションと時間的なコンステレーションによって，そのブランディングの階層構築へとつながっていくことになる。

空間的コンステレーションでは，それぞれのトポスをひとつのコンテクストによって結びつけることである。『おくのほそ道』であれば，松尾芭蕉が訪れた場所をつなぎ合わせることになる。つまり関連の少ないゾーンを文学作品という媒介を通じて，結びつけることによって，価値の創出が図られることになる。

空間的なコンステレーションには，遠く離れたゾーンをつなぐマクロ的なコンステレーションが存在する一方で，それぞれのゾーンにおけるミクロ的なコンステレーションについて考慮する必要がある。ミクロ的なアプローチでは，それぞれのゾーンにおけるトポスを結びつけることになる。『おくのほそ道』の場合，マクロ的にいえば，平泉，松島，山寺，最上川などそれぞれのゾーンが関連するが，ミクロは，山寺の立石寺と俳句，蝉などがそうなる。

山寺の場合であれば，参道と寺院が主要なトポスになる。歴史ある寺院で修行としての参道を登ることによって参拝することを経験する。それぞれのスポットの中で，寺院の持つ幽玄さを体験するとともに，俳句の中で詠まれた自然観を味わうことにもなる。山道を登る中で，この寺院の立石寺が開山したときの清和天皇とその石碑に関しての説明が出てくる。ここにエピソードが存在し，俳句という文字による芸術と景観が結びつくことになる。

もうひとつの斎藤茂吉については，その茂吉記念館が所在する上山市との関係で検討する必要があろう。上山市は山形県の村山地方にあり，市の北側は山形市と接する。江戸時代は上山藩の城下町，さらには羽州街道の宿場町として栄えた。上山市には，現在でも宿場町としての町並みが市内の楢下宿に残っている。

このような観点から，地域マーケティングとして，コンステレーションとしてのゾーンとトポスの組み合わせが検討されることになる。上山市では，ホームページ上で「蔵王と城と茂吉のふるさと」というフレーズを用いている[5)]。これらはそれぞれが地域資源としては別々のものとなるが，それを結びつけるフレームが必要となる。これがコンステレーションの機能となる。

(2) ゾーン起点のコンステレーションマーケティング

本章で取り上げている2つの事例，松尾芭蕉と斎藤茂吉は，文学者として現代においても著名な人物である。教科書にも紹介されることが多い両者の作品は，多くの日本人にとっては，なじみの深いものである。そして，彼らの作品も同様に多くの書籍の中で紹介されている。

また，俳句や短歌についても同様である。彼らの作品だけでなく，多くの作家による作品が登場する。そこでは，俳句や短歌がわが国独自の詩であることを理解することになる。このような詩は世界各国で見ることができる文学作品である。

俳句や短歌は先述したようにわが国独特の詩の形式となる。江戸時代や明治時代以降の文豪による作品は，日本で独特の発展を遂げた文学作品であることを示すことになる。特に俳句は，世界で最短の詩といわれており，短い中でどのように表現するのか，さらに季語を含めてどのように表すのかが追求されてきた。

このような季語もそうであるし，さらには，写生主義ということもそうであるが，「ありのままを表現する」(高浜虚子)という考え方が，地域デザインにおいて景観との親和性を示すものとなる。俳句や短歌によって読者に想像させた風景と，実際の風景が関連することによって，風景が芸術へと昇華していくことになる。山や川といった風景を俳句や短歌によって表現することによって，そこには歴史があり，芸術性があり，そして俳句や短歌という文化が背後に存在することになる。

このように文学作品そのものが芸術性や文化とのコンステレーションを持つことになる。その中でも，俳句や短歌は，自然を対象としたものであり，まさにありのまま自然そのものを表すという日本独特の自然感を，できるだけ短い言葉で表しているのである。したがって，このような試みは，観光の観点から，あるいは地域デザインの観点から作られた観光地ではなく，希有な自然という貴重価値を創出することになる(庄司，2017)。

高度に文明が進んだ現代において，遊園地や映画館，あるいはショッピングセンターなどで交流人口を呼び込もうとする動きが見られる(嘉瀬，2017; 速水，2012)。東京であればお台場などがそうであるし，海外でも観光ガイドの中にショッピングセンターが含まれることが多い。観光と買い物をセットにすることによって，活性化を図ることは特に近年顕著になってきており，東京においては銀座などにおいて見られる現象であろう。

俳句と短歌はそれとは正反対に位置づけられるものであり，人類が人工的につくったものではない自然の価値を訴求するものである。このような自然という幅広いゾーンを起点とするコンステレーションが，これらの地域価値の向上に貢献していると考えることができよう。ここは作られた観光地ではなく，自然という希有の価値を生み出している。

これまで見てきたように，ゾーンを起点とするコンステレーションの場合，そのマーケティングでは新たなトポスを探索し，当該トポスの価値転換，そして新たなトポスの創造が進められることになる。『おくのほそ道』は，俳句を通じて，広域としてのマクロと特定の場所としてのミクロのコンステレーションを可能とする。

つまり，『おくのほそ道』のそれぞれの俳句と景観によって，俳句という無形資産の価値を高めることを可能とする。俳句を詠む人にとって，これらの俳句の神髄を表す場所を訪れるという聖地としての役割を担う可能性を有することになるのである。

(3)　トポス起点のコンステレーションマーケティング

トポスを起点とする場合，そこに何が発生したのかを分析する歴史的な観点からのアプローチが必要となる。トポスの価値を検討し，そこからコンステレーションデザインを考えることになる(原田，2014)。

斎藤茂吉記念館は，短歌によって地域のメゾとしてのコンステレーションを展開する。斎藤茂吉が生まれ育った上山は，最上川の流域にあり，東には蔵王連峰を望むことになる。そこで，この記念館ではそのような風景の拠点に短歌の石碑が設定されることになる。記念館の中にはみゆき公園があり，みゆきという名前からわかるように明治天皇が行幸された際に訪れた環翠亭が復元されている。また，公園内に，歌人斎藤茂吉と由来のある伊藤左千夫，島木赤彦の歌碑が設置されている。

さらに，1992年には最寄り駅となる北上ノ山駅がその名称を茂吉記念館前に変えている(『日本経済新聞』地方経済面東北版，1992年6月2日)。7月1日に駅の名称が変わることになったが，同時に山形新幹線が開通した。山形新幹線が，山形での国体開催にあわせた交通網の整備として開通するのに合わせて変更されたことになる。山形新幹線がミニ新幹線形式にて開通され，さらには，スキーのメッカとしての蔵王とのコンステレーションによって結びつく。

茂吉記念館前という駅に山形新幹線が停車することはないが，1992年の開通と同時に，上ノ山駅がかみのやま温泉駅と名称が変更され，それにより温泉と風景，そして上山城が，新幹線という交通網と結びつくことになり，それぞれのトポスがコンステレーションマーケティングへと関連することになった。

歴史的資源や地理的資源が地域資源として明確になることで，これらがコンステレーションとしてつながるように試みられることになる。このケースは風景や交通網という交流人口の移動手段と関連した事例として見ることができよう。このような価値を現代的な価値へと転換することが重要になるのである。

第3節　共時性と円環的時間における現在

(1)　物語起点とサイン起点—『おくのほそ道』

本章では，事例として短歌および俳句という文学からの地域デザインとして，山形県にある山寺(山形市)および斎藤茂吉記念館(上山市)を取り上げている。それぞれの事例では，第1章で示されたでは，①アイコンサイン，②キャラクターサイン，③ヒストリカルサインによって分析することが可能となる。まず，山寺は木々と寺院と蝉という自然をイメージしやすいサインが存在している。

長い階段を上り，そこにある自然は蝉の鳴き声が聞こえ，都会の喧噪を忘れさせる静けさが存在するという自然を強調するものである。斎藤茂吉記念館は，川と蔵王連峰という四季を感じさせる風景がそこに存在することによって，山寺と同様に自然が強調されることになる。そして，そこにアイコンサインとしての俳句と短歌が存在することになる。

キャラクターとしては，それぞれにおいて松尾芭蕉と斎藤茂吉という俳句と短歌の発展に貢献した人物が登場することになる。自然と芸術というコンテクストの中に，それに寄与した人物が実際のキャラクターとして現れるのである。松尾芭蕉の場合，彼と弟子の河合曾良の2つを描いた作品が数多くの作品で示されることになる。質素な格好をして，旅にでかけているのは，俳句という道を極めようとした人物の姿であり，その自然観と一体化する。

ヒストリカルサインは，これまで述べてきたようにその空間を時間的にずらすことによって，意味を付与することに関連する。われわれがその場所を訪れたときに，そこはかつて何かがあった場所であり，これが特別なことであることを示す。この歴史的な視点が地域資源を見出すためのトリガーとなる(庄司，2017)。

(2)　事例におけるレゾナンス

本書のアプローチに従って，ここでは時間的な多様性によるレゾナンスについて取り上げる。通時性と共時性からアプローチすることによって，直線的時間と円環的時間で捉えられる視点について触れる。

上山市では，この観点から蔵王と城と斎藤茂吉を組み合わせる。蔵王という地名は，天武天皇の時代に吉野から蔵王権現が分祀されたことが由来である。そのため，修行の場としてのトポスがここに存在することになる。

また蔵王は，樹氷と温泉(原田ほか，2012)さらにはお釜[6)]でも有名である。特に樹氷はスノーモンスターとの別名もつけられる世界的にも珍しい自然が作り出した芸術となっている。

このようにひとつは歴史的なものと同時に発生する地域資源などが共時的に存在することによって価値を見出そうとすることになる。上山ではさらに，観光目的で設立された上山城がある。これが山形新幹線という主要な交流人口の移動装置によって見ることが可能となっている。これらのトポスを共時的に結びつけることがコンステレーションのポイントとなる。

上山には，羽州街道としての宿場町として発展してきた歴史もある。近年では，山形の玉こんにゃくとして知られるこんにゃく料理が有名になっている。また上山にある楢下宿では，こんにゃくだけの懐石料理を提供しており，大勢の観光客で賑わっている。

おわりに

本章は，文学という視点から地域デザインについて考察したものである。特にコンステレーションの素材として，松尾芭蕉と斎藤茂吉を取り上げた。彼らはともに日本の風景を元にした印象的な作品を数多く残しており，それらが地域デザインにおけるコンステレーションデザインにとって必要不可欠な要素を提示していると考えることができるのである。

これまで述べてきたように，俳句や短歌は，わが国において大きく発展した日本独特の定型詩である。しかし，その人気は国内にとどまらず，世界中に広がっている。俳句は5・7・5の17音で季節を表す季語を含めて表現されるものであり，その特徴として見たままを表すことにある。同様に，短歌においても斎藤茂吉はアララギ派の中心人物として写実的な作風であったように，文字を通じて見たものを表現することに力を注いでいた。

この2人の作品は数多くあるが，これをコンステレーションマーケティングとして活用している事例として山形市にある山寺（立石寺）と上山市にある斎藤茂吉記念館を取り上げた。山寺は，空間的なコンステレーションと時間的なコンステレーションが組み合わさっているという特徴がある。山寺を訪れると，修行の場所としての長い階段を登りながらそれぞれのエピソードを感じ取り，さらに松尾芭蕉が歩いたであろう山道を体験しながら，蝉の声を聞いたり，風景を味わったりすることで，現代社会との隔絶という時間的なトポスを味わうことができる。それぞれのトポスが組み合わさったコンステレーションが完成することになるのである。

斎藤茂吉は，東の蔵王連峰という温泉と樹氷という希有の資源と，日本初のミニ新幹線である山形新幹線ということからのコンステレーションが形成されている。四季折々の風景という季節感を，短歌を通じて味わうとともに，原風景を楽しむことが期待されるレゾナンスが提示されることになる。

本章ではこれらを物語やサインという観点から検討した。先人が生み出した文学という中で，如何にエピソードと関連付けるのかによって，その地域の方向性が変わってくるものと思われる。

注

1）おくのほそ道については松尾芭蕉『おくのほそ道』（新版）角川ソフィア文庫，2003年参照のこと。

2）詳しくは以下，立石寺のサイトを参照のこと。https://www.rissyakuji.jp/（2019年5月30日アクセス）

3）斎藤茂吉記念館において毎年，実施されているコンクールであり，小学生，中学生，高校生といった児童生徒による郷土に関する短歌を表彰するものである。斎藤茂吉記念館HP参照。https://www.mokichi.or.jp/（2019年5月30日アクセス）

4）1989年度に創設された短歌に関する文学賞である。毎年5月に贈呈式が行われている。

5）上山市HP参照。https://www.city.kaminoyama.yamagata.jp/（2019年5月30日アクセス），また上山市の東部には蔵王連峰があり，編者の原田による『温泉ビジネスモデル』では，充電－隠れ家系として特徴付けられるとしている（原田他編著，2012)。

6）蔵王連峰にある火山湖のことである。観光スポットとして知られている。

参考文献

Gronroos, C. (1994) "From marketing mix to relationship marketing: Towards a paradigm shift in marketing," *Management Decision*, 32(2), pp. 4–20.

石井淳蔵・嶋口充輝・栗木契・余田拓郎（2004）『ゼミナールマーケティング入門』日本経済新聞出版社。

上原征彦（1999）『マーケティング戦略論』有斐閣。

嘉瀬英昭（2017）「ショッピングセンターの観光資源化に関する考察」『高千穂論叢』52(1), pp. 1–23。

木村洋（2017）「『社会の罪』の探索：徳富蘇峰，森田思軒，樋口一葉」『日本近代文学』97，pp. 1–16。

恒松侃（2015）「伊勢神宮参詣　松尾芭蕉と西行法師」『あいち国文』(9)，pp. 58–70。

佐佐木幸綱（1996）「詩歌の変革」『変革期の文学Ⅲ』（日本文学史第11巻）岩波書店，

pp. 109-131。
嶋口充輝（1994）『顧客満足型マーケティングの構図』有斐閣。
庄司真人（2017）「地域資源とトポスの関係：S-D ロジックにおける資源統合と地域デザイン」地域デザイン学会『地域デザイン』第 10 号，pp. 67-86。
原田保（2014）「地域デザイン理論のコンテクスト転換：ZTCA デザインモデルの提言」地域デザイン学会『地域デザイン』第 4 号，pp. 11-27。
原田保・大森信・西田小百合編著（2012）『温泉ビジネスモデル：ゾーニングとエピソードメイクのコンテクストデザイン』同文舘出版。
原田保・板倉宏昭・佐藤茂幸編著（2016）『アートゾーンデザイン：地域価値創造戦略』同友館。
速水健朗（2012）『都市と消費とディズニーの夢：ショッピングモーライゼーションの時代』角川書店。

第6章

民俗①＝縄文とアイヌを活用した阿寒町のコンテクスト転換

—放浪体験を指向したアドベンチャートラベルを捉えて—

佐藤　淳

はじめに

古き狩猟採集時代における放浪や冒険は世界共通の民俗にとって身近なものであったであろう。また，日本には，万葉集から西行，芭蕉，種田山頭火に至る，歌人と放浪の伝統があるが，これに対して梅原（2012，p. 171）や紀野（1967，p. 3，p. 18）は縄文の影響を見出している。もしも旅を周遊するツアーとするな

図表6-1　阿寒のアドベンチャートラベル（ファットバイク）

図表6-2　阿寒町位置図

らば，そこには放浪や冒険の要素は見出せない。しかし，旅を精神的な色彩の強いトラベルと捉えるならばそれが新たな主題になりうる。

原田(2015, pp. 1-9)は，ツーリズムからトラベリズムへのコンテクスト転換を主張している。荻野(1996, pp. 2-3)によれば，このトラベルとは，分娩の苦しみにその起源を有する困難さの象徴になる。こうした状況において近年では，アドベンチャートラベルと呼ばれるような冒険にも似た行為をコンステレーションにする旅行形態が世界的な急成長をしつつある。

そこで，本章では日本では初めてアドベンチャートラベルに組織的な取り組みを行った阿寒町(北海道)の事例を取り上げる。なお，特筆すべきはこの阿寒町のゾーンとトポスをアドベンチャーが有機的に繋いでいることである。実は，この背景には縄文からアイヌにつながる長い狩猟採集や冒険の歴史が見出せる。しかし，現在はその物語はあまり認識されてはいない。そのため，筆者はアドベンチャー指向が強いターゲットに対しては意識的にエピソードメイクをする必要があると考えることにした。

そこで，本章ではアドベンチャートラベルやアイヌの民俗がコンテクストデザインに活用できることや，縄文・アイヌ文化が保持していた共時性や円環的時間軸がポイントとなることを，併せて中世近くまで同様の文化を有していた東北への期待が述べられることになる(図表 6-3)。

図表 6-3　阿寒アドベンチャートラベル概念図

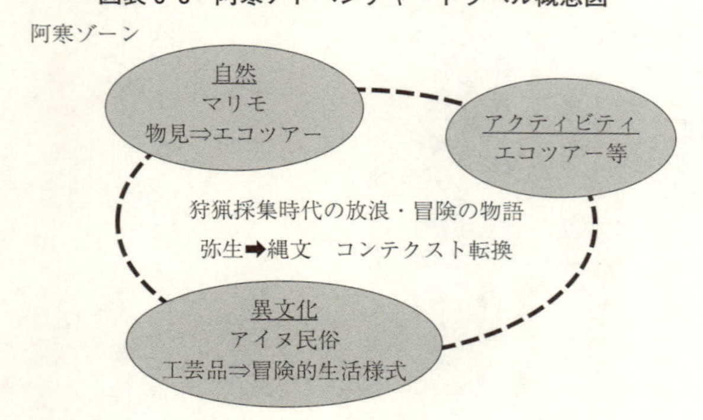

第1節　阿寒アドベンチャートラベルのコンステレーションとゾーン・トポスの関係

(1)　北海道におけるアドベンチャートラベルへの取り組み

アドベンチャートラベルとは，自然，アクティビティ，異文化体験の3要素のうち2要素を満たすトラベルとされる（北海道経済産業局，2018，p.3）。このアドベンチャートラベルは，現在では欧米を中心に急成長を遂げている。欧州，北米，そして南米におけるアドベンチャートラベルの市場規模は約49兆円（2017年）であり，年率11.4％で成長しているとの試算がある（北海道経済産業局，2018，p.5）。また，1人当たり消費額も他の観光の2倍程度とみられている（北海道経済産業局，2018，p.6）。

インバウンドに人気のある北海道では，現在アドベンチャートラベル（Adventure Travel）を全道あげて振興しようとしている。2017年に北海道運輸局の呼びかけにより，道内約50の企業・団体からなる「北海道アドベンチャートラベル協議会」が設立された。また，2018年には北海道経済産業局が，世界最大の関連機関であるアドベンチャー・トラベル・トレード・アソシエーション（Adventure Travel Trade Association）の幹部を北海道に招聘して，情報交換会である「アドベンチャーコネクト」を行った。また，現在では関係者はより大規模な世界大会の招致も検討しているところである。

併せて，同年には専門の事業体としての，阿寒アドベンチャーツーリズム㈱が設立されている。地元の阿寒湖温泉旅館組合を中心にして，すでに㈱JTB，㈱日本政策投資銀行，日本航空㈱など15社から合計では4.5億円が出資されている。

なお，阿寒アドベンチャーツーリズム㈱[1)]の事業は大きく4分類される。これらは，第1が夜の森を舞台にデジタルアートでアイヌの民俗を伝える阿寒フォレストルミナ，第2がアイヌ民俗の見える化を行うパロコロ・プロジェクト，第3がマリモ生息地へのツアー，第4が白湯山自然探勝路のトレイルコースとしてのブランディングである。

⑵ トポス起点のコンステレーションマーケティング

まずは，阿寒の現状分析を行うことにする。これまでの阿寒観光は，マリモなどを捉えた特定トポスを主体にしたいわゆる物見が中心であり，コンステレーションデザインの視点は欠落していたと思われる。

① 地域に存在するトポスの探索

阿寒湖は，おおよそ15万年前の火山噴火によって形成されたカルデラ湖[2)]を起源としており，その後の浸食・噴火・堰止め・堆積といった地学的作用によって現在の複雑で多様な湖盆地形と底質を備えるに至っている。この阿寒湖は，大きくて美しい球状のマリモを産する湖として世界的に有名である。なお，周知であろうがマリモは1921年に天然記念物に指定されている（若菜，2014，pp. 217-220）。

また，阿寒湖アイヌコタン（アイヌ集落）は，近年におけるアイヌの観光化によって成立したものである。齋藤（1999，p. 112）によれば，元来では阿寒湖畔地区には今のような大きな集落はなかったが，観光が盛んになるにつれ，次第に工芸品販売や写真，歌や踊りなどアイヌ文化への需要も増えてきたが，これに伴い人口も増えることになった。なお，阿寒湖アイヌコタンは北海道で一番大きなアイヌコタンである（36戸・約120人）。

② トポスの価値検討

これまでの阿寒観光トポスはマリモとアイヌコタンに集約されていた。これらは確かに物見観光時代には大きな効果を上げてきた。つまり，マリモを見物してアイヌ工芸品を土産として購入することが主流だったのである。この種の観光のピークは昭和30年代であった。

しかし，ここには今後に有望であるとみられるトポスもある。それは阿寒の大自然とアイヌの民俗である。このような阿寒湖の自然保護の歴史は，当然ながら国立公園の指定（1934年）よりも古くなっている。これは，明治期の殖産興業において名高く，また自然保護にも先見の明があった前田正名が，まさに阿寒湖周辺の土地を1906年に払い下げられたことに始まっている。

さて，貴族院勅選議員である前田正名[3)]は湖畔の景観に感銘を受けたので，

「この山は，伐る山から観る山にすべきである」と語り，その後はずっと阿寒の自然を保護することになったのである（前田一歩園財団 HP）。なお，後に設立された前田家の財産を管理する前田一歩園財団は，自然保護に関する多様な事業を行い，現在に至っている。他方，自然と共生してきたアイヌの民俗についてもトポスとして有望であると考えられる。

③ コンステレーションデザイン

物見の対象であったマリモと買物の対象であったアイヌ工芸品を有意に結ぶことは確かに難しい。これまでの阿寒にはコンステレーションデザインが不在であったことは明白である。この結果，近年の観光は低迷しており，まさに神風であるとされるインバウンドに多大な期待が寄せられることになった。

日本政府は，2008 年に観光庁を設置して，訪日外国人旅行者の誘致にそれこそ本腰を入れることになった。発足当初から数年はリーマン・ブラザーズ・ホールディングス（Lehman Brothers Holdings Inc.）の経営破綻に起因する金融危機や東日本大震災に見舞われることになり訪日外国人旅行者数は足踏みを続けたが，とりわけ 2012 年以降は急伸に転じることになった。

このような成果については，ビザ緩和，免税制度の拡充，出入国管理体制の充実，航空ネットワークの拡大などの日本側の努力と，中国や ASEAN[4] の経済発展によるアウトバウンドの拡大とが，うまく絡み合ったことから成されている。このような順調なインバウンドの成長を受けて，日本政府は，2016 年 3 月「明日の日本を支える観光ビジョン」を発表し，訪日外国人旅行者数（発表時の直近年は 2 千万人）を，2020 年には 4 千万人，2030 年には 6 千万人とする目標を掲げている。

このような急成長をしているインバウンドは，実は外国人旅行者が日本の食と自然を発見することによってもたらされている。㈱日本政策投資銀行と（公財）日本交通公社によるインバウンドのアンケート（日本政策投資銀行・日本交通公社，2018；日本政策投資銀行，2019，p. 15）によると，訪日客の食と自然に対する満足度は高い（食満足度 45.8％，自然満足度 37.2％）。満足した事項に関しては，SNS などを通じて拡散され，訪日外国人旅行者の拡大を支えている。

他方，同アンケートには自然を活用したアドベンチャートラベル関連（アウトドアアクティビティ，エコツアーなど）に対する満足度が低いことも示されている（アドベンチャートラベル関連満足度 15.0%）。

このアンケート結果は，アトキンソン（Atkinson，2017，pp. 129-175）が日本の自然は優れているが，これを観光に有効活用していないという指摘を裏付けるものである。実は，この事情については阿寒も該当していることが理解できる。確かに，マリモとアイヌ工芸品に頼り，アクティビティやエコツアーを提供することは少なかった。しかし，マリモの生息地を含む大自然や自然と共生してきたアイヌの民俗を活用したアクティビティなどをトポスとすることもできる。

そして，それらを結ぶことはコンステレーションデザインに相当すると考えられる。自然，アクティビティ，異文化を繋ぐコンステレーションデザインである。これは，まさに世界で注目されているアドベンチャートラベルに他ならない。このアドベンチャートラベルは冒険旅行の名の通り，放浪や冒険をコンステレーションにするトラベルである。

アドベンチャートラベルは，マリモに対してたとえばエコツアーというようなアクティビィティを付与する。そして，豊かな自然が残っている阿寒ゾーンの全体に対する，たとえばガイドツアーや各種のアクティビティからなるコンステレーションデザインを可能にする。

また，同時にアイヌの民俗も，土産工芸品だけが活用される対象ではなくなってくる。こうして，狩猟採集のライフスタイルとアクティビティの融合や，このようなスタイルを反映した食文化などが大きくかつ深い観点から活用されてくる。

このように今後は，アドベンチャートラベルは，訪日外国人旅行者には評価が高い自然や食と評価があまり芳しくなないアクティビティなどを結び付けながら，インバウンド観光の課題を解決することによって阿寒をまさに魅力的なゾーンに転換させるわけである。

なお，この構想では特にアイヌ民俗[5)]の活用が，他国や他地域との差別化のポイントになっている。最近では，アイヌには縄文人の遺伝要素が最も強く残されていることがわかっている（神澤，2015）。自然との関わりが強い先住民の文化は，確かにアドベンチャートラベルを立体的なものにしている。実際に，アドベンチャートラベルを先導している欧米人のアイヌ文化への関心は高くなっている。

そのため，廃れてしまっているアイヌ民族の正式な伝統的祭祀やきわめて高い消滅危機状態にあるとされるアイヌ語の復興が大いに望まれる。また，北海道全域に縄文遺跡が8,000カ所以上あることも注目すべきことである。そこで，これとアイヌ文化との関係性もあり，欧米人向けの観光資源としては有望であると考えられている（佐賀，2018a，p. 25）。

(3)　ゾーン起点のコンステレーションマーケティング

次に，新たに構想されたアドベンチャートラベルというコンステレーションデザインを阿寒ゾーンに適用し，新たなトポスの探索，価値転換，創造を検討していく。

①　新たなトポスの探索

これまではさほど活用されてこなかった自然を舞台にしたアクティビティが実は新しいトポスに該当している。これらは，たとえば登山，トレッキング，ハイキング，ネイチャーウォッチング，バードウォッチング，アニマルウォッチング，カヌー，カヤック，ファットバイク，MTB（Mountain bike），ロードバイク，フォトツアー，雪遊び，ワカサギ釣り，フィッシング，ハンティング，スノーモービル，スノーラフティング，バナナボート，アイスウォーク，ウインターカヌー，スノーシュー，スキーシュー，クロスカントリースキー，バックカントリースキー，スノーボードなどであり，種目は多岐にわたっている。

②　トポスの価値転換

かつての阿寒町のトポスは，前述した名物としてのマリモや（物見），アイヌの工芸品販売（買物）を中心にしたアイヌ集落としての阿寒湖アイヌコタンであった。しかし，これらはともに物見観光時代のトポスである。しかし，アドベンチャートラベルの視点から，新しいトポスとして価値転換される。

マリモは豊かで特異な自然の象徴であるが，これはエコツアーの対象としてのアクティビティのためのトポスへ価値転換できる。阿寒アドベンチャーツーリズム㈱は，前田一歩園財団とも連携しながら，大自然を守りつつ，有効活用を図ることを模索している。たとえば，これまで立ち入り禁止であったマリモの特別保護地域に関してもガイドツアーを行うことを検討するようにはなっている。また，アイヌコタンにおいても縄文文化の後継者であるアイヌのライフスタイルを追体験するトポスとして価値転換される。

③ 新たなトポスの創造

阿寒アドベンチャーツーリズム㈱による阿寒フォレストルミナは（大西，2018），夜の森林にデジタルアートを展開し，新たなトポスの創造を行う。アイヌの神話[6]をモチーフに，阿寒の自然や動植物との共生の世界を演出する体感型デジタルアートを，夜の森を舞台に光と音で表現する。

先行するカナダでは，カナディアンインディアンの文化をテーマにしたデジタルアートにより年間20万人を集客している（大西，2018）。これに対して，阿寒フォレストルミナは，異文化体験というエピソードメイクによるコンステレーションを担っている。

第2節　SSRモデルとエピソードメイク

(1)　阿寒アドベンチャートラベルにおける記号創造

ここでは，コンステレーションマーケティングのモデルであるSSRモデルを活用し，阿寒アドベンチャートラベルに関する検討を深めていく。このSSRモデルは，記号創造（sign create），物語選定（story select），共鳴行使（resonance act）から構成されている。

記号創造は，SSRモデルの第1要素である。これはユーザーの注目度を高伸化するための方法である。旅行形態にはファッションに近い側面があり，その形態が広義の記号であるといえる。

実は，かつての阿寒観光では物見や買物といった旅行形態が広義の記号であった。また，対応関係にあるマリモやアイヌの工芸品が狭義の記号であった。新しいコンステレーションデザインであるアドベンチャートラベルでは，その名称や概念が旅行形態を示す広義の記号になっている。また，白湯山トレイルや阿寒フォレストルミナは狭義の記号になっている。

(2)　物語選定

次の物語選定はSSRモデルの第2要素である。また，これはユーザーとの認識共有化のための方法である。阿寒アドベンチャートラベルにおける物語とは，たとえばアイヌや縄文が有していたであろう狩猟採集時代の冒険や放浪の物語になってくる。そこで，アクティビティをハンティングまで広げることができれば，これは狩猟そのものになってくる。また，山菜取りは採集に該当することにもなる。

なお，これらにはアイヌの儀式や宗教観を絡ませることが望ましい。また，アイヌの狩猟は冬季に雪面の足跡等を頼りに獲物を追ったものである。そのため，スノー／スキーシューやファットバイク，クロス／バックカントリースキーを用いたバード／アニマルウォッチングはその疑似体験になっている。

アドベンチャートラベルは物見の観光(ツーリズム)を超えて，自然や異文化に意味や物語を創る行為(トラベル)ともいえる。また，冒険や放浪は精神的な体験や経験による自己の成長をもたらせる。原田(2015, pp. 1-9)が指摘するツーリズムからトラベリズム指向の旅の1領域である精神旅行へのコンテクスト転換の1形態が，まさにアドベンチャートラベルになるわけである。

また，アドベンチャートラベルの活性化は，オーバーツーリズムといった新しい問題を引き起こしつつある。自然や文化を守りつつ持続可能なアドベンチャートラベルの模索が始まっている(Adventure Travel Trade Association, 2018, pp. 34-35)。

ここでも，重要であると見られるのが自然と共生してきた縄文やアイヌの物語である。縄文やアイヌには，オーバーツーリズム問題を解決するヒントがある。うまくいけば，後発ながらアドベンチャートラベルの先進地として注目を浴びることが予見される。

(3) 共鳴行使

共鳴行使はSSRモデルの第3要素である。これはまさにユーザーへの影響力増大化のための方法である。阿寒アドベンチャートラベルの深層には，狩猟採集を中心としたアイヌや縄文文化が見出せる。いずこでも農耕以前は狩猟採集であり，潜在的な郷愁を喚起することによって共鳴を行使することが有望な対応にある。梅原(2012, p. 171)や紀野(1967, p. 3, p. 18)は，西行や芭蕉，種田山頭火の放浪や遍歴に対して縄文の影響(共鳴)を見出している。

縄文の遺伝子はアイヌや沖縄に濃いが，日本人平均でも15％程度は残っていると推計されている(国立遺伝学研究所, 2016)。日本人は農耕民族とされることが多いものの，他の主要文明に比べると，より近年まで狩猟採集を中心にしていた。たとえば一方の西日本では紀元前後までが，また他方の東北日本では10世紀頃まで，北海道ではアイヌの影響が強かったことから明治初期までは，それぞれに狩猟採集文化の影響を受けていた(赤坂, 2014, p. 83)。

しかし，人口が増えると狩猟採集だけでは維持することができなくなるため，面積当たりの扶養人口が多い稲作中心体制に極端に舵をきることは歴史の必然であったわけであろう。なお，そこには，人口を増やす富国強兵により外国の脅威に対抗しようとする意思があったようである(岡田, 2009, pp. 354-356)。

岡田(2009, p. 352)によれば，実質的に日本が建国されるのは7世紀後半とされている。また，それまでの日本は中華系商人のネットワークのなかにあった。しかし，白村江の戦い[7)]で敗れ，防衛のために中央集権的な体制を構築していった。その中心的な役割を担ったのが，まさに天皇と米なのであった。実際に，675年には天武天皇によって肉食禁止令が出される。その目的を，原田(2005, p. 88)は「稲作を中心とする農耕の推進」として，米と天皇，肉と穢れ(差別)とは密接な繋がりがあると論じている。

さて，7世紀後半の日本では，人口を増やして防衛力を高めるために，土地生産性が低い狩猟採集を制限しながら，土地生産性が高い米を中心としたシステムへと大きく転換することが施行されていた。

そして，これによって狭い日本列島で多くの人口を養うことが可能になった。しかし，このような中央集権的な押し付けは地域によっては矛盾を生じさせてしまった。なお，このような典型的な地域としては山村，漁村であり，特に北方地域であった。このような水田耕作に適さない地域では，その多くには縄文的な民俗が優先されたとみられる。なお，最終的には人口の波に飲まれるが，実はこれらの地域は権力側にとっては相応の抵抗勢力になっていた（赤坂，2014，p. 83）。また，わが国は大陸や狩猟採集との関係を断ちながら米と天皇を中心に建国され，数百年をかけて東（蝦夷）の開拓（戦争）に転じていった（岡田，2009，pp. 354-356）。

当時では最も東北の抵抗が強く，本州の北緯40度（盛岡）以北に日本国の国制が及ぶのは11～12世紀であったとされている（網野・石井，2000，p. 165）。しかし，これと同時に律令制[8)]は揺らいでしまい，馬を自在に操る東国[9)]の武士を中心にした（地方）政権が誕生した（平将門，平泉，鎌倉）。武士の原型は蝦夷の俘囚であった。

鎌倉幕府は当初はまず東国を，そして承久の乱（1221）以降には西国も支配下に入れることになった。東国の全域に日本国の支配が及ぶのと入れ替わるように，東国に拠点を有する全国政権が成立したのである。また，文学や仏教に遍歴的傾向が出てくるのもほぼ同じ時期である。かの西行が平泉を訪れたのは1147年であり，また一遍が遊行の旅に出るのは1274年である。さらに，産業面においても，薬売りや旅芸人，遊女のように漂泊型の産業が現れてくる。

なお，これらは自給自足に近い農村に財やサービスを提供する都市的機能を担ったと考えられる。梅原や紀野が縄文的であると考えた漂泊が，文芸，宗教，産業の各所で，東国が統一されていることから定住や米作りが前提になり，かつ政権の中心が東国に移った中世以降に盛んになっていく（網野，1984，pp. 153-266）。なお，これは東国に残っていた縄文的色彩が全国に及んだためとも考えられる。

そこで，漂泊，遍歴，放浪は稲作と定住のいわば裏面のように存在し続ける。これは，ぎりぎりの生活を続けるための漂泊でもあったが，それでも縛り付けられている土地からの解放の場合もあった。これこそがアドベンチャートラベルの原型である。

西洋の旅が危険きわまりないものであり，これには放浪イコール犯罪に近いニュアンスがあったのに対して(荻野，1996，p. 4)，日本では女性も可能になっていた。網野(1984，pp. 174-175)は，武装していない女性が広く遍歴できた理由として性の解放の可能性を指摘している。宮本(1984，pp. 31-32)には，対馬への女巡礼者のグループが地元の民家に泊まる際に，明治の終わり頃までは，男女の契りをかけて歌のかけあいをしていたという記述がある。なお，これは英語のアドベンチャー(adventure)の語源であるフランス語のアバンチュール(aventure)のイメージだろうか。

弥生のコンテクストである勤勉や定住に対し，縄文のコンテクストは自由や放浪・冒険である。人口圧力が強くなった肉食禁止以降においては，狭くなった日本で暮らすために長時間の労働を余儀なくされた(川島，2010，pp. 204-205)。他方，縄文時代は，労働時間は少ないにもかかわらず，季節に応じて多様な食物を入手しながら豊かに暮らしていたと考えられている(小林，2018，pp. 154-185)。

つまり，このような時代への憧れが過去の文人などによる放浪や遍歴であったのだろう。そして，これは現在にまでも続いているわけである。現在では縄文をテーマとする映画や書籍，展示会が増えているが，これらは海外からも高い評価を獲得している。

(4) エピソードメイクとコンステレーションマーケティングの関係

次に，阿寒のアドベンチャートラベルにおいて想定されているエピソードメイクは，縄文やアイヌを想起できるような冒険(アクティビティ)や異文化体験である。これについては，農耕社会あるいは工業社会にはない狩猟採集時代における非束縛に対する期待と，これに基づくエピソードメイクを可能にする。

さて，日本人は農耕民族と認識されているケースが少なくない。しかし，実際には狩猟採集や漁撈を中心とし自然を重んじた縄文文化を基層にしながら，渡来系や稲作の影響が加わったまさにハイブリッド民族なのである。縄文の影響は東北においては10世紀頃まで強く残っていたし，またアイヌはこれを今日にまでも伝えている。日本は，世界の主要文明のなかにおいて最も近年まで狩猟採集文化を残してきたといっても過言ではないだろう。

狩猟採集時代の影響は，深層心理やDNA（Deoxyribonucleic acid）には残っている。しかし，日本人の場合は，大和朝廷以来の農耕民族プロパガンダが浸透している。そのため，意識しないとエピソードメイクをすることができない。また，日本人が狩猟民族と認識している外国人も，日本に狩猟採集文化が彼らよりも長く存在したことを知る機会はそう多くはない。そのため，意識的に認識してもらう必要があるわけである。

以下においては，日本料理[10)]を題材にしながらこれらと狩猟採集や農耕とのユニークな関係を示してみよう。この日本料理は以前から日本文化の象徴とみなされている。日本料理の根幹は，旨味の巧みな活用である。ところが，旨味の活用は狩猟文化であるアイヌが先行していたのである。これはこのような旨味はもっぱら肉類に豊富に含まれているためである。

日本は，7世紀に白村江の戦いで敗れてしまい，防衛のために人口を増やすということから675年に肉食を禁じてしまった。狭い日本においても人口扶養力の高い米を主食にし，土地生産性が低い縄文以来の狩猟採集を禁じることになった。

その結果，世界の0.3％にすぎない国土面積に世界人口の2％～3％（奈良時代から直近まで）を養う人口大国が生まれてきた（川島，2010，pp. 55-57）。しかし，食文化としては，縄文に比べると味気がないものになってしまった。平安時代の食生活は貴族といえども質素なものであったことは『枕草子』などにうかがえる。日本人は，世界的に見ても，かなり質素な食生活を送ってきたのである（北本，2016，p. 180）。

質素な食生活を改善して肉の旨味を獲得するために発明されたのがまさに出汁なのである。これはまず，精進料理における昆布出汁として広まった（鎌倉時代)。室町時代には，昆布と鰹節を組み合わせた出汁が開発された。これは和食における革命的な出来事である。旨味の成分である昆布のグルタミン酸と鰹節のイノシン酸は，これらを合わせて用いると相乗効果によって数倍の旨味になってくる。確かに，和食は薄味といわれているが，それにもかかわらず実際にこれを食べてみると深い満足感がえられることになる。こうなるのは，ひとえにこの旨味成分が豊富に含まれているからである(北本，2016，pp. 181-185)。

さて，旨味というものは相乗効果が大きいものである。つまり，たとえば昆布と鰹節の間だけではなく，昆布と肉の旨味の間でも同じことが起こるのである。明治になって肉食が解禁されると，他国の肉食文化よりも旨味を強調することが可能になった。このことはたとえばラーメンに典型的に見出される。たとえばラーメンは肉類ベースの旨味に出汁を合わせることによって旨味を強調することで中華料理を超越することができた。

しかし，アイヌ文化にはこれとは同様のスープが，たとえばオハウ，昆布出汁と鹿肉などがある。元来，昆布は北海道の特産である。そうであれば，アイヌ文化は日本料理の根幹である旨味の掛け算に関しては何らかの影響を与えていたのではないかと推察できる。そこで，さらに北海道料理に絞って考えるならば，筆者にはこのような影響はさらに大きいものと思われる。

さて，北海道といえば，まずは新鮮な素材を活かした海産物が思い浮かぶのだが，これらは漁撈文化でもあったアイヌ文化の延長線上にあることになる。また，北海道名物とされているラーメンに見るべき大事なものは出汁と肉系の旨味を合わせたスープである。前述のとおり，このようなスープはアイヌ食文化の基盤になっているわけである。

北海道は，長い間ずっと日本食を特徴づける昆布出汁の原料の供給基地であった。他方，アイヌの食事については肉食を主体にしたものになっている。植物系と肉類の旨味の相乗的な活用に関しては，それこそかなりの程度の昔から行われていたとは推察することができる。しかし，一般的にはこのような事象はさほど知られているとは言い難い。もしかすると，多くの日本人にとっても，北海道料理は異文化としてのアイヌ文化体験である可能性が考えられる。そのため，阿寒のアドベンチャートラベルは，意識型エピソードメイク指向性×ターゲット設定指向性のコンステレーションマーケティングになるわけである。

アドベンチャーを指向するターゲットについては，阿寒には冒険や放浪を基盤にしたアイヌ文化をあげることができる。また，アイヌ文化が世界に評価されている日本の旨味の活用という食文化の原型の可能性があることなどを意識的に認識してもらうことが大事な対応になってくる。

第3節　共時性×円環的時間と他地域への展開

(1)　物語起点とサイン起点

実は，阿寒アドベンチャートラベルは物語起点やサイン起点でも構想することがきる。物語には，たとえばアイヌ・縄文の影響や西行や芭蕉の伝統を踏まえた冒険や放浪を主題に設定できると考えられる。また，サインとしてはアイコンサイン，キャラクターサイン，ヒストリカルサインなどが想起できる。そして，アイコンサインにはアドベンチャートラベルのロゴが相当すると考えられる。

加えて，キャラクターサインはアイヌがよいだろう。近年では，アイヌを題材にしたアニメ「ゴールデンカムイ」がヒットしており，これらもキャラクターサインとして活用可能であると思われる。

また，ヒストリカルサインとしては縄文が上げられる。弥生のコンテクストである勤勉や定住に対して，縄文のコンテクストとしては自由や放浪・冒険になってくる。人口増加を優先した弥生以降は狭くなった日本に暮らすためには長時間の労働が余儀なくされてしまい，また勤勉が求められることになった。

他方，縄文は労働時間が少ないにもかかわらず，季節に応じて多様な食物をえられたために豊かな暮らしができたと考えられる（小林，2018，pp. 154-185）。このような時代への憧れがヒストリカルサインとして機能することになり，そのため過去の文人や宗教家の放浪や遍歴に影響を与えることになったわけである。

⑵ レゾナンスの分類

時間の性格は通時性と共時性に分かれる。通時性は対象の歴史的変化を追跡するが，共時性は同一の時における変化や差異に注目する。共時性は自然と対面している場合の独特な経験で，個人心理と自然の出来事が意味内容と時間において同調するものであるという解釈がある（湯浅，2007，p. 1）。アイヌは，狩猟採集や祈りを捧げる対象として自然と対面する機会が多かった。そのため，共時性に近い経験をした可能性が高いとみられる。想像をたくましくすると，縄文やアイヌの自然崇拝は，共時性体験が基となっているかも知れないのである。

また，時間の流れには，直線的時間軸と円環的時間軸がある。直線的時間軸は過去から現在，未来へと直線的に流れることがイメージされるが，円環的時間軸は未来を過去の繰り返しとして捉える。円環的時間軸はアイヌの世界観に近いと思われる。このアイヌの世界は「この世」と「あの世」で成り立っており，送られた魂はあの世に帰り肉体や形をもって再びこの世に，つまり現世に戻ってくるという循環を繰り返していると考えられる（佐賀，2018b，p. 21）。

時間に対する認識は文明や自然に対する認識と関連性がある。たとえば，産業革命後の西洋では，文学者の放浪が見られるようになるが，ワーズワス（Wordsworth）は自然と自我を対峙させる（荻野，1996，pp. 9-15）。このように自然と自我・文明を対峙させる場合には，人間や文明の段階的な発展を重視することから，通時性×直線的時間軸になりがちである。

他方，日本では，たとえば芭蕉は，自然に自らを溶け込ませようとする（荻野，1996，pp. 9-15）。日本文化には他国にはあまりみられない縄文的な自然崇拝が残り，それは縄文を受け継ぐアイヌ文化に顕著な特徴である。これらは不変にみえる自然への崇拝を基盤にしており，共時性×円環的時間軸になる。

そこで，アイヌ文化を柱とする阿寒アドベンチャートラベルの時性と時間の流れは，共時性と円環的時間軸の組み合わせとなる。同時にエピソードメイクとターゲッティングの関係は，既述のように，意識型エピソードメイク指向性とターゲット設定指向性の組み合わせになる。

(3)　他地域への展開：東北の可能性

阿寒アドベンチャートラベルが展開するようなコンステレーションマーケティングは，自然に恵まれ縄文の影響が大きかった他の地域でも展開可能である。たとえば，東北は北海道と並んで縄文遺跡が多い。北海道，青森県，岩手県，秋田県および関係自治体では，これら縄文遺跡群の世界遺産登録を目指し取り組みが進められている。

ただし，残念ながら縄文のコンテクストが見えにくくなっている。それは東北の象徴を米としているからである。しかし，東北における米には欺瞞性がある。この東北は20世紀の終盤(1993年)ですら凶作に見舞われる気候風土である。米に頼ったために繰り返し飢饉を体験することになった。

さて，赤坂(2014，p. 83)では「平泉に拠点を築いたエミシに連なる藤原三代は，ヒエを経済的基盤にしていた。ヤマト王権[11)]はむろん稲を基盤とした稲の政権であった。また，エミシ[12)]の敗北は，そうした角度から眺めると北の狩猟・採集を含んだ雑穀の種族＝文化が，南からやってきた稲の種族＝文化に敗北したことを意味するのかも知れない」と述べられている。

東北から米(弥生)という呪縛を取り除くならば，そこには縄文の視界が開けてくる。12世紀に西行が見た東北は縄文の原風景を残していたのではないか。弥生の水田に相当する縄文のトポスはブナ林に見出される。それは，ドングリや山菜の採集や鳥獣の狩猟，そしてサケの遡上のための舞台になった森なのである。

これに関して，世界の森林に詳しい環境学者の石浩之は世界で最も美しい森として東北地方のブナ林をあげている。実は，典型は世界遺産に指定されている白神山地である。浅野(2014，p. 173)は「白神山地の貴重な森林は高度成長が始まるまでの日本にはそれほど特殊なものではなく，温帯から冷帯への遷移地帯においては一般的に見られる景観だった」と述べている。しかし，その多くは高度成長期に伐採され，スギの単相林に転じている。

藤森(2016，pp. 191-193)は，その林業スタイルに農業の影響を見出している。「同一の種を捉えた単純一斉林を育てて，途中で間伐収奪しながら最後には一斉に収穫している。それは弥生人の農耕文化の色合いの強いものである。(中略)しかし，縄文的な森林との付き合い方も付加した管理・施業法のあり方も加える必要があるように思われる。」

白神山地が特殊な景観でなくなるまでに他の東北の森を復活させるには，長い年月と努力が必要となる。しかし，長野県のアフォンの森のように，自然林の再生が観光客の注目を集めているケースもある(Nicol, 2013)。この場合には，イギリスからの放浪・冒険のはてにようやく日本に辿り着きながら広葉樹の森を再生しているニコル(Nicol)の行動を疑似的に追体験することによって，各人が物語(コンステレーション)を獲得できると考えられる。そのため，東北では自然林(天然二次林)の再生そのものが放浪や冒険に相当するアクティビティとして機能できる可能性を見出せる。

もちろん，自然が残っている白神山地や朝日連峰等は，阿寒と同様にアウトドアアクティビティのための重要な舞台に，つまりある種のゾーンになっている。また，アイヌと同様に縄文文化を伝承してきたマタギなどを活用した異文化体験も重要な個性的なトポスを形成することができる。世界一ともいわれる東北の森を世界に知らしめて，これをアドベンチャートラベルに活用することは有望な対応であろう。また，海外からの評価のフィードバックを活用することで日本人自体の認識を変えることによって東北の森の再生に繋げることが大いに期待できよう。

おわりに

本章では，縄文やアイヌの民俗と阿寒アドベンチャートラベルの関連性や発展可能性が検討されることになった。阿寒町では物見対象としてのマリモと買物対象としてのアイヌ工芸品による観光がコア産業として展開されてきた。

しかし現在は，放浪や冒険を物語にするアドベンチャートラベルに大きく転換しようとしている。また，現在アドベンチャートラベルは世界的に急成長をみせている。そのなかで，阿寒町のセールスポイントになるのがまさに縄文やアイヌの民俗なのである。縄文からアイヌに続く長い歴史は，また狩猟採集や冒険の歴史でもある。そして，これは世界のなかにおいてもユニークなものになっている。

本章の主題である縄文やアイヌの存在は自然との共生を指向しながら雄大な自然を守ってきた。また，ここ北海道は戦争もきわめて少なかったとされており，豊かな食物と短い労働時間，そして共時性や円環的時間軸などに見られる特徴は，それこそ現代のわれわれから見ても魅力的であり，未来への期待が膨らんでくる。

確かに，われわれ日本人の多くは自身を農耕民族であると自己認識してきた。ところが，実際には主要文明国のなかでは最も近年まで狩猟採集を行っていた国であることがわかってきた。たとえば，東北は千年前まではブナの森が生活の舞台であったわけである。そして，この影響は自然を尊重する価値観などとしてまさに全国に広く残っている。

つまり，著者は時代のコンテクストは弥生から縄文へ移りつつあるのではないかと考えている。このような仮説は証明できないしまた反証もできない。しかしそれでも，本章で検証されたように，縄文的な民俗である放浪や冒険をコンステレーションとして重視することは，急成長するアドベンチャートラベルとは整合的な関係にあると感じられる。この試みはさらに，インバウンド観光のウィークポイントを補完できるであろうし，またツーリズムからトラベリズムや精神旅行へのコンテクスト転換を助けることは明らかであると思われる。

注

1）本社：北海道釧路市阿寒町，代表取締役：大西雅之，資本金：4.5億円。

2）古阿寒湖。

3）1850年鹿児島生まれ（1921年没）。内務省，大蔵省，農商務省等の官吏として殖産興業政策を立案。その後，貴族院勅撰議員。男爵。

4）正式にはThe Association of South East Asian Nations（東南アジア諸国連合）である。

5）ここでは主に狩猟採集を中心としたライフスタイルを意味する。

6）自然の恵みそのものを神（カムイ）とする物語。八百万の神々と重なる。

7）663年の朝鮮半島・白村江における日本・百済の連合軍と，唐・新羅連合軍との戦争である。
8）律令を基本法とし天皇を中心とした古代国家の制度及び体制である。
9）越後・信濃・三河以東を指す。
10）日本の歴史風土で発達した料理。素材を活かし薄味も出汁による旨味に特徴がある。
11）一般的には大和朝廷と表記する。
12）蝦夷。これは大和朝廷からみて東方や北方に住む人々の呼称である。

参考文献

Adventure Travel Trade Association（2018）*20 Adventure Travel Trends to watch in 2018.*

Atkinson, D.（2017）『世界一訪れたい日本のつくりかた』東洋経済新報社。

Nicol, C. W.（2013）『アファンの森の物語』アートデイズ。

赤坂憲雄（2014）『東北学／もうひとつの東北』講談社。

浅野清彦（2014）「白神山地―自然遺産保全の日本における一典型―」原田保・浅野浅野清彦・庄司真人編著『世界遺産の地域価値創造戦略：地域デザインのコンテクスト転換』芙蓉書房出版，pp. 165-184。

網野善彦（1984）「中世の旅人たち」日本民俗文化大系第6巻『漂泊と定着＝定住社会への道＝』小学館，pp. 153-266。

網野善彦・石井進（2000）『米・百姓・天皇―日本史の虚像のゆくえ』大和書房。

石弘之「森林保護の系譜（上）」
https://www.nippon.com/ja/features/c03912/ （2018年12月8日アクセス）

梅原猛（2012）『梅原猛の仏教の授業：法然・親鸞・一遍』PHP研究所。

大西雅之（2018）「観光地域づくりに取り組む日本版DMO⑴　アイヌ文化に彩られた阿寒観光の挑戦」
https://www.iist.or.jp/jp-m/2018/0285-1093/ （2019年3月13日アクセス）

岡田英弘（2009）『倭国の時代』筑摩書房。

荻野昌利（1996）『さまよえる旅人たち：英米文学に見る近代自我〈彷徨〉の軌跡』研究者出版。

神澤秀明（2015）「縄文人の核ゲノムから歴史を読み解く」『生命誌ジャーナル』87号，JT生命誌研究館
http://www.brh.co.jp/seimeishi/journal/087/research/1.html （2018年12月15日アクセス）

川島博之（2010）『食の歴史と日本人』東洋経済新報社。

観光庁（2016）「明日の日本を支える観光ビジョン―世界が訪れたくなる日本へ―」
http://www.mlit.go.jp/common/001126598.pdf （2019年3月25日アクセス）

北本勝ひこ（2016）『和食とうま味のミステリー』河出書房新社。

紀野一義（1967）『遍歴放浪の世界』日本放送出版協会。

国立遺伝学研究所プレスリリース（2016）
https://www.nig.ac.jp/nig/ja/2016/09/research-highlights_ja/20160901.html

(2019年3月12日アクセス)
小林達雄（2018）『縄文文化が日本人の未来を拓く』徳間書店。
齋藤玲子（1999）「阿寒観光とアイヌ文化に関する研究ノート：昭和40年代までの阿寒紹介記事を中心に」『北海道立北方民族博物館研究紀要』第8巻，pp. 111-124。
佐賀彩美（2018a）「欧米圏インバウンドと北海道の可能性―アドベンチャートラベルの視点から」『開発こうほう』2018年1月号，pp. 22-25。
佐賀彩美（2018b）「アイヌの世界観」『開発こうほう』2018年11月号，p. 21。
日本政策投資銀行・日本交通公社（2018）「DBJ・JTBFアジア・欧米豪訪日外国人旅行者の意向調査2018」
https://www.dbj.jp/ja/topics/region/industry/files/0000032122_file2.pdf (2019年1月25日アクセス)
日本政策投資銀行（2019）「鳥取県西部の観光資源及びこれらを活用した地域活性化についてのポテンシャル調査」
https://www.dbj.jp/ja/topics/region/area/files/0000033432_file2.pdf (2019年3月25日アクセス)
原田保（2015）「地域デザインとライフデザインによる観光ツアーのコンテクスト転換」原田保・板倉宏昭・加藤文昭編著『旅行革新戦略：地域デザインとライフデザインによるコンテクスト転換』白桃書房，pp. 1-19。
原田信男（2005）『歴史の中の米と肉：食物と天皇・差別』平凡社。
藤森隆郎（2016）『林業がつくる日本の森林』築地書館。
北海道経済産業局（2018）「日本初，アドベンチャーツーリズムマーケティング戦略策定！～道東エリアをモデルとした地域AT戦略～〈全体版〉」
https://www.hkd.meti.go.jp/hokim/20180522/all.pdf (2019年3月25日アクセス)
前田一歩園財団Webサイト「前田一歩園財団について」
https://www.ippoen.or.jp/about/origin.html (2018年12月7日アクセス)
宮本常一（1984）『忘れられた日本人』岩波書店。
湯浅泰雄（2007）「共時性からスピリチュアリティへ」『人体科学』16巻1号，pp. 1-7。
若菜勇（2014）「地域の戦略資源としてのマリモ」地域デザイン学会『地域デザイン』第3号，pp. 217-224。

第7章

民俗②＝戦国武将を活用した大東市のコンテクスト転換

―信長に先駆けた天下人・三好長慶を捉えて―

小川　雅司

はじめに

一般的に織田信長，豊臣秀吉，徳川家康を「天下人」と呼ぶが，彼らより先に畿内を治め，天下を取ったのは，戦国武将・三好長慶である。大阪府大東市[1]の東部には，三好長慶が構えた，かつての「首都」である飯盛城址(河内飯盛山)がある。この飯盛城址は，標高314mの河内飯盛山に戦国時代に築かれた山城址で，東西が約400m，南北が約700mで，大阪府内では最大級の規模を誇る。北は京都府の比叡山から滋賀県の比良山系，また西は兵庫県の六甲山系を一望することができる。足元には大阪平野が広がっており，大阪湾の向こうには，

図表7-1　飯盛城址からみた大阪平野

図表7-2　飯盛城址案内マップ

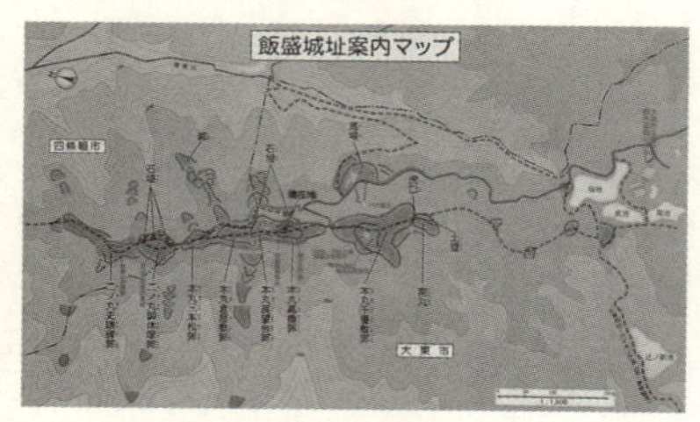

出所）飯盛城址の設置看板を筆者撮影

明石海峡大橋，淡路島，そして，三好長慶の生誕の地である徳島県の山々を見ることができる。

2017(平成29)年3月，飯盛城址は公益財団法人日本城郭協会の「続日本100名城」に選定された。また，文化財保護法に基づき，飯盛城址を誇れる歴史遺産として保存・活用していくために，2016(平成28)年から調査研究が進められ，大東市は，隣接する四條畷市と共に2021(令和3)年の国史跡指定を目指している。

他方，2022(令和4)年の長慶生誕500年に向けて，三好長慶の魅力ある生きざまを多くの国民に広く知ってもらい，とりわけ，所縁のある徳島県や関西地域(大阪府堺市・大東市・四條畷市・高槻市)の観光振興や地域経済の活性化に繋げようと，現在，NHK大河ドラマへの起用を推進する動きも始まっている。三好長慶はこれまで，松永久秀とともに戦国下剋上の悪者とされてきたが，現在では，中近世移行期に関する研究の進展によって，その存在が高く再評価されつつある。

そこで，本章では，大東市のビッグコンテンツである三好長慶と飯盛城址を

図表7-3　階層性のあるZTCAデザインモデル

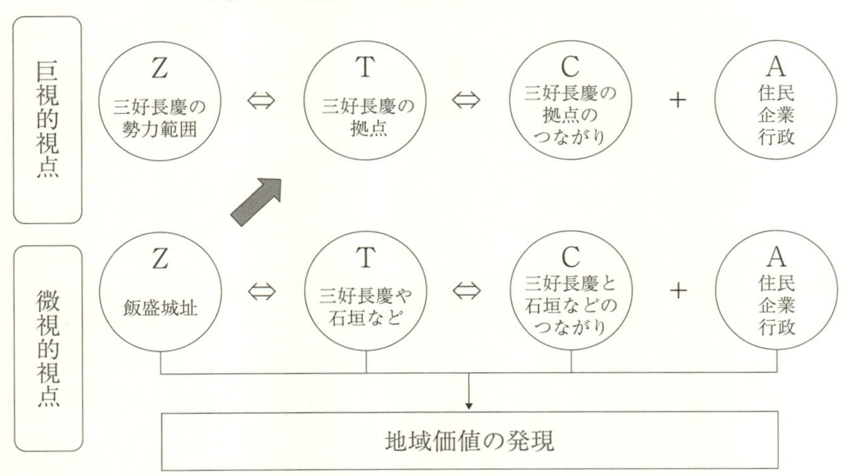

出所）原田ほか編(2017)，p.3の図表-1を参考に筆者作成

取りあげ，これらをコンテクスト転換しつつ，コンステレーションを描くことにする。なお，第1章で解説したエピソードメイクとコンステレーションマーケティングの関係について，筆者は本事例を第Ⅱ象限の無意識型エピソードメイク指向性×ターゲット設定指向性コンステレーションマーケティングに位置づけている。

このようなことから，以下においては三好長慶と飯盛城址を価値発現装置としながら，これらのコンテクスト転換が試みられることになる。歴史的資源の価値が十分に顕在化していない地域は日本に数多くあるため，本章での提言が有益な事例になることが大いに期待される(図表7-3)。

第1節　SSRモデルにおける「民俗」の位置づけ

(1)　三好長慶と飯盛城址の記号創造

さて，SSRモデルの第1要素である記号創造とは，他のゾーンやトポスとの比較において，自身の注目度を高められるサインであり，アイコンやブランドを包括する概念である。本章の主役である三好長慶でいえば，家紋の「三階菱に釘抜」(さんがいびしにくぎぬき，と呼ぶ)がサインとしてあげられる。三階菱の紋は，三好家の先祖と考えられている小笠原氏が使用した家紋である。鎌倉時代，小笠原氏は阿波国の守護を務めており，その末裔が三好郡(現在の徳島県東みよし町)を治めていたことから，三好という姓を名乗ることになったと考えられている。他方，釘抜の紋については，その字からもわかるように，釘抜きを形取った家紋である。比較的わかりやすいデザインであったため，敵味方の区別が付けやすかったという理由や，これが「九つの城を抜く」という意味としても解釈できるために，当時の武将は好んで用いたともいわれている。

また，三好長慶は戦国の世にあっても和やかな性格を持ち，「理世安民」(道理を持って世の中を治め，民を安心させること)を掲げた。連歌や茶の湯にも通じ，戦国屈指の教養人としても知られている。このような豊かな教養が「理世安民」という考え方を生んだのであろう。この意味からも，「理世安民」は重要なサ

図表 7-4　三好長慶画像（大徳寺聚光院所蔵）

出所）http://blog.livedoor.jp/jidai2005/archives/24875094.html（2019年7月24日アクセス）

インと考えられる。

さらに，飯盛城址を表現する最適な記号として，石垣があげられる。というのも，飯盛城は石垣を多用した本格的な城であることが大東市による最新調査で明らかになっているからである。実際に，主郭（城の中心となる曲輪）や虎口（城の出入口）などの要所には，きわめて高度な技術による石垣が築かれていた。これら石垣の一部は未だ現存しており，飯盛城址というゾーンにおいて，価値あるトポスとしての重要な役割を演じている。

(2)　三好長慶と飯盛城址の物語選定

SSRモデルの第2要素である物語選定については，誰もが容易に想定できる既存のコンテンツから，ゾーンやそこにあるトポスなどとの親密性を確立できるコンテンツが望ましいとされる。したがって，本章において，それは三好長慶の生きざまそのものと考えられる。一般に天下人といえば，織田信長，豊臣秀吉や徳川家康を指すが，信長よりも前に天下人と呼んでも差し支えがないほどの隆盛を極めたのが，ここで取りあげる三好長慶なのである（天野，2015b, p. 126）。そこで以下では，天野（2014）および長江（1968），天野（2015b），天野・高橋（2016）を参考にしつつ，三好長慶の経歴について整理する。

三好長慶は1522（大永2）年，山城国下五郡守護代を務めていた三好元長の嫡男として生まれた。この三好元長は当時，室町幕府の管領として絶大な力を誇っていた細川晴元[2]の重臣であり，晴元と同じく，幕府の管領として権力を持っていた細川高国を滅ぼした功労者でもあった。

しかし，その有能ぶりを恐れた細川晴元や一族である三好政長[3]，木沢長政らの策謀により蜂起した一向一揆（天文の錯乱）によって，三好元長は1532（享禄5）年に和泉国顕本寺（大阪府堺市）で自害し，当時まだ11歳の長慶は母とともに阿波国へ逃げ延びることになる。しかし，その翌年，長慶はわずか12歳であったにもかかわらず，勢力が増し，抑えが必要になっていた本願寺の一向

図表7-5　三好家の略系図

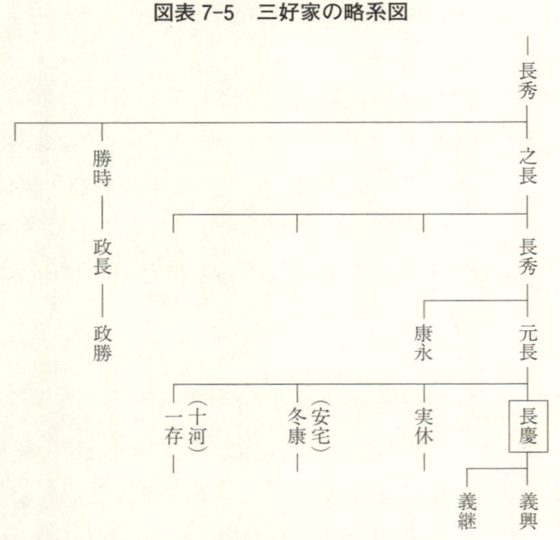

注）本章と直接関係のない人物は割愛している。
出所）天野（2014）pp. xiv-xv を参考に筆者作成

図表 7-6　三好長慶と飯盛城に関する年表

年	出来事	
1522(大永2)年	長慶(三好千熊丸)が三好元長の嫡男として生まれる	
1532(享禄5)年	長慶の父・三好元長が主君である細川晴元らと対立し，自害する	
1539(天文8)年	長慶が摂津国越水城(兵庫県西宮市)に入城する	
1542(天文11)年	河内太平寺の戦い：長慶らが木沢長政を討つ(大阪府柏原市)	
1547(天文16)年	摂津舎利寺の戦い：長慶が細川氏綱と遊佐長教を破る(大阪市生野区)	
1548(天文17)年	長慶が主君の細川晴元と対立する	
1549(天文18)年	摂津江口の戦い：長慶が細川晴元方の三好政長を破る(大阪市東淀川区)	
1550(天文19)年	長慶は足利義晴・義輝と細川晴元を京都から追い出す	三好政権の確立期
1553(天文22)年	長慶が芥川山城(大阪府高槻市)を居城とする	三好政権の確立期
1560(永禄3)年	長慶が飯盛城(大阪府大東市・四條畷市)を居城とする	三好政権の確立期
1564(永禄7)年	長慶が飯盛城で没す	

出所）NPO法人摂河泉地域文化研究所編(2016)を参考に筆者が作成

一揆衆と細川晴元との仲介を行うなど，両者の講和に尽力したといわれている。

また，三好長慶は，18歳のときの1539(天文8)年，三好元長の領地であった河内国を取り戻すために大軍を率いて上洛し，将軍である足利義晴や主君の細川晴元を近江国(滋賀県近江市)に追いやった。その後，近江国の六角定頼の仲介により，彼らと和睦したために，長慶は摂津国越水城(兵庫県西宮市)の主におさまることになる。

このように，三好家当主は阿波国を本拠地とし，畿内で苦境に追い込まれると四国に退いて再起を期していたのだが，越水城に入城以降，三好長慶は生涯，阿波国には戻らず，摂津国を新たな本拠とした。彼は立場上では，幕府管領の重臣であったが，実際には将軍までをも脅かす存在となり，摂津や河内，そして，近江の国の軍勢を動かすほど，強大な軍事力を握るようになった。

三好長慶は1542(天文11)年，細川晴元の家臣で最大のライバルであった木沢長政を河内太平寺で敗死させ，その5年後には細川晴元と対立する細川氏綱と遊佐長教の連合軍を摂津舎利寺の戦いで破り，その勢いで細川晴元から離反して，細川氏綱を擁立することになる。

また，1549（天文18）年の摂津江口の戦いでは，弟の十河一存らが三好元長の事実上の仇である三好政長を自害に追い込み，将軍の足利義晴・義輝と細川晴元を追い出した。そして，細川氏綱を管領に就かせて，三好長慶自身が実権を握り，三好政権を樹立して天下人になった。

その後，三好長慶は足利義輝や細川晴元らと抗争を繰り返したが，1550（天文19）年には，足利義輝と細川晴元の連合軍を破り，京都から近江国へと追放した。そして，芥川山城（大阪府高槻市）に居城を移し，戦国時代では初めて，足利一族を擁立しない政権を実現した。1560（永禄3）年には，飯盛城（大阪府大東市・四條畷市）に入城し，畿内の最高権力者として専制政治を敷きながら，全盛期の勢力範囲は，阿波・讃岐・淡路・摂津・山城・河内・和泉・大和・丹波の9カ国と伊予・播磨・若狭・丹後の4カ国の一部にまで及んだといわれている[4)]。

こうして，三好長慶は天皇家の御紋である桐紋を足利義輝から入手し，将軍に匹敵する権威を手にしたのだが，晩年には，十河一存や三好実休が次々に戦死し，嫡男である三好義興も病死するなど，さまざまな不幸に見舞われたため，三好長慶は鬱病になったと考えられている。1564（永禄7）年には，松永久秀に騙され，三好長慶は弟の安宅冬康に自害を命じてしまう。そして，同年7月に三好長慶は飯盛城において，満42歳の若さで病死した。

以上が三好長慶の壮絶な人生であるが，ここで特筆すべきことは，三好長慶は足利義輝に代わる足利一族を将軍として擁立しなかった。つまり，足利将軍家には統治能力がないと判断した，革命的な決断力を長慶は持っていたのである。

他方，飯盛城址の物語選定であるが，物語はトポスである石垣を起点であると考えたい。前述したとおり，飯盛城址は高い技術水準の石垣が多用されているが，現存する石垣の多くは京都側の北東に存在する。つまり，三好長慶は政治の中心である京都に自らの権力を示すべく，飯盛城の北東に石垣を築いたと推察できる（天野，2015b，p. 130）。

(3)　三好長慶と飯盛城址の共鳴行使

SSR モデルの第３要素である共鳴行使は，ユーザー（本章の場合は住民もしくは来訪者である）への影響力を増大する方法である。三好長慶と飯盛城址の場合，この共鳴行使は飯盛城址からの景色である。飯盛城址に立ち，大阪平野を望めば，当時の三好長慶の気持ちを感じ，シンクロすることができる。

生まれ育った阿波国をはじめ，勢力範囲の多くを一望できるし，また，革命的な考えに至った京都もすぐ目の前である。一望するゾーンがすべて自らの統治下にあり，初めての天下人を擬似的に体験できることは，ユーザーの共鳴行使につながる。また，飯盛城址までの道のりは険しい。頂上までの輸送サービスやロープウェイの整備などを望む声もあるが，城址である頂上までの上り下りも共鳴行使である。人々の記憶に残る行為とは，五感を最大限に活用した体験である。つらい，しんどい，暑いや寒いといった感覚も共鳴行使となる。

第２節　コンステレーションとゾーン・トポスの関係

(1)　２つのコンステレーション――微視的と巨視的

ZTCA デザインモデルは，点であるトポスをひとつのコンステレーションとする，つまり，点を線にして，面であるゾーンを形成することで，地域の価値発現が可能と考える理論である。図表 7-3 のように，空間的なコンステレーションは，近い距離にあるトポスを結ぶ微視的なコンステレーションもあるが，その一方で微視的なゾーンをひとつのトポスと捉えた巨視的なコンステレーションも考えられる。

詳細は後述するが，飯盛城址はひとつのゾーンであるが，それは微視的な観点からみた場合のゾーンであって，巨視的な視点からみると，飯盛城址という微視的なゾーンはひとつの巨視的なトポスでもある。

(2)　ゾーン起点のコンステレーションマーケティングの展開

ゾーン起点のコンステレーションマーケティングとは，あるゾーンを前提に，新たなトポスを探し出し，場合によっては新たなトポスを創り出して，これらをコンステレーションに組み込むマーケティングである。本章の場合，ゾーン起点のコンステレーションマーケティングとは，飯盛城址をゾーンとしたコンステレーションである[5)]。

飯盛城址は，本郭，高櫓郭，千畳敷，堀切，伝馬場跡，石垣群といったトポスから構成されている。前述のとおり，石垣は織田信長の安土桃山城(滋賀県)以前の戦国時代の城郭では大変珍しい規模であり，かつては主郭の東部の大部分が石垣で築かれていた可能性が指摘されている。

このように，飯盛城址には，歴史的価値の大変高いトポスが存在するが，人々にその価値をより理解してもらうためには，新たなトポスの創造も不可欠である。たとえば，前掲の記号創造で取り上げた家紋は後述するサインのひとつであり，飯盛城址が三好長慶の居城であったことを強く印象づけるアイテムである。この家紋を活用したサインも新たなトポスとしてコンステレーションのなかでその役割を果たすものである。

(3) トポス起点のコンステレーションマーケティングの展開

トポス起点のコンステレーションマーケティングとは，個々のトポスに内在する価値を統合し，価値を発現し得るような，コンステレーションマーケティングである。具体的には，地域に存在するトポスを探索し，そのトポスの価値を検討し，それをコンステレーションとして繋(つな)ぎ合わせることである。

本章の場合，トポス起点のコンステレーションマーケティングとは，トポスである三好長慶が拠点としたさまざまな地域(たとえば，阿波・讃岐・淡路・摂津・山城・河内・和泉・大和・丹波国など――ゾーン起点のコンステレーションマーケティングでは「ゾーン」である)を結び，新たな価値を発現するようにコンステレーションデザインを講じることである。たとえば，越水城のあった兵庫県西宮市と，飯盛城があった大阪府大東市は，三好長慶という歴史的人物のコンテクストでは，連携することが可能であるが，現在，両者の間はほとんど交流は見られない。

また，第1章において，コンステレーションデザインには，過去と現在の「調整」が必要であると指摘されている。歴史的価値を現在の有益な価値に変換し，地域の価値発現を戦略的に進めなければ，三好長慶をNHK大河ドラマへ起用しようとする夢も，観光振興や地域経済の活性化も実現しないことになる。そこで，三好長慶が拠点としたすべての地域が一致団結しながら同じ方向に進みつつ，それぞれの地域が他の地域と交流しながら，三好長慶の勢力範囲というゾーンを構築しなければならない。

第3節　共時性と円環的時間における現在

(1)　事例におけるサインの分類

コンステレーションマーケティングにおけるサインは，実に多種多様であるが，第1章で紹介された3つのサインについて，三好長慶と飯盛城址に関連づけて考えたい。

まずは，アイコンサインであるが，これは誰もがアクセスできる単純なサインである必要があるため，三好長慶の家紋が最適である。実際に三好長慶を地域資源としてまちづくりに取り組んでいる団体も家紋をサインとして使用している。また，三好長慶が織田信長よりも先に天下を取ったことから，「初の天下人」というフレーズもサインとしては有用であると考えられる。

次に，キャラクターサインであるが，第1章によれば，神話や伝説の個性的登場人物は，キャラクターサインよりもヒストリカルサインとして捉えるほうがよいと指摘されている。三好長慶は足利将軍家の統治能力に疑問を持って，足利義輝以降，足利一族を将軍として擁立しなかった。この判断は当時においては，きわめて革命的なものであり，その威を観光振興やまちづくりに活かすには，三好長慶をヒストリカルサインとして位置づけなくてはならない。

(2)　事例におけるレゾナンス

レゾナンスの体系を時間軸で捉えると，ひとつは通時性と共時性から成る時間の性格を捉えたもので，もうひとつは直線的時間と円環的時間から構成される時間の流れを捉えたものである。

時間軸における通時性は統計分析でいう時系列(タイムシリーズ)，共時性は横断的(クロスセクション)に相当する尺度である。三好長慶と飯盛城址は，歴史的価値を擁しているため，対象の歴史的変化を追跡する通時性が当てはまる。時間の流れを示す直線的時間は時制を直線で示したものであるが，一方の円環的時間は直線でなく，循環の軌跡を描くフィードバック型である。三好長慶と飯盛城址のコンステレーションマーケティングを考える際，体験や経験の積み重ねが重視される。体験や経験を積み重ねることで個人の記憶を垂直的に定着させるようなコンステレーションマーケティングが求められる。

したがって，本章の事例は，コンステレーションマーケティングの対象時間領域の通時性×円環的型時間に位置づけられ，その結果，エピソードメイクとターゲットの組み合わせ&時間軸との関係性は，無意識型エピソードメイク指向性×ターゲット設定指向性(第Ⅱ象限)＝通時性×円環的時間となる。

おわりに

大阪府大東市は，三好長慶を観光振興と地域経済の活性化の装置として位置づけ，近年，さまざまな取り組みを行っている。そのひとつが「三好長慶公武者行列 in 大東」であり，2019(平成31)年3月2日(土)に3回目が実施された。この取り組みは，三好長慶と飯盛城址を広く周知させ，大東市民の地元への愛着と誇りの向上や地域活性化を図ることを目的として，2017(平成29)年から開催されている。

過去2回は大東市長の東坂浩一氏が三好長慶役を務めたが，今回は三好長慶役を一般公募し，筆者がその役を演じることになった。三好長慶に関係する他地域から，400名を超える甲冑隊が一堂に大東市に集まり，勝鬨を上げながら，旧街道の東高野街道や地元の野崎参道商店街などを勢いよく歩いた。主催する三好長慶公武者行列 in 大東実行委員会によると，年々，参加者も沿道に出る地域住民の数も増えており，三好長慶と飯盛城址の魅力が少しずつ大東市のまちに浸透しつつある。

しかしながら，三好長慶と飯盛城址は，地域価値発現装置として，大東市の観光振興や地域経済の活性化，まちづくりに必ずしも十分に結びついていない。今後はより一層，三好長慶と飯盛城址の魅力を地域住民に伝えていきながら，観光振興やまちづくりに効果的につなげていく必要があるが，そのためには，地域マーケティングの視点が不可欠である。本章で述べたことは，まだ仮説の域を出ていないものもあるが，大東市の地域マーケティングのひとつの方向性を示したものではある。

そのため，飯盛城址をゾーンとした，ゾーン起点のコンステレーションマーケティングを展開し，大東市における三好長慶と飯盛城址の価値を発現しながら，一方で三好長慶の勢力範囲に位置する地域との交流を活発にし，三好長慶の地域間ネットワークを強固にして，トポス起点のコンステレーションマーケティングを積極的に展開すべきである。そのためにも，アクターは三好長慶が有した豊かな教養と，それに支えられた「理世安民」の思想を重んじなければならない。

謝辞

本章の執筆にあたり，三好長慶および飯盛城址については，大東・三好長慶会の代表である河村共之氏から有益なご助言を頂きました。ここに記して感謝を申し上げます。なお，本稿における誤りはすべて筆者の責に帰します。

注

1）東西7.5km，南北4.1km，総面積は18.27km^{2}の大東市は，人口およそ12万人の都市で，大阪府の東部，河内地方のほぼ中央に位置する。市域の東は自然豊かな「金剛生駒紀泉国定公園」を境に奈良県に，西は大阪都市圏の中心都市である大阪市に接している。また，北は門真市，寝屋川市，四條畷市に，南は東大阪市に，それぞれ接している。大阪市内および京都府南部方面へはJR学研都市線で結ばれ，市内には，住道駅，野崎駅，四条畷駅の3駅がある。道路も市の中央を南北に外環状線（国道170号），東西を府道大阪生駒線が走り，交通の便にも大変恵まれている。

2）1514（永世11）年，細川澄元の子として誕生した，室町時代後期の武将である。自らの政権確立を目指し，室町幕府管領（将軍に次ぐ最高の役職で，将軍を補佐して幕政を統轄することが役目）に就いたが，家臣の三好長慶に追われ，勢威を取り戻せないまま，1563（永禄 6）年に没した。実権を持っていた管領としては最後の管領である。

3）1508（永正 5）年に三好勝時の子として生まれる。三好元長とは仲が悪く，元長と対立するようになり，しばしば，主君の細川晴元に讒言して元長を陥れた。1549（天文18）年の摂津江口の戦いにおいて，十河一存らによって自害に追い込まれた。

4）三好長慶は宣教師らに飯盛城下での布教を許可し，キリシタンの保護を命じている。このことが契機となって，多くの家臣がキリシタン（河内キリシタン，と呼ばれている）となった。

5）飯盛城址（飯盛城）は，大阪府大東市と四條畷市に広く跨っており，本来ならば，ひとつのゾーンとして，両市がともに三好長慶と飯盛城址を活用した地域マーケティングに積極的に取り組むべきであるが，四條畷市は，楠木正行（南北朝時代の武将で楠木正成の嫡男）ゆかりの地であるため，楠木正行をヒストリカルサインとする観光振興やまちづくりに取り組んでいる。

参考文献

浅野清彦・原田保・庄司真人（2014）「世界遺産の統合地域戦略デザイン」地域デザイン学会監修，浅野清彦・原田保・庄司真人編著『世界遺産の地域価値創造戦略』芙蓉書房出版。

天野忠幸（2014）『三好長慶：諸人之を仰ぐこと北斗泰山』ミネルヴァ書房。

天野忠幸（2015a）『戦国期三好政権の研究［増補版］』清文堂出版。

天野忠幸（2015b）「信長に先駆けた男…『日本の統治者』と呼ばれた三好長慶の実像」『歴史街道』2015 年 4 月号，PHP 研究所，pp. 123-130。

天野忠幸・高橋恵（2016）『三好長慶：河内飯盛城より天下を制す』風媒社。

小川雅司（2016）「地域デザインにおけるコンテクストトラベリズムとアクターズネットワーク」地域デザイン学会誌『地域デザイン』第 7 号，pp. 67-85。

摂河泉地域文化研究所編，大東市教育委員会・四條畷市教育委員会監修（2015）『河内飯盛城跡ガイドマップ』大東市政策推進部都市魅力観光課。

摂河泉地域文化研究所編（2016）『河内飯盛城跡 2016』摂河泉地域文化研究所，大東市教育委員会，四條畷市教育委員会。

長江正一（1968）『三好長慶』吉川弘文館。

原田保（2014）「地域デザイン理論のコンテクスト転換：ZTCA デザインモデルの提言」地域デザイン学会『地域デザイン』第 4 号，pp. 11-27。

原田保・板倉宏昭・佐藤茂幸編著（2016）『アートゾーンデザイン：地域価値創造戦略』同友館。

原田保・鈴木敦詞（2017）「ZTCA デザインモデルにおけるコンステレーションの定義と適用方法に関する提言」地域デザイン学会『地域デザイン』第 9 号，pp. 9-32。

原田保・立川丈夫・西田小百合編著（2017）『スピリチュアリティによる地域価値発現戦略』学文社。

原田保・山田啓一・石川和男編著（2018）『地域イノベーションのためのトポスデザイン』

学文社。
原田保・西田小百合（2019）「デザインの視角から捉えた地域デザイン研究のコンテクスト転換：新たな価値創造に向けた地域デザイン理論の革新」地域デザイン学会誌『地域デザイン』第13号，pp. 121-147。

第8章

芸術①＝文化を活用した上野地区のコンテクスト転換

―上野恩賜公園の歴史的経緯を捉えて―

森本　祥一

はじめに

上野恩賜公園（以下，上野公園）は，日本の文化・芸術の発信地として広く知られている。公園内には，寛永寺・上野東照宮・清水堂といった建造物・史跡等の歴史資源と，桜の名所や不忍池といった自然資源とが存在している。加えて，わが国を代表する博物館・美術館・動物園・音楽ホール等の文化施設や大学が集積した一大文化・芸術ゾーンである。その一つひとつが著名なトポスで

図表 8-1　竹の台広場からみた東京国立博物館

出所）上野恩賜公園竹の台広場にて撮影

図表 8-2　上野地区の主要トポス

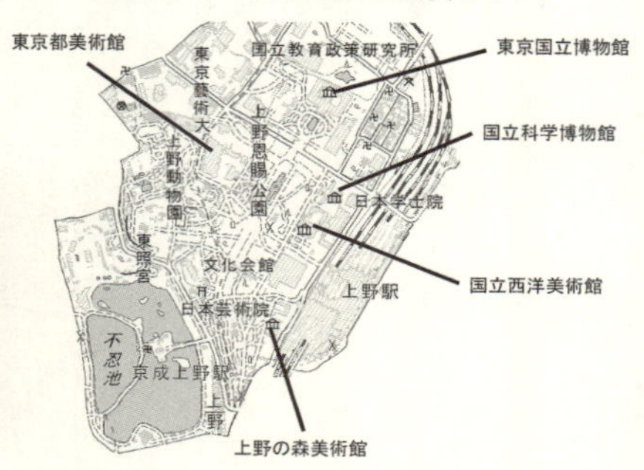

出所）地理院地図より作成

あり，これまでは，主に個々に文化・芸術活動が行われコンテンツ，コンテクストが展開されることが多かった。

2020年の東京オリンピック・パラリンピック開催を目前に控えた現在，上野は世界的な文化交流の拠点となることが期待されている。そのためには，各施設・団体が相互連携・協力し，それぞれが保有する文化・芸術資源の潜在的価値を発現・増大させることが必要となる。つまり，コンステレーションマーケティングが求められるのである。これを象徴するように，近年，上野文化の杜新構想[1)]をはじめとして，さまざまな連携プロジェクトが活発化してきている。

本章では，上野公園周辺のゾーンが，いかにして「芸術の杜」となったのかをコンステレーションデザインの観点から述べる。ここでの芸術とは，文化も含め，広く芸術文化[2)]と捉える。芸術は，作品とそれを創る行為，およびこれに関わる諸活動をも意味している(原田，2016，p.4)。一方，文化に関しては，多様な定義や説明がなされており，その概念は多義的で，曖昧である(倉橋・大塚，1997，p.252)。

一般的には，文化のなかに芸術を包摂して，芸術を文化全体の部分的な領域とする関係を見ることができる[3)](倉橋・大塚，1997，p.255)。芸術とは，作品を通して意味をシンボルによって表現する行為(創作活動)であり，その表現されたシンボルを解釈する行為(鑑賞活動)であり，その両者の結合によって芸術は有意味的な文化となる(倉橋・大塚，1997，p.263)。

従来，上野公園を中心としたゾーンでは「通時性×直線的時間」が指向されていたため，コンステレーションがうまく形成されていなかったと捉えられる。その上で，芸術によるコンステレーションを来訪者個々人に意識させ，エピソードメイクを誘発しようとする近年の戦略的取り組みにより，「共時性×円環的時間」へとコンテクスト転換していった流れについて考察する(図表8-3)。

図表 8-3　上野のコンステレーションマーケティングの全体像

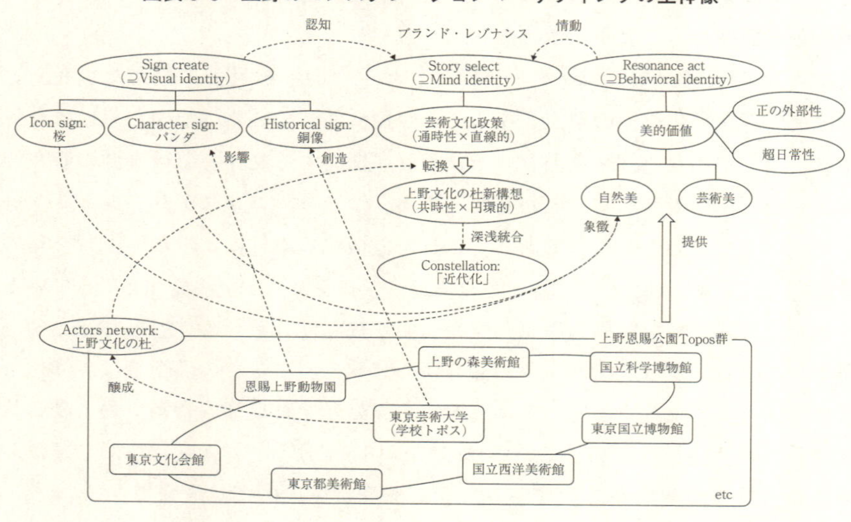

第1節　SSRモデルによる上野のコンステレーションマーケティング

(1)　記号創造

上野といえば，誰もが「桜」か，「パンダ」か，「西郷さん」を思い浮かべるのではないだろうか。これらが，上野のコンステレーションマーケティングの第1要素となっている。

①　アイコンサイン「桜」

上野公園は，言わずと知れた桜の名所である。江戸時代から桜の名所といえば，第一に上野を指した(上野繁昌史編纂委員会編，1963，p. 505)。上野の桜は，寛永寺を創建した天海僧正が吉野から苗木を取り寄せて植えたものであるとされているが，その他にも林羅山や三代将軍家光[4)]も桜を植えたという記録が残っている(豊島，1962，pp. 22-24)。上野の花見の様子が当時の諸書に度々登場しており，桜を愛でながら飲み食いして騒ぐというスタイルは江戸の上野で生

図表 8-4　上野のアイコンサイン

公衆トイレの窓　マンホールの蓋　分別ゴミ箱

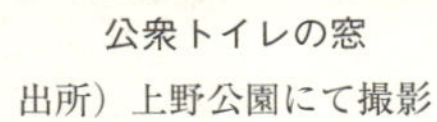

出所）上野公園にて撮影

み出され，文化風俗として普遍化されて今日に及んでいるという（台東区史編纂専門委員会編，2000a，pp. 58-59）。

こうした史実も踏まえて，台東区の木に桜が選ばれている。桜は絵柄化（アイコン化）され，ゾーン内のさまざまな場所や用途に使われている（図表 8-4）。これにより，上野のエピソードメイクを容易にしていると考えられる。また，この桜は，後述の共鳴行使における芸術美と対比される自然美にもなっている。

② キャラクターサイン「パンダ」

パンダもまた，上野をイメージづけるキャラクターとして広く認知されている（土居，2016）。JR 上野駅のパンダ像は，待ち合わせ場所としても知られているが，元々上野駅のパンダ像は 2 つあった。2000 年にパンダ橋口改札が新設され，浅草口の大型のパンダ像（1984 年設置）が移設された。次いで 2017 年に，上野動物園に「シャンシャン」が誕生したことを記念して，駅構内に飾られていた小型のパンダ像（1977 年設置）も同じ場所に移設され，新たな目印となった。その他にも，パンダをモチーフとしたキャラクターが随所で使われている（図表 8-5）。

これは当然，上野に動物園があることに起因する。上野動物園は，正式には東京都恩賜上野動物園である。上野の芸術の歴史は，日本の博物館の歴史と切っても切り離せない。そして上野動物園は，その博物館の付属施設として始ま

図表 8-5　上野のキャラクターサイン

公園内の郵便ポスト

JR 上野駅構内のポスター

パンダ橋口のパンダ像

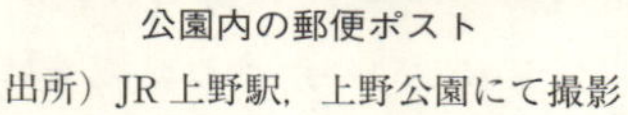

出所）JR 上野駅，上野公園にて撮影

っている。

詳しくは SSR モデルの第 2 要素「物語選定」のところで述べるが，博物館設立に携わった一人である田中芳男は，その着想をパリの国立自然史博物館から得ている（東京都恩賜上野動物園編，1982a，p. 7）。その基本は，上野の自然を活用した博物館の設置で，周囲には動物園や植物園を併設することも視野に入れていた。

そして，1882 年に博物館とともに動物園が開園した。当初は農商務省の管轄であったが，1886 年に宮内省に移管され，その後，震災を経て 1924 年に東京市に下賜された[5)]。佐々木（1975）は，これにより動物園が卑俗化していったと指摘する。動物園は大衆慰楽を目的として運営されるべきではなく，大衆慰楽は，より高い次元の行為の過程で副次的に生じるとされる（佐々木，1975，p. 255）。

より高い次元の行為とは「飼育」であり，自然のままの動物のライフサイクルを展開させることであり，それを見た観覧者に，自然の美しさと偉大さを認識してもらうことでもある[6)]。この本来の動物園の機能が発揮されれば，先ほどの桜と同様，芸術美に対比される自然美を提供可能となり，「芸術」という

「物語」の影響力を強める要因ともなり得る[7)]。

動物がひとつの社会現象となるためには，①一般大衆との結びつきの多い展示動物または展示動物的存在であること，②その動物自身に受け入れられやすい魅力，親和性があること，③その動物の登場が人間社会におけるエポックメーキングな出来事と重なっていること，という3つの条件が必要とされている（東京都恩賜上野動物園編，1995，pp. 180-181）。

日中国交回復[8)]を記念して，中国から日本に初めてパンダが送られたのは，1972年のことである。再び国交を開く中国という国への関心と，未知の動物への興味が重なり，パンダは，忽ち国民的関心事となり，他のどんな動物よりも上記3つの条件に適合した。以降も，上野動物園には度々このような“パンダ現象”が起こり，上野のキャラクターとして広く認知されていくのである。

③ ヒストリカルサイン「銅像」

西郷隆盛の銅像は，今では「上野の西郷さん」といえば，老若男女知らぬ人がいないくらい，上野のシンボルとなっている。この西郷像は，上野戦争の功績を称えて現在の場所に作られたと思われがちであるが，元々は皇居前に作られる予定であった。一旦は宮内大臣から許可が下りたものの，復権したとはいえ，西南戦争で一度は朝敵になったという事実が問題となり，その後取り消された。

その代わりとして，宮内大臣からは，上野公園の然るべき場所を，帝国博物館長と話し合いの上選んで再度申請するように指示があり，調整の末，現在の場所となった。西郷像が上野に建てられた真の狙いは，西郷を戊辰戦争の勝者の象徴として徳川幕府と縁の深い上野の地に置くことにより，時代が移り変わったことを人々に印象づけようとしたことにあった（浦井，2002，pp. 129-136）。

西郷像は，このような明治政府の国家イメージ戦略から転じて，現在は上野そのものの象徴となっている。こうした劇的なコンテクスト転換が，西郷像に強い影響力を与えたと考えられる。

上野公園内には，他にも，公園誕生の功労者であるボードウィン（Anthonius Franciscus Bauduin）や，野口英世[9)]など，多くの偉人の銅像[10)]が立っており，

図表 8-6　上野のヒストリカルサイン

ボードウィン像

西郷隆盛像

野口英世像

出所）上野公園にて撮影

上野の意味付与・イメージ形成に一役買っている(図表 8-6)。

以上のサインは，ケラー(Kevin Lane Keller)のブランド要素[11]のうち，桜はシンボル，パンダと銅像はキャラクターに該当する。シンボル[12]は，意味の付与やイメージ形成に優れ，連想強化が可能で，移転可能性，適合可能性にも優れる。他方，キャラクターは，ブランドにパーソナリティを持たせ，愛着の形成を可能にする。

また，シンボルとキャラクターは，双方ともブランドの再認に有効で，防御可能性に優れる。いずれもコンステレーションの形成に有効である。

(2)　物語選定

次に，上野の「物語」として，なぜ「芸術」が選ばれたのか，SSR モデルの第2要素「物語選定(story select)」は，どのような経緯で行われたのかについて述べる。

①　上野公園の黎明期

上野台，通称「上野の山」は，武蔵野台地の東端に位置し，西北より東南にかけて延びている標高約18mの台地であり，東は東京低地，西は谷田川[13)]の谷に面している。上野台は，江戸時代に，寛永寺の寺地[14)]となった。それ以前は，藤堂和泉守高虎，津軽越中守信牧，堀左京亮直寄の三大名の邸地と，五条天神社，上野村の村落，二葉某という郷士の住居地があった(豊島，1956，p. 24；上野繁昌史編纂委員会編，1963，p. 333；東叡山寛永寺編，1985)。

室町時代には，「忍が岡」と呼ばれており，多くの和歌の枕詞に登場する名所であった。また，旧石器時代，縄文時代，弥生時代，古墳時代など，多くの遺跡が出土しており，上野台が人々の生活の舞台として活用されていたことが窺える(台東区史編纂専門委員会編，1997)。こうした歴史を経て，1873年の太政官布達により日本の公園制度が始まり，上野台は公園に指定された[15)]。

上野という地名の由来は，上述の藤堂家の藩地が伊賀の上野にあったからという説，小野篁が上州上野から上京した際，この地に滞在した旅館を「上野殿」と呼んだからという説，「烏穢野」や「植野」から転じたという説など諸説あり，分明ではない。現在では，上野台の地形的特徴を指した地名であるという説が最も有力とされている。

②　東京国立博物館トポス

上野台が公園地に指定された後，今度は政府の殖産興業政策の一環として，公園内に博物館を設置する構想が台頭した。文化財保存のために重要なことは，まず火災から貴重な資料を守ること，そして低地から離れて高燥の地で湿気から解放されることであり，最も適した場所が上野公園であると考えられた(台東区史編纂専門委員会編，2000b，p. 42)。

1872年に「博物園等の建設案」が作成，決裁された。その翌年，太政官正院博覧会事務局[16)]の町田久成が，上野に博物館を建設することを上申し，一旦は否決されるが，1875年に再度上請し，裁可される(東京都恩賜上野動物園編，

1982b，pp. 9-13)。1877 年に本館の工事が始まり，1881 年に完成，1882 年に開館した。

町田は，1870 年頃から既に博物館の構想を練っており，展示資料の確保と保管，そして公開のための展示館の建設を進めていた。1871 年 7 月，文部省が設置され，さらに 9 月には博物局が置かれ，湯島聖堂大成殿がその展示館(文部省博物館)とされた。

同年，ウィーン万博出展準備のため，太政官正院に博覧会事務局が設置された。1873 年，博物局は，所管の文部省博物館とともに，この博覧会事務局に併合[17]され，以後，上野に上述の新館が完成するまで，事務局のあった山下門内にて約 9 年間展示が行われた(東京都恩賜上野動物園編，1982a；並松，2016)。

博物館は，上野に移転後，内務省から分離・新設された農商務省管轄となり，1886 年には上野公園とともに宮内省に移管された[18]。その後，1888 年に図書寮付属博物館，1889 年に帝国博物館，1900 年に帝室博物館と改称された。

その過程で博物館の“皇室化”が進み，資料の選別に関しては「皇室にふさわしいもの」という基準が持ち込まれ，当時の展示品の約半分を占めていた天産資料は，「ふさわしくない」資料とされた(並松，2016)。帝国博物館初代総長の九鬼隆一は，日本の「国体」の象徴は「芸術」であり「美術」であるとし，博物館を「東洋古美術の殿堂」と位置づけ，研究機能の強化を図った。

美術の研究水準が高まったことにより，博物館は，より一層美術・歴史・考古を中心とした性質を強めていった。この宮内省所管の時代は，戦後，1947 年に国立博物館として文部省に移管されるまで，62 年間続いた。

③ 国立科学博物館トポス

前述のように，山下門内博物館は，博覧会のための資料と一緒に，文部省博物館の資料を預かっていた。ウィーン万博終了後は，文部省の展示館や資料は返還されるはずであったが，結局は博覧会事務局に吸収合併された。当時の文部大輔の田中不二麿はこれに反発し，町田の博物館構想を民益なき国民不在の政策であると批判した。

最終的には，文部省は博覧会に持ち込んだ資料と所蔵物を残すことを認め，博覧会事務局は，湯島聖堂大成殿などの建物と職員を文部省に返すことで合意した。1875年に合併が解かれ，文部省博物館は東京博物館と改称した。

1877年に田中の尽力により，文部省用地であった上野西四軒寺跡（現・東京芸術大学のある場所）に新館が竣工し，殖産興業のためではなく，学校教育を側面から協力，支援するための博物館が開設された（台東区史編纂専門委員会編，2000b；並松，2016）。町田の構想した博物館と区別するため，名称は教育博物館と改められた。

展示は，全国から集めた教育用器具，博物標本が主で，それ以外に，物理器械，化学器械の模造，動物のはく製，骨格標本，植物のおしば標本，金石分類標本などの教材を有償で配布したりする業務も行っていた。

1881年に上野公園で第2回内国勧業博覧会が開催されたが，この頃には全国に教育博物館が創設されており，それらと区別するため東京教育博物館と改称された。しかし，1889年に当時の政策的判断により閉館となり，所蔵品は帝国博物館に，土地と建物は後述の東京美術学校に引き渡された。わずかに残った教育関連品は湯島聖堂に戻され，高等師範学校（筑波大学の前身）付属施設となったが，1914年に独立，1921年に文部省直轄となり，再度東京博物館へと改称された。

その後，関東大震災によりその施設と資料のすべてを失うが，1924年，帝室博物館から前述の「ふさわしくない」とされた天産資料（並松，2016）の譲渡を受け，1930年に上野東四軒寺跡に新館が竣工，翌年に東京科学博物館として再スタートした。以来，自然科学系の博物館として，所蔵資料と教育的機能を活かし，社会教育の実践の場として発展していった。

④ 東京芸術大学[19)]トポス

帝国博物館が執ったような伝統美術擁護の思潮は，九鬼隆一，浜尾新，岡倉覚三，今泉雄作ら文部省内の美術グループによって，教育行政に反映されていった。1884年，彼らは「美術品および応用美術品の輸出を増進し外貨を獲得しようとするならば，それらの物品が日本固有の性格を保持し，しかも新味のあるものでなければならない」とし，そのためには「文部省に美術局を設け，こうした方向に美術を勧奨誘掖しなければならない」と文部大臣森有礼や総理大臣伊藤博文に進言した[20]（東京芸術大学百年史刊行委員会編，1987b，p. 36）。

美術局が司るべき事項として「美術教育」と「美術管理」の２項を掲げ，前者の事務項目は，第１に美術学校，第２に美術共進会，第３に美術博物館であり，後者のそれは，第１に美術の誘掖監督，第２に外国の需用との対応であるとした。特に注目されるのは，美術学校設立の必要性を最も強く主張していることと，その美術学校については，美術家と考按家の養成を想定していることである。

結局，美術局設置には至らなかったが，同年11月には岡倉らの画策により，文部省に図画調査委員が置かれ，美術局設置構想の第１項であった美術学校設立が決議された。その準備のため，翌年には図画取調掛が置かれた。同委員は，1886年に西欧先進国の美術行政の視察を命じられ，翌年に帰国，美術学校の方針が決定した。1887年，図画取調掛は東京美術学校（現・東京芸術大学美術学部）に改称された。

東京美術学校は，旧東京教育博物館の建物を校舎として1889年に開校した。「校舎および用地決定に関する文書類は現存していない」（東京芸術大学百年史刊行委員会編，1987b，p. 119）とされるが，図画取調掛委員らが前述の視察でローマに立ち寄った際，同市の美術関係の設備に驚き，これらを考慮しながら学校の敷地を上野に求めたと言われている（桑原監修，1977，p. 48）。

校長事務取扱の浜尾が，ローマの仏国美術学院を見て，日本の美術学校もそのような幽邃で風致のある所に設けたいと述べたという逸話も残っている。ただし，校地が上野となったのは，単に幽邃の地であるだけでなく，そこに広い文部省用地があり，図書寮付属博物館があり，また，そこが内国勧業博覧会や諸展覧会の開催地であったためである（東京芸術大学百年史刊行委員会編，1987b，p. 121）。

特に，博物館の近くに美術学校を設けるということは，委員であったフェノロサ（Ernest Francisco Fenollosa）が欧米視察前に執筆した帝国美術博物館設立に関する建白書の草稿において提案しており，彼らの美術行政構想を実現するためには，それもひとつの重要な条件だったのである。

1887 年，時を同じくして，文部省音楽取調掛が東京音楽学校(現・東京芸術大学音楽学部)に改称され，1890 年に開校した。1872 年，政府が統一的な教育制度を敷くために制定した「学制」により，小学校・中学校の普通教科に「音楽」が必須科目として位置づけられた。しかし，「学制」そのものはほぼ外国の模倣であった。西洋諸国にとって，「音楽」は宗教と実生活に密着しており，学校教育上重要な教科であったが，日本では単なる模倣として，面目上取り入れられただけであった(東京芸術大学百年史刊行委員会編，1987a，p. 13)。

当時，愛知師範学校長であった伊澤修二は，これを憂慮し，アメリカ留学を機に音楽研究施設の構想を練り，1878 年，文部大輔の田中不二麿に対して音楽伝習所の設置を上申した。その結果，文部省内のひとつの掛として，音楽取調掛が誕生した(東京芸術大学百年史刊行委員会編，1987a，pp. 13-14，pp. 20-21，p. 29)。

音楽取調掛は，当初，本郷にあった文部省用地内第 16 番館(現・東京大学法文 1 号館)を改築した建物をあてがわれていたが，1885 年に音楽取調所として改称し，上野東四軒寺跡文科省用地(現・国立科学博物館のある場所)へ移転した。

その後，多くの職業音楽家を輩出し，教育機関としての成果を上げた。文部省権大書記官となっていた伊藤は，すでに学校に昇格するにふさわしい水準に達したとし，1886 年に音楽学校設立の建議書を上申，翌年採納され，東京音楽学校と改称，文部省直轄の音楽学校が誕生した(東京芸術大学百年史刊行委員会編，1987a，pp. 285-286)。1890 年に，音楽学校の当時の実情と将来への方針に従って構想された新校舎が完成し，上野公園西四軒寺跡(現在地)に移転した(東京芸術大学百年史刊行委員会編，1987a，p. 290)。

東京美術学校，東京音楽学校の両校は，戦後の学制改革により，1949 年に新制 東京芸術大学として合併[21)]し，現在に至る。芸大は，日本の芸術教育の最高峰となり，「芸術のふるさと」(磯村監修，1983，p. 17)として，名実ともに東京の文化の象徴となった。

⑤ その他の芸術トポス

上野公園には，他にも多くの芸術関連施設が林立している。以下，主な施設について，台東区史編纂専門委員会編(2000b)を参考に，簡潔にまとめた。

1890年，上野公園で第3回内国勧業博覧会が開催された際，美術品の展示のため竹之台陳列館が建てられた。当初，博覧会終了後は取り壊される予定であったが，継続して美術展覧会会場として使用され，明治大正期の美術の主要な舞台となった。その後，1921年に平和記念東京博覧会が開催される折，陳列館に代わる恒常的な美術専門の展示施設を望む声が上がり，東京府会議員の小池素康が建議書を提出した。1924年に着工され，翌々年に東京府立美術館(現・東京都美術館)が開館，その杮落としとして総合美術展が開催された。

それまで日本の美術界は分立抗争を続けてきたが，この時初めて日本画，洋画，彫刻，工芸の4分野合同で開催されたのである。都美は，各美術団体が待ち望んだギャラリー的な作品発表の場となり，日本の美術発達史上に輝かしい足跡を残した。

川崎造船の社長であった松方幸次郎は，明治大正期に私財を投じてヨーロッパ各地の美術品を蒐集していた。これらの美術品は，戦時中パリに保管されていたが，サンフランシスコ平和条約によりフランス政府所有となった。その後，日仏政府間で交渉が進み，東京にフランス美術館を創設して保管することで合意した。1953年に閣議決定され，1959年に国立西洋美術館が創設，寄贈返還の正式調印がなされた。図画取調掛が設置された当時は，伝統芸術が尊重され，日本美術偏重の風潮があったが，ここに西洋美術紹介の新時代が到来した[22)]。

また，1972年には，明治以来日本の美術界に指導的役割を果たしてきた日本美術協会の付属施設として，上野の森美術館が開館した。自主企画である上野の森美術館大賞展は，現在も画家の登竜門となっている。

東京文化会館は，高度経済成長期において，都民の文化施設への関心が高まっている中，東京都文化行政推進の一環として建設が検討された。優れた芸術文化を都民に普及し，その水準の向上と国際的交流を図るという目的で，開都500年祭記念事業として1961年に開館した。これまで述べてきたように，明治以来，上野公園には美術に関する施設が次々と創設されていったが，そこへ新たに音楽を中心とする施設が加わったのである。

以上のように，上野公園は，度重なる芸術文化政策の果てに「芸術の杜」としてコンテクスト転換されてきた[23)]。こうした芸術文化政策が推進(「芸術」という「物語」が選定)されるのは，芸術文化が，私的財的側面だけでなく，公共財的側面を持つためである(後藤，1998，p. 102)。

つまり，地域に対する直接的な経済波及効果[24)]だけでなく，それ以外の社会的(定性的)効果，経済学でいうところの正の外部性[25)](社会的便益)が見込まれるのである。この外部性によって芸術文化から個人が受けた効用は，その個人以外にも広く地域社会やコミュニティに拡散し，そこに活気を与え，創造性を高める[26)]。

しかし，他方で「明治以降，文化が国家統制に利用され」(後藤，1998，p. 183)，上野公園は「ある特定の政策を実現するための一つの手段として位置づけられ」，「一貫性に欠ける」(並松，2016，p. 261)と見て取れなくもない。そのせいか，現在，上野のコンステレーションは不明瞭である。日本の芸術文化政策は施設の建設が優先され，「箱モノ行政」と揶揄されることもある。今後の上野は，ハード面の開発(トポスの探索[27)])だけでなく，ソフト面の施策(コンテクストによる意味的横繫ぎ[28)])が求められる。

(3)　共鳴行使

人はなぜ，芸術に惹かれるのか。その理由が，芸術によるコンステレーションマーケティングの第3要素になると考える。

人間だけが美しいものを追い求め，美しいものを探し出し，それを観賞する。人間だけが美を美として認識し，それを感受することができる動物であるといわれている。人は美を創造し，それを伝達し，所有したいと思う。芸術とは，このような美の創造と鑑賞に関する文化である。芸術は，美を表現し，それによって人間の生を他者に伝達し，他者を感動させ，共感させる文化である(倉橋・

大塚，1997，p. 75)。

つまり，芸術そのものがユーザー(来訪者)への影響力を増大(共鳴)させるのである。本章冒頭では，地域デザインにおける芸術について定義したが，ここでは改めて美学[29)]の分野における議論に触れてみたい。ただし，本章の目的は「芸術とは何か」を明らかにすることではなく，あくまで芸術による地域デザインにあることをご了承頂きたい[30)]。

本章冒頭では，芸術は，創作と鑑賞の相互作用であると述べた。これをさらに詳しく説明すると，「素材としての自然的形態(現実の事物)または心的な形態(心像，イメージ)に触発されて，美的主体(芸術家)がそれらを再現しようとする，あるいはそれらに基づいて表現しようとする，人間固有の人間的な営み」(加藤，1999，pp. 94-95)となる。

また，芸術作品は，「美的主体の創造した美しい対象，すなわち〈こころ〉を宿した〈かたち〉」である。よって芸術とは，「〈ものごと〉と〈こころ〉とを〈かたち〉へと変換する技術」(加藤，1999，p. 123)，「直感性に固有の価値を生みだす技術」(木幡，1986，p. 154)と換言できる。

生み出された芸術作品は，それを創る美的主体(芸術家)にも享受する主体(鑑賞者)にも，この上ない満足と愉悦を与えるという。美は，精神的な理想価値の一環をなし，人生において実現したく思う価値，追求すべき価値のひとつと考えられている。美的価値を体験することは，人生を充実したものにし，人生の意義を実感させる局面のひとつである(木幡，1986，p. 87)。芸術は，単に人間の生理的，生物的な欲求の充足にとどまらず，「生より以上」[31)]を充足するために欲せられるのである(倉橋・大塚，1997，p. 75)。

こうした美的体験は，芸術作品のように文化的営為の一部分として制作された人工のものを対象に成立するが，勿論，天然自然の事物を対象にしても成立する。前者は芸術美，後者は自然美と区別できる(木幡，1986，p. 51)。芸術は自然美の模倣によって成立し，自然美は芸術美の反映である(木幡，1986，pp. 61-64)。自然美は，自然自身による自然の生命力の表現であり，また芸術美は，人間による人間の生命感情の表現である。

普遍的な生命力の発露が自然美なら，同じ生命力の一個の生命体による定式化が芸術美であり，これらは，人間主観には同質の美として受信される（加藤，1999，p.42）。つまり，美しい自然に感動するのも，芸術作品に感動するのも，根本の形式においては通底しており，鑑賞者はその双方に反応し，同調し，共振するのである。

上野公園は，このような自然美と芸術美を兼ね備え，なおかつここまで述べてきたような歴史的背景から，これらが見事に調和している。このため，より強い共振（SSR モデルに合わせるとすれば，共鳴）が起こると考えられる。

さらに，美的価値は，すべての効用価値（有用性）から脱却し，これを超越している（木幡，1986，p.93）。ここでの超越とは，事物・事象に対する根本的な驚きを経験することである。驚きの体験下において，時間や空間の秩序が日常世界と異なった性格のものになり，世界そのものの意味づけも変化する。

根本的な驚きは，日常生活内で慣習的に反応する知覚の過程を，一挙に超出する体験であり，その対象は新しさという性質を与えられる。この新しさは，単なる感覚的新鮮さや珍しさでは置き換えられない，いわば反省的に気付かされた根本的な新しさという意味を持つ。

つまり，芸術に触れることで，日常生活からの劇的なコンテクスト転換を図ることができるのである（超日常性[32)]）。以上のことから，芸術によるコンステレーションデザインは，地域マーケティングにきわめて有効であることがわかる。

第２節　上野地区のコンステレーションのコンテクスト転換

前節の歴史からもわかるように，上野地区には既に強力なトポスが散在し，上野公園という確たるゾーンが形成されている。このため，改めてゾーン起点でコンステレーションを描くことは難しいと考えられる。よって，ここではトポス起点のコンステレーションマーケティングについてのみ検討していく。

上野地区は，江戸期には，東叡山寛永寺の伽藍が無数に立ち並ぶ宗教的な空間であった(澁木他，2010)。一方，「芸術」という「物語」が最初に選択された明治期は，「近代化」に向かってひた進む「通時性×直線的時間」の政策が実行されてきた。ここで一度「宗教」から「芸術」へとコンテクスト転換が起こったとみることができる。

上野公園は，上野戦争以降も，関東大震災，東京大空襲と，度々戦火・災害に見舞われてきた。そのたびに「芸術」を拠り所にした復興・再生が繰り返され，「芸術」という物語性を強めていった。これは「通時性×円環的時間」のマーケティングと捉えられる。

しかし，すべての人が芸術に関心を持ち，それを愛好し，理解しているわけではない(倉橋・大塚，1997，p. 69)。芸術全般に関心を持つ人もいれば，特定の分野に限って興味を持つ人もおり，また芸術に無関心な人，無縁の人も多い。こうした格差は，享受能力・感受性の違いや，芸術に接近できる機会の有無によって起こり(倉橋・大塚，1997，p. 70)，文化的消費の階層性ともいわれる(後藤，1998，p. 4)。

ゆえに，芸術によるコンステレーションマーケティングの場合，それぞれの階層に適したアプローチ(ワントゥワンマーケティング)，つまりターゲッティングが不可欠となる。第1章でも述べられているが，そもそも一人ひとりにエピソードメイクさせるのがコンステレーションであり，多くの人がエピソードメイクできるコンステレーションがよいコンステレーションである。

よいコンステレーションは，ワントゥワンマーケティングを可能にする。しかし，現在のところ，上野は極端なトポス依存であり，その数・種類が多い上にそれぞれの個性が強く，コンステレーションが適切に描かれているとは言い難い。

上野地区の来訪者は，大抵はいずれかひとつのトポスを目的とし，そこで完結してしまうか，ついでに近隣のトポスにも立ち寄ってみる[33]，という程度の“ゆるい”コンステレーションとなっている。鈴木・原田(2016，p. 181)は，これを「空」，「カオス」のコンステレーションと呼んでいるが，芸術は前述のような特徴を持つため，それを物語としたマーケティングを展開する場合，明瞭なコンステレーションが必要であり，今の上野地区にはそれが欠けているのである[34)]。

こうした状況を憂慮し，2015年に，産学官問わず，上野の芸術文化機関が連携し，価値ある文化・芸術資産を発信していくことを目標に，上野文化の杜新構想実行委員会が組織された。上野文化の杜のホームページでは，各施設やそれらにまたがった展示会・イベント・公演，複数のスポットを巡るモデルコースやマップなど，総合的な情報が提供されている。それ以外にも，共通パスポート入場券の発行や，各施設の所蔵品や専門性を活かした研究面での協働・連携の促進も行っている。

また，社会的包摂文化芸術創造発信拠点形成プロジェクトUENOYES（ウエノイエス）を2018年から開始した。UENOYESでは，上記の目的のために掲げられた10のテーマに沿って，参加アーティストがさまざまな企画・イベントを展開している。たとえば，テーマ②の各館連携事業「文化の杜の音めぐり」では，若手音楽家が東京文化会館をはじめとした6施設を会場に演奏を行い，来場者はそれぞれを回遊しながら鑑賞する。

テーマ④の歴史的文化資源活用プログラム「アナウサギを追いかけて」は，2004年に廃止された京成電鉄の旧博物館動物園駅[35)]を舞台に展開された。演出家の羊屋白玉が，上野の各施設のリサーチを元にしたオリジナルストーリーを作り，舞台美術を手がけるサカタアキコが，駅舎内の演出を担当した。そこに，国立科学博物館と上野動物園の協力によって，動物の骨格標本のレプリカや，1997年まで飼育されていたジャイアントパンダの頭骨の実物が展示された。さらに，東京芸術大学教授で，UENOYESの総合プロデューサーである日比野克彦がデザインした出入口扉も新設された（図表8-7）。UENOYESは，非常にアーティストらしい，ユニークな企画が多い。

このような連携事業は，上野文化の杜新構想に始まったことではない。1990年には，同じように上野の山文化ゾーン連絡協議会が結成されている。また，2007年から2009年にかけて，上野タウンアートミュージアム[36)]が行われ，2010年から2012年には，その後継のGTS（芸大・台東・墨田）観光アートプロジェ

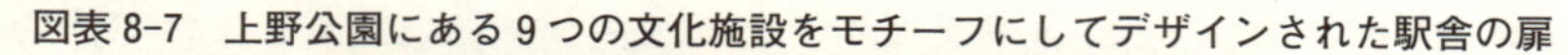

図表 8-7　上野公園にある 9 つの文化施設をモチーフにしてデザインされた駅舎の扉

出所）旧博物館動物園駅前にて撮影

クトが実施された。昭和期にも，当時の日本観光旅館連盟と上野旅館組合，台東区観光旅館協会と東京芸術大学の連携を確認できる(磯村監修，1983，pp. 266-267)。

これらは，いずれも「共時性×円環的時間」のコンステレーションマーケティングといえるが，あくまで浅層の表出であり，歴史的縦掘り(原田，2013)が足らず，「深浅統合」(原田・古賀，2016)には至っていない。いくら共通パスポートがあっても，それを購入してまで各トポスを巡りたいと思わせるコンステレーションがないのである。

「深浅統合」には，さらに一歩踏み込んだ，大胆なコンステレーションが必要と考える。これまでの歴史を踏まえるなら，あえて上野における文部省系博物館と内務省系博物館の軋轢，東洋美術と西洋美術の確執，美術学校と音楽学校の統合，博物館と美術館の線引きの曖昧性などを顕在化させる意味的横繋ぎ，「近代化」というコンステレーションを描くことはできないだろうか。上野の歴史は，日本の近代化の歴史そのものであり，その歴史の中で「芸術」というものが日本に広まっていった。その過程を，実際に芸術美や自然美を堪能しながら知ることができるのは，上野地区しかないのではないだろうか。

おわりに

本章では，上野公園を中心とした芸術という物語によるコンステレーションマーケティングについて，美学や芸術社会学，文化経済学，日本の博物館史・美術史・文化史，都市計画論，ブランド論などの周辺領域を参照しながら，第1章で提示されたSSRモデルに沿って考察した。

まず，芸術を広く芸術文化と捉え，上野地区がその発信地となった歴史的経緯について述べた。上野地区では，政府の近代化政策によって芸術という物語が選定されていた。

次に，芸術がレゾナンスを起こす理由について考察した。上野には，博物館・美術館等による芸術美と，公園や動物園等による自然美が，互いを棄損しない状態で併存しており，かつ，芸術の持つ正の外部性や超日常性がレバレッジとなり，強い共鳴を起こしている。

ブランド構築では，アイデンティティ，ミーニング，レスポンス，リレーションシップという段階を経て，認知と情動という2つの異なるルートによって形成された意味や反応が統合され，調和のとれた状態，レゾナンスに至る（青木編著，2011，pp. 93–95）。上野は，3つのサインによる認知と，芸術という物語による情動が，バランスよくブランドを構築していき，ブランド・レゾナンスに至っていると考えられる（図表8-3）。

加えて，アクターズネットワークを醸成しやすい学校トポス（森本，2018，

p. 200）である東京芸術大学の存在も大きい。前節で見てきた事例にあるように，芸大は，各トポスをつなぎ，これらがコンステレーションを形成する核となっている。

近年，観光誘致において，企業の CI（Corporate Identity）戦略の考え方を取り入れる地域が増えている（樺山ほか，2010，p. 19）。一般に，CI は MI（Mind Identity），BI（Behavioral Identity），VI（Visual Identity）の３つの次元で捉えられる。たとえば，世界的な芸術ゾーンであるフィレンツェの場合，MI は，神の導きに従って美徳と芸術・学術・哲学の知的探求をする「労働の哲学」尊重の都市，という理念である。BI は，こうしたルネサンス時代のフィレンツェ人の MI に結びつくものの見方，考え方，感受性の心の習慣である。また VI は，コインや旗や看板に表現されているフィレンツェ市の百合の紋章である（樺山ほか，2010，p. 20）。

この例と，本章の上野の例からもわかるように，SSR モデルにおける記号創造は VI を，物語選定は MI を，共鳴行使は BI を，それぞれ包括する概念である。つまり，SSR モデルは，地域の CI を確立可能≒地域ブランディングを可能にする。ここに，再びコンステレーションマーケティング，ひいては ZTCA デザインモデルによる地域マーケティングの優位性，有効性が示されたことになる。

謝辞

本章は，平成 30 年度専修大学長期国内研究員，東京芸術大学私学研修員の研究成果の一部である。受け入れて頂いた東京芸術大学美術学部の日比野克彦教授に深く感謝申し上げる。

注

1）上野公園の文化・文教施設や，文化庁・観光庁を筆頭とした行政，上野観光連盟や鉄道会社等の民間企業により構成されている。詳しくは公式サイト https://ueno-bunka.jp/（2019 年 3 月 31 日アクセス）を参照されたい。

2）地域価値を発現する価値発現装置としてのコンテクスチュアルなアート，つまりはアートカルチャー（芸術文化：art culture）と定義される（原田，2016，p. 4）。アートゾーンデザインは地域に何らかの価値を与えるカルチベーションを伴った行為であり，その結果として滲出したコンステレーションも同様であると考える。ちなみに，文化芸術基本法では，文化芸術は，芸術，メディア芸術，伝統芸能，芸能，生活文化，国民娯楽，出版物，文化財等を含む，とされている。

3）ハイデンライヒ（Ann Heidenreich）とホールマン（David Hallman）の論文では，文化には「社会的生活様式」と「知的芸術的活動」の2つの意味があるとされている（枝川，2015，p. 50）。

4）幕府の権威を象徴するため，為政者により造られた自然事象と考えることもできる（洪ら，2018）。これは，後述の芸術文化政策批判に通じるものがある。

5）これは，後述の帝室博物館から東京博物館へ天産資料が譲渡されたことに関係しているが，ここでは割愛する。その経緯は東京都恩賜上野動物園編（1982a）の pp. 36-43，pp. 85-90 が詳しい。

6）これはつまり，東京都恩賜上野動物園編（1982a）が p. 506 に挙げている動物園の5つの社会的機能のうち，「レクリエーションの場」ではなく，「自然認識の場」を重視すべきということである。

7）白川（2010）は，「展示価」という概念など，動物園と美術館との類似性を指摘している。

8）パンダは，度々このような用途で用いられるため，政治的動物とも呼ばれる。

9）野口像が上野公園にある理由も，浦井（2002）pp. 142-146 に述べられている。

10）銅像の多くは，後述の東京美術学校関係者により制作されている。トポスからサインが生み出されているともいえる。

11）ブランド要素として，ブランド・ネーム，ロゴ，シンボル，キャラクター，スローガン，ジングル，パッケージが，また，その選択基準として，記憶可能性，意味性，移転可能性，適合可能性，防御可能性が挙げられている（青木編著，2011，pp. 88-91）。

12）後述の美学の分野では，シンボルは「なんらの媒介物もなしに，その形式そのものを通して感情ないし生命への直接の通路を見出す，直接的な知覚である」とされている（木村，1976，p. 99）。このため，連想強化に適していると考えられる。

13）現在は暗渠化されている。

14）1868 年の官軍と彰義隊の衝突（上野戦争）により，諸堂，伽藍のほとんどは焼失してしまった。

15）公園の管理を巡っては，東京府と政府の間で紆余曲折あったが，ここでは割愛する。

16）のちに内務省博物局となる。

17）1875 年には再び文部省の所属に戻る。

18）公園は 1924 年に皇太子殿下（昭和天皇）の御成婚を記念して東京市に下賜された。

19）正式には「東京藝術大学」と表記されるが，本章では「芸」の字を用いる。

20）これに日本画家の狩野芳崖も関わったともいわれている（豊島，1963，p. 144）。

21）合併直前の 1946 年に，初の両校合同による芸術祭が開催され，好評を博した。合併に至る経緯については，上野（1997）が詳しい。

22）西洋美術教育としては，1896 年，東京美術学校に西洋画科が開設されている。

23）江崎（2009）は，「上野の文化ゾーンは明確な政府の意図によって形成されたというよりもむしろ，民意の反映によるところが大きい」と述べているが，当時そのような民意を反映する仕組みがあったかどうか，やや疑問が残る。ただし，江崎が指摘するように，都市計画とは無縁だったようである（台東区史編纂専門委員会編，2000b，p. 86）。

24）特に，第3次産業に対する生産誘発効果が認められている（枝川，2004，p. 146）。

25）オプション価値，存在価値，遺産価値，威光価値，教育的価値といった正の外部性を持つとされる（後藤，1998，pp. 109–110）。一方で，負の外部性も指摘されている（枝川，2015，p. 31）。

26）笠原（2008）は，これを「統一を生み出す力を発揮する」，「アイデンティティを生み出す力を持つ」と表現している。

27）原田・鈴木（2017）pp. 25–27 参照。

28）原田（2013）p. 38 参照。

29）ここでは，体系的芸術学を含む広義の美学（木幡，1986，pp. 18–19）を指す。

30）美学は，主観的な思惟活動であり，人間存在の一部ないし一側面を究明する学問であって，人間存在の全体を解明しようと企てる哲学の営為に関わっている（木幡，1986，p. 10，p. 29）。また，その歴史は古く，美の観念は時代とともに常に変化しているため（木幡，1986，p. 6），きわめて複雑である。よってここでの議論は，必要最小限にとどめる。

31）社会学者ゲオルク・ジンメル（Georg Simmel）のいう Mehr-als-Leben を指す。

32）本書の第1章22ページでは，「次元転換装置機能」と述べられている。

33）2008年の台東区観光マーケティング調査によると，上野地区の来訪者一人当たりの観光施設平均立ち寄り箇所数は1.18となっている。

34）行政もこれを認識している。東京都建設局は，「個々の施設の展示や催事は魅力的であるが，地域としての総合的な取組がないため，文化施設の集積効果が活かされていない」という点を課題として挙げ，北原（2013）も，グランドデザインの欠如を指摘している。このような状況は，いずれの自治体においても起こり得る（寺岡，2014，p. 204）。

35）2018年4月19日に，特に景観上重要な歴史的価値を持つ「東京都選定歴史的建造物」に指定された。これは鉄道施設としては初のことである。

36）東京芸術大学と台東区の共催で，区内のさまざまな場所や施設で，アート活動など多彩なプログラムを展開し，地域連携事業として活動を促進していくプロジェクト。

参考文献

青木幸弘編著（2011）『価値共創時代のブランド戦略―脱コモディティ化への挑戦』ミネルヴァ書房。

磯村英一監修，保坂三蔵編（1983）『東京上野の五百年』（初版）東洋堂企画出版社。

上野直昭，芸術研究振興財団・東京芸術大学百年史刊行委員会編（1997）『上野直昭日記 東京芸術大学百年史―東京美術学校篇 第三巻別巻』ぎょうせい。

上野繁昌史編纂委員会編（1963）『上野繁昌史』上野観光連盟会。

浦井正明（2002）『「上野」時空遊行』プレジデント社。

枝川明敬（2004）『文化芸術の経営・政策論』小学館スクウェア。

枝川明敬（2015）『文化芸術への支援の論理と実際』東京芸術大学出版会。
江崎瑠里子（2009）「東京の文化ゾーンとしての上野の空間形成　過程と要因　1868-1937：政府の意図と民意の反映の観点から」日本建築学会『2009年度大会　学術講演梗概集．F-2』pp. 201-202。
笠原潔（2008）「芸術・文化の意義」笠原潔・西村清和編著『世界の芸術文化政策』放送大学教育振興会，pp. 11-15。
加藤茂（1999）『美と芸術』高文堂出版社。
樺山紘一・田中英道・江藤裕之・須賀由紀子・熊倉次郎・松田義幸編（2010）『芸術都市の誕生』PHP研究所。
北原恒一（2013）「上野恩賜公園140年の歩みと『文化の森』再生整備」東京都公園協会『都市公園』第203号，pp. 10-13。
木村重信（1976）『人間にとって芸術とは何か』新潮社。
倉橋重史・大塚晴郎（1997）『芸術社会学序説』晃洋書房。
桑原實監修，磯崎康彦・吉田千鶴子（1977）『東京美術学校の歴史』日本文教出版。
後藤和子（1998）『芸術文化の公共政策』勁草書房。
木幡順三（1986）『美と芸術の論理（新版）』勁草書房。
佐々木時雄（1975）『動物園の歴史―日本における動物園の成立』西田書店。
澁木宏覚・楠正愛・熊谷亮平・山名善之（2010）「上野恩賜公園における文化施設の集積過程及び軸線の形成に関する研究」日本建築学会『2010年度大会　学術講演梗概集．F-2』pp. 731-732。
白川昌生（2010）『美術館・動物園・精神科施設』水声社。
鈴木敦詞・原田保（2016）「『東京』のアートゾーンデザイン―空とカオスからアート都市TOKYOのコンテクスト」原田保・板倉宏昭・佐藤茂幸編著『アートゾーンデザイン―地域価値創造戦略』同友館，pp. 171-190。
台東区史編纂専門委員会編（1997）『台東区史―通史編Ⅰ』東京都台東区。
台東区史編纂専門委員会編（2000a）『台東区史―通史編Ⅱ』東京都台東区。
台東区史編纂専門委員会編（2000b）『台東区史―通史編Ⅲ』東京都台東区。
寺岡寛（2014）『地域文化経済論―ミュージアム化される地域』同文舘出版。
土居利光（2016）「上野地域の商店関係者におけるジャイアントパンダに対する意識」首都大学東京『観光科学研究』第9号，pp. 41-50。
東叡山寛永寺編（1985）『創建三百六十年記念　上野寛永寺展』日本経済新聞社。
東京芸術大学百年史刊行委員会編（1987a）『東京芸術大学百年史―東京音楽学校篇　第一巻』音楽之友社。
東京芸術大学百年史刊行委員会編（1987b）『東京芸術大学百年史―東京美術学校篇　第一巻』ぎょうせい。
東京都恩賜上野動物園編（1982a）『上野動物園百年史』東京都。
東京都恩賜上野動物園編（1982b）『上野動物園百年史―資料編』東京都。
東京都恩賜上野動物園編（1995）『ジャイアントパンダの飼育―上野動物園における20年の記録』東京動物園協会。

豊島寛彰（1956）『上野公園の歴史と史跡』綜合出版社。
豊島寛彰（1962）『上野公園とその付近―上巻』芳洲書院。
豊島寛彰（1963）『上野公園とその付近―下巻』芳洲書院。
並松久信（2016）「近代日本における博物館政策の展開」京都産業大学『日本文化研究所紀要』第 21 号，pp. 252-291。
原田保（2013）「『コンステレーションやまと』の歴史的・意味的考察」原田保・武中千里・鈴木敦詞『奈良のコンステレーションブランディング』芙蓉書房出版，pp. 37-49。
原田保（2016）「アートによる地域価値創造の実現に向けて」原田保・板倉宏昭・佐藤茂幸編著『アートゾーンデザイン―地域価値創造戦略』同友館，pp. 1-10。
原田保・古賀広志（2016）「地域デザイン研究の定義とその理論フレームの骨子―地域デザイン学会における地域研究に関する認識の共有」地域デザイン学会誌『地域デザイン』第 7 号，pp. 9-29。
原田保・鈴木敦詞（2017）「ZTCA デザインモデルにおけるコンステレーションの定義と適用方法に関する提言」地域デザイン学会誌『地域デザイン』第 9 号，pp. 9-31。
洪明真・太田慧・杉本興運・菊地俊夫（2018）「江戸期の上野地域における行楽空間：歴史地理学からのアプローチ」首都大学東京『観光科学研究』第 11 号，pp. 35-43。
森本祥一（2018）「『空家トポス』と『廃校トポス』」原田保・山田啓一・石川和男編著『地域イノベーションのためのトポスデザイン』学文社，pp. 189-205。

第9章

芸術②＝ユニークキャラクターを活用した柴又地区のコンテクスト転換

—寅さんが醸し出す東京下町暮らしを捉えて—

佐藤　正弘

はじめに

故渥美清が演じた「寅さん」で有名な松竹[1)]の映画シリーズ『男はつらいよ』は，1969年8月27日に第1作が封切られたが，その後の50年間で50作品を公開するほどまでに人気を博した，まさに日本を代表する国民的映画である。

図表 9-1　柴又駅前の寅さんとさくらのブロンズ像

図表 9-2　柴又周辺の地図

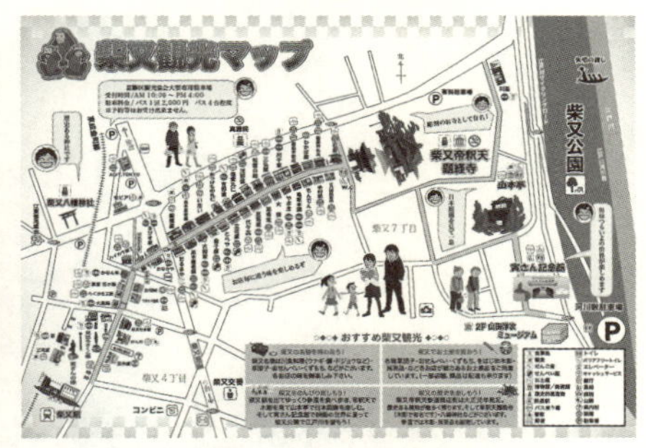

出所）葛飾区柴又帝釈天門前参道商店街神明会Webサイト（http://shibamata.net/map/map.html：2019年3月6日アクセス）

なお，2019 年 12 月には，22 年ぶりの作品となる『男はつらいよ～お帰り寅さん～』が公開される予定である。本作品では，山田洋次が監督を務め，さくら役の倍賞千恵子，前田吟，吉岡秀隆らを中心に新しく撮影する部分と，過去のシリーズの名場面とを組み合わせた構成になっている。スタジオでのセット撮影のほかに，東京・柴又でのロケも予定されている。同シリーズの新作は，渥美清死去の翌年である 1997 年に作られた『男はつらいよ～寅次郎ハイビスカスの花　特別篇～』以来のことである。2019 年はシリーズ第 1 作『男はつらいよ』の公開から 50 年であり，これで新作は第 50 作となる(『日本経済新聞』2018 年 9 月 6 日夕刊)。

『男はつらいよ』シリーズは，主人公の出身地であり地方から戻ってきたときの拠点ともなっている場所として「東京都葛飾区柴又[2)]」が主な舞台となっている(水野，2011)。京成金町線の柴又駅前には，写真にもあるように，寅さんの銅像が建立されていて，そのすぐそばには寅さんを見送るような配置でさくらの銅像も建っている。また，地図にあるように，駅前から参道を歩いていくと柴又帝釈天があり，その先には寅さん記念館，山田洋次ミュージアムや矢切の渡しなどもあり，これらが柴又地域のコンステレーションを形成している。

本章では，『男はつらいよ』を第 1 章で取り上げたエピソードメイクとコンステレーションマーケティングとの関係では，第Ⅲ象限の「意識型エピソードメイク指向性×ターゲット設定指向性のコンステレーションマーケティング関

図表 9-3　柴又地区の概念図

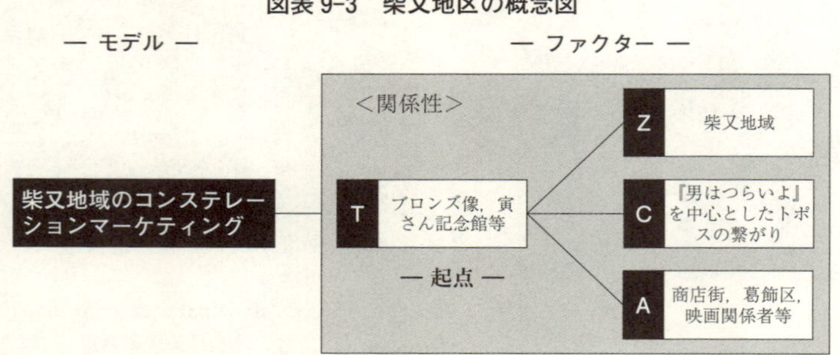

係」にポジショニングする。その上で，時間軸との関係として「共時性×円環的時間」を捉えており，過去から現在に至るまでの各時代において観光客を誘致してきたコンテクスト転換が考察される。

第1節　芸術作品による柴又地区のコンテクスト抽出

(1)　芸術作品によるコンステレーションマーケティングモデル

本節では芸術作品を用いたコンステレーションマーケティングを指向する際，第1章の理論がどのように適応できるかを対応させて検討する。まずは，コンステレーションマーケティングモデル(SSR モデル)の3つの要素がどのように対応するのか考察する。

1）記号創造

SSR モデルの第1要素である記号創造は，柴又では『男はつらいよ』という映画シリーズが中心となっている。そして，この映画シリーズの主人公である寅さんが代表的な記号として柴又地域のコンステレーションマーケティングに作用している。

次に，柴又地区には，柴又帝釈天という神社の記号も存在し，神社と参道の存在が柴又地区のコンステレーションマーケティングの価値を高めている。さらには，柴又地区には『男はつらいよ』を中心とした地域ブランディングの一環として柴又駅前に寅さんとさくらの銅像があり，これが柴又地区を訪れた人々へのアイコンとして大きく作用している。また，柴又地区には寅さん記念館や山田洋次ミュージアムがあり，これらも柴又地区のコンステレーションマーケティングの価値を高めている重要な記号であるといえるだろう。

2）物語選定

SSR モデルの第2要素である物語選定は，新たな独創的なコンテンツとしての物語の創作を意味してはいない。これは，多くの人が容易に想起できる既存コンテンツによってゾーンやトポスとの関係に対する親密性の確立を目指すものである。

芸術は，フィクションが現実の場に投影される疑似的仮想空間である場が現出されることからサインの価値を高める物語群である。これは仮想的体験を現実的体験に転換させるある種の次元転換装置としての機能を保持する感覚を現出させるサイン強化のための機能を果たすものである。

柴又地区においては，『男はつらいよ』という映画シリーズが物語として確立している。『男はつらいよ』によって，柴又というゾーンが多くの人々に認知されていき，またトポスが発現しているのである。柴又駅前にある寅さんとさくらの銅像，柴又帝釈天，そして寅さん記念館や山田洋次ミュージアムなどが存在することによって，トポスが持つ固有価値が高まっているのである。

3）共鳴行使

SSR モデルの第 3 要素である共鳴行使は，ユーザー(顧客)への影響力を増大させる方法である。柴又地区では，『男はつらいよ』のさまざまなトポスを巡ることによって，映画の追体験をすることが可能になっている。また，葛飾区柴又帝釈天門前参道商店街神明会の Web サイトには，トポスを掲載したマップを載せており，自分でトポスを探索することによって共鳴行使に繋がっている。また，このマップには，千葉県松戸市と東京都葛飾区を結ぶ江戸川の矢切の渡しも掲載されている。映画『男はつらいよ』の第 1 作は，矢切の土手から，寅さんが渡し船で 20 年ぶりに柴又に帰るシーンで始まっており，矢切の渡しを訪れた人はまさに映画の追体験をすることが可能となり，これも共鳴行使に繋がっているだろう。

(2) 芸術作品によるサインの分類

次に，芸術作品に使用されるサインについて検討すると，シリーズ化されている映画作品を用いたコンステレーションマーケティングには，キャラクターサインが含まれていると考えられよう。キャラクターサインとは，映画やアニメの主人公が代表であるが，これには個性的な人物や擬人化された動物が人間の目線で構築されたサインが多い。これは単なる作品の絵柄としてのサインではなく，この背景にある内面的な精神性を表す媒体になる。

『男はつらいよ』では，寅さんが最も代表的なキャラクターサインである。『男はつらいよ』は，16歳で父親と喧嘩して家出した「寅さん」こと主人公の車寅次郎が，20年ぶりに異母妹のさくらと叔父夫婦が営む葛飾柴又の団子屋「くるまや」へ姿を見せるところから話が始まる。「フーテンの寅」と呼ばれるとおり，テキ屋稼業の寅さんは日本全国を気ままに旅して毎回各地で出会った「マドンナ」に恋をする。その恋愛模様と地元・柴又の人々との騒動が滑稽に描かれ，失恋を経て再び寅さんが旅に出るところで終幕になる喜劇である。寅さんの憎めないキャラクター，笑いのなかにも人情味あふれるストーリーで，長年にわたり多くの人に支持されている(寅さん記念館 Web サイト)。

このように，寅さんの憎めないキャラクター，笑いの中にも人情味あふれるストーリーといったキャラクターサインは，まさに内面的な精神性を表す媒体となっている。

また，柴又地区には昔から柴又帝釈天が存在している。柴又帝釈天は古い歴史があり，ヒストリカルサインといえる。一方の寅さん記念館や山田洋次ミュージアムは，ヒストリカルサインというには，まだその歴史が浅すぎる。今後，寅さん記念館や山田洋次ミュージアムがヒストリカルサインとして，柴又地域の新たなサインになるかどうかは，柴又地区のコンステレーションマーケティング次第である。

(3)　芸術作品によるコンステレーションマーケティングの4分類

さらに，エピソードメイクとコンステレーションマーケティングとの関係については，第Ⅲ象限(意識型エピソードメイク指向性×ターゲット設定指向性のコンステレーションマーケティング関係)に当てはまると考えられよう。映画シリーズ作品は，主にフィクションに基づいて描かれるがゆえに，受け手に伝達する際に意識的に物語としてまとめられている。そのため，エピソードメイク指向性は意識型である。また，映画シリーズ作品は，物語を伝えるために特定のターゲットに限定している。したがって，ターゲット設定指向性コンステレーションマーケティング関係に分類される。

(4) コンステレーションマーケティングの対象時間領域

最後に,『男はつらいよ』を中心とした柴又地区の時間軸を元にしたレゾナンスの分類は第1章にあるとおり,③の意識型エピソードメイク指向性×ターゲット設定指向性(第Ⅲ象限)であり,共時性×円環的時間に該当する。

共時的コンテクスト創造戦略は,ある一時点におけるコンテクストを創造する戦略であり,ライフスタイル提案と新たな世界観の提示という2つの基本戦略があるとされる(原田・三浦,2016)。このうち新たな世界観の提示とは,当該製品・サービスを中心に新たな世界観(コンテクスト)を創造するものであり,そのため映画シリーズ作品はこれに該当すると考えられる。たとえば,『男はつらいよ』では,葛飾柴又という下町を舞台として,人情味溢れるストーリーを展開することによって,映画の鑑賞者たちに古き良き日本の原風景を思い出させるものになっている。この点に関して,監督の山田洋次は,「この映画を見た側が自由に解釈して,自分なりにメッセージを読み取ることができる作品」(水野,2011)であると述べている。

また,映画シリーズ作品によって作られる世界観(コンテクスト)は,フィクションを基にした世界観(コンテクスト)であるために,未来は過去の繰り返しと捉える円環的時間に分類される。たとえば,『男はつらいよ』では,直線的に時間が流れていくのではなく,いつも変わらない寅さんとその仲間たちがいて,柴又地区でストーリーが展開されていくことが50年の間に50作品で行われてきた。このことは,まさに円環的に時間が流れている証左となるであろう。

第2節 トポス起点のコンステレーションマーケティング

原田・鈴木(2017)によると,トポス起点のコンステレーションマーケティングは,トポスベースド・コンステレーションデザインに基づくもので,個々のトポスに内在する価値を統合し,その価値を発現し得るコンステレーションをデザインするマーケティングであり,①地域に存在するトポスの探索,②トポスの価値検討,③コンステレーションデザインから構成されるものである。

①の地域に存在するトポスの探索とは，地域における特別なトポスを探し出すことである。次に，②のトポスの価値検討で重要な視点は，日常的に認識しているトポスの意味を一旦横に置き，あらためて価値について考察することである。最後の③のコンステレーションデザインとは，総合的に価値を発現する試みであり，要素であるトポス(星)をコンステレーション(星座)として繋ぐ行為であるといえる。

(1)　柴又地区に存在するトポスの探索

それでは，柴又地区に存在するトポスの探索から始めてみよう。柴又地区において，最も重要なトポスは，映画『男はつらいよ』シリーズである。この作品によって，柴又地区は日本中の人々に知れ渡ることになった。

そして，1969年8月に第1作が封切られてから28年後の1997年11月15日に柴又に「寅さん記念館」がオープンした。開所式には，寅さんの妹さくら役で出演した倍賞千恵子やマドンナ役の竹下景子らのゆかりのある人々が出席している。この記念館は葛飾区が「寅さん」を演じた生前の渥美清と相談して計画したものであり，山田洋次監督の意見も取り入れて着工から5年がかりで完成した(『日本経済新聞』1997年11月15日夕刊)。

その後，1999年8月29日には，京成柴又駅前に，「寅さん」の等身大銅像が完成して，山田洋次監督や地元関係者が集まり除幕式が行われた。地元の商店街が「寅さんの姿をいつまでも故郷柴又に」と，帝釈天境内で参拝客やファンに募金を呼び掛けたところ，1998年末までに約19万人から約2,000万円が寄せられて実現したものである。像は台座を含め2m33cmあり，山田洋次監督らのデザインを基に，彫刻家の吉田穂積らが制作した。ソフト帽に腹巻き，雪駄履きのおなじみの姿で映画の1シーンさながらのポーズが取られている(『日本経済新聞』1999年8月30日)。

その後，東京都葛飾区は2012年12月15日に，「山田洋次ミュージアム」を柴又に開館した。『男はつらいよ』シリーズの主舞台にちなみ，映画監督の山田洋次を紹介する博物館で，8つのテーマで山田監督の足跡をパネル展示している。観光課の担当者は,「多くの観光客に来てもらい，名誉区民の山田監督の素顔に触れてほしい」と話している。「山田洋次ミュージアム」は，葛飾区観光文化センター内に設置されている(『日本経済新聞』2012年12月15日)。

最後に，2017年3月25日には,「寅さん」の銅像がある東京都葛飾区の柴又駅前に妹「さくら」の銅像が新たに完成して除幕式が行われた。銅像のさくらは，放浪の旅に出る兄を心配そうに見送る姿になっている。このさくら像の建設を望むファンの声を受け，葛飾区が約1,600万円かけて設置した(『日本経済新聞』2017年3月26日)。

このように，柴又地区では，元から存在していた柴又帝釈天とその参道以外にも，映画『男はつらいよ』シリーズから寅さん記念館，寅さんの等身大ブロンズ像，山田洋次ミュージアム，そして妹さくらの銅像と，数多くのトポスを作り出すことで柴又地域のブランディングに成功している。

(2) 柴又地区のトポスの価値検討

東京都葛飾区は2015年11月7〜8日,『男はつらいよ』の舞台になった柴又で,「寅さんサミット」を初めて開催した。このサミットでは，国内外のロケ地の特産品を展示・販売するほか，各地の伝統芸能も披露する。各地の魅力を発信し，地域活性化を目指すというものである。このサミットの会場は葛飾柴又の「寅さん記念館」や「柴又帝釈天」,「帝釈天参道」などで，千葉県松戸市や群馬県中之条町，オーストリアのウィーン市など国内外12自治体が参加した(『日本経済新聞』2015年9月12日)。

また，開会式会場となった柴又帝釈天周辺には，大勢のファンが詰めかけ，式では山田洋次監督が「素敵な行事として続き，定着することを願っています」と述べた。ロケ地となった各地の風景の価値や魅力を守り,「日本の原風景を後世に残す」との共同宣言が発表された。このサミットは葛飾区や地元商店街などでつくる「寅さんサミット実行委員会」が主催して，ここにゆかりの各地域が集結することによって「寅さん」やロケ地の魅力を発信できると構想し，約200の地域に呼び掛けた。今回の参加は12地域で，来年以降も参加地域を増やしながら開催する計画が持ち上がっている。帝釈天参道に軒を連ねる飲食店では，映画が上映されていたころに出していたメニューがサミットの期間中だけ復活し，「寅さん」の好物が入った「寅さん御膳」など，かつての情緒を味わえるようになっている(『日本経済新聞』2015年11月7日夕刊)。

また，東京都葛飾区は，映画『男はつらいよ』の舞台になった柴又地区を，文化庁の定める「重要文化的景観」にするように申請した。下町情緒が残るまち並みを保護するとともに，文化財に登録されることで観光客にアピールする狙いがある。「山田洋次ミュージアム」の改装や外国人向け宿泊施設の開設など，集約強化への取り組みも一体で進める。2016年度中に建造物などの歴史的価値を検証して文化財として保護する区域を決める。これをもとに保全計画書を策定し，2017年度中に文化庁に提出する。文化的景観に認定されれば，国から景観保護の経費の補助も受けられる。柴又一帯では，江戸時代に農村で，農家が副業として帝釈天周辺に店を構えたことが参道の発展につながった。現在，区は景観保護の条例を制定していないが，商店主らでつくるNPO法人の柴又まちなみ協議会が紳士協定となるガイドラインを策定している。建物の高さや照明の色などを細かく制限しており，区の担当者は「文化財にするための下地は整っている」と話している(『日本経済新聞』2016年3月17日)。

その後，国の文化審議会は2017年11月17日に，東京都葛飾区柴又のまち並みを重要文化的景観に認定し，保護の対象とするよう文部科学相に答申した。重要文化的景観が東京都内で選定されるのは初めてのことで，柴又帝釈天と門前町，渡し船が行き交う江戸川など，下町情緒豊かな景観を保存しようと，葛飾区が選定を申請していた(『日本経済新聞』2017年11月18日)。

このように，柴又地区では，寅さんサミットや重要文化的景観への申請を通じて，『男はつらいよ』という日常的に認識しているトポスの意味を一旦横に置き，あらためて価値について検証することから，柴又地区が持つトポスの価値の大きさを再認識している。寅さんサミットはその後も継続的に開催されており，また柴又地区の景観を保つことによって，第1作から50年が経過した現在でも，柴又地区は観光地として賑わいを見せている。

(3) 柴又地区のコンステレーションデザイン

最後のコンステレーションデザインは総合的に価値を発現する試みであり，この要素であるトポス(星)をコンステレーション(星座)として繋ぐ行為である。

まず，柴又地区には，『男はつらいよ』というエピソードが存在している。このエピソードを長期記憶として人々の頭の中に定着させるために，トポスをコンステレーションとして繋ぐ行為が必要になってくる。

この問題について，上原(1999)の「知覚符号化座標空間」の考え方を参考にして考察してみよう。「知覚符号化座標空間」とは，消費者が「知覚符号化」を行うために生成している，ある種の座標空間のことである。もう少し詳しくいえば，消費者は与え手から送られた刺激(情報)に対して，そのままの形ではなく，ある方向に主観的変換を行う(知覚符号化)が，そのとき消費者は過去の経験から形成された座標空間と比較することで，情報をどこに位置させるか決定することができるのである(佐藤，2005)。

つまり，人々はトポスという新たな情報を解釈し(知覚符号化)，知覚符号化座標空間にトポスを配置していくことになる。こうして配置されていったトポスの繋がりが，コンステレーションとして人々の長期記憶に定着していくのである。柴又地区において，柴又帝釈天とその参道や矢切の渡しといった従来から存在していたトポス以外にも，寅さん記念館，寅さんの等身大ブロンズ像，山田洋次ミュージアム，そして妹さくらの銅像と，数多くのトポスを生み出すことによって，それらがコンステレーションとして繋がっていくことになる。そして，このコンステレーションによって，『男はつらいよ』というエピソードが，柴又地区を訪れた人々の長期記憶に定着していったのである。

おわりに

本章では，『男はつらいよ』という芸術作品による柴又地区のコンステレーションマーケティングに関する考察を行ってきた。

第1節の第1項では，コンステレーションマーケティングモデル(SSR モデル)

の3つの要素がどのように対応するのかについて考察した。その結果，SSRモデルの第1要素である記号創造は，柴又では『男はつらいよ』の主人公である寅さんが代表的な記号として柴又地区のコンステレーションマーケティングに作用している。また，柴又帝釈天もヒストリカルサインとして作用している。次に，SSRモデルの第2要素である物語選定では，柴又地区では，『男はつらいよ』という映画シリーズが物語として確立している。最後に，SSRモデルの第3要素である共鳴行使では，『男はつらいよ』に関わるさまざまなトポスを巡ることで，映画の追体験をすることが可能となるだろう。

第2項では，芸術作品に使用されるサインについて考察した。その結果，寅さんがキャラクターサインであり，柴又帝釈天がヒストリカルサインであることを理解した。

第3項では，エピソードメイクとコンステレーションマーケティングとの関係について考察を行った結果，第Ⅲ象限(意識型エピソードメイク指向性×ターゲット設定指向性のコンステレーションマーケティング関係)に当てはまると考えられる。

第4項では，『男はつらいよ』を中心とした柴又地区の時間軸を元にしたレゾナンスの分類について考察した。本章で取り上げた『男はつらいよ』は，③の意識型エピソードメイク指向性×ターゲット設定指向性(第Ⅲ象限)であり，共時性×円環的時間に該当する。

次に第2節では，トポス起点のコンステレーションマーケティングについて考察した結果，以下の3つのことがわかった。

まず，柴又地区に存在するトポスの探索では，以前から存在する柴又帝釈天とその参道や矢切の渡しといったトポス以外にも，数多くのトポスを作り出すことで柴又地区のブランディングに成功している。

次に，トポスの価値検討では，寅さんサミットや重要文化的景観への申請を通じて，柴又地区が持つトポスの価値の大きさを再認識していることが理解できた。

最後に，柴又地区のコンステレーションデザインでは，従来から存在していたトポス以外にも，数多くのトポスを生み出したことによって，それらがコンステレーションとして繋がっていくことになる。そして，『男はつらいよ』というエピソードが，柴又地区を訪れた人々の長期記憶に定着していったことを理解した。

以上が，本章でわれわれが解明したことである。芸術作品を用いた地域ブランディングの一例として，本章では『男はつらいよ』という映画シリーズを取り上げて，柴又地区のブランディングに関して考察を行ってきた。柴又の地域ブランディングが優れていた点は，地元商店街だけではなく，行政である葛飾区やNPO法人，さらには山田洋次監督や出演者などを巻き込んで地域ブランディングを行っていった点にある。

映画のロケ地は日本中にたくさん存在しているが，柴又地区のように成功している事例は他にはあまりない。たとえば，テレビドラマから映画化された『木更津キャッツアイ』では，ドラマに登場した木更津の各地を熱狂的なファンたちが巡るという現象が起きた。しかし，木更津では，商店街や行政などの対応があまりなかったためか，このような状況が長い期間続くことはなく，観光地化することもなかった。また，映画『下妻物語』でも，下妻という地名がタイトルに入っていたため，地域ブランディングにとっては絶好の機会であったが，柴又のような観光地になることはなかった。

たしかに，映画というエピソードは重要なトポスとなり得るが，それが長い時間継続して価値を発揮し，コンステレーションを形成するためには，柴又地区のように，産官民一体となった地域ブランディングが求められる。柴又地区の事例は，他の地域の参考事例として，非常に重要なものとなるだろう。

注

1）松竹株式会社は，1895年（明治28年）に創業し，1920年（大正9年）に設立された，映像事業，演劇事業，不動産・その他事業の3つを主体とする，総合エンタテインメント企業グループである。演劇・映画のみならずさまざまなエンタテインメントの分野で幅広い事業を展開している（松竹Webサイト：https://www.shochiku.co.jp/company/profile/ci/：2019年3月28日アクセス）。

2）柴又は，東京都の東側のはずれに位置する葛飾区の地名である。矢切の渡しのある江戸川を渡るとそこは千葉県の松戸市であり，千葉県との県境に位置する場所である。

参考文献

上原征彦（1999）『マーケティング戦略論』有斐閣。
佐藤正弘（2005）「ずらしゆくイノベーション～顧客満足のジレンマからの脱却を目指して～」『商学研究論集』第22号，明治大学大学院商学研究科。
『日本経済新聞』「『寅さん記念館』開館」1997年11月15日夕刊
『日本経済新聞』「寅さん故郷にブロンズ像完成」1999年8月30日
『日本経済新聞』「山田洋次ミュージアム」2012年12月15日
『日本経済新聞』「柴又で寅さんサミット」2015年9月12日
『日本経済新聞』「葛飾・柴又で『寅さんサミット』」2015年11月7日夕刊
『日本経済新聞』「柴又地域重要景観に」2016年3月17日
『日本経済新聞』「窓」2017年3月26日
『日本経済新聞』「寅さんの柴又重要景観に」2017年11月18日
『日本経済新聞』「寅さん，帰ってくる，『男はつらいよ』新作，22年ぶり，来月から撮影」2018年9月6日夕刊
原田保・三浦俊彦（2016）「フォーマットデザインの分析枠組み」原田保・三浦俊彦編著『小売＆サービス業のフォーマットデザイン』同文館出版。
原田保・鈴木敦詞（2017）「ZTCAデザインモデルにおけるコンステレーションの定義と適用方法に関する提言」地域デザイン学会誌『地域デザイン』第9号，pp. 9-32。
水野博介（2011）「都市メディア論⑦『都市と映画』（その3）事例研究：『男はつらいよ』をめぐって～資料編1・メイン舞台とロケ地（第1作～24作）～」『埼玉大学紀要（教養学部）』第47巻第2号。
葛飾区柴又帝釈天門前参道商店街神明会Webサイト
http://shibamata.net/map/map.html（2019年3月6日アクセス）
松竹株式会社Webサイト
https://www.shochiku.co.jp/company/profile/ci/（2019年4月2日アクセス）
寅さん記念館Webサイト
http://www.katsushika-kanko.com/tora/（2019年3月28日アクセス）

第10章

名所①＝神話や伝説に感じる神秘性を捉えた宮崎県のコンテクスト転換

鈴木　寛

はじめに

本章では,「名所」におけるコンステレーションマーケティングに関し，宮崎県を事例に考察を行う。従来の考え方によるマーケティングや観光政策では，いかに名所を作り，そこに人を呼び込むかという「場所」や「モノ」づくりに焦点が当てられ,「点」としての展開が多かった。この場合，特定の名所につ

図表 10-1　ヤシの木が立ち並ぶ宮崎の街道

図表 10-2　宮崎県地図

出所）地理院地図

いての集客は可能であっても，ゾーンとして広域で捉えた場合に全体としての魅力を訴求するのは困難である。

しかしながら，本書で扱う名所コンステレーションマーケティングは，単に新しい場所やモノを作るのとは異なり，それまで現地に存在しており，それなりに集客ができていたもの，もしくは名所として位置づけられていなかったものに新たな捉え方を行うことによって価値発現を目指すものである。

本章では宮崎県の事例を通じ，宮崎県はその立地から「陸の孤島」とも称されることもあり[1)]，そのような地理的特性を活かし「伝説や神話のふるさと」として古事記や日本書紀で描かれた皇室の発祥の地（竹田，2016，p.192）としてマーケティングが行われてきた。一方で宮崎の名所を巡る宮崎交通の遊覧バスのコースは「南国」と「歴史」という2つの訴求を，戦前～戦中～戦後とほぼ一貫して維持してきた（倉・長谷川，2014）。

これは単に同じことをしてきたのではなく，神話や伝説の地を巡る遊覧バスのコースはその内容を大きく変更することなく，時代に合わせて違った魅力で捉え直し，訴求するというコンステレーションの実践例を見て取ることができる。

同様に，宮崎県の東国原英夫が知事に就任した際，「県庁見学ツアー」が開

図表10-3　宮崎県のコンステレーションの概念図

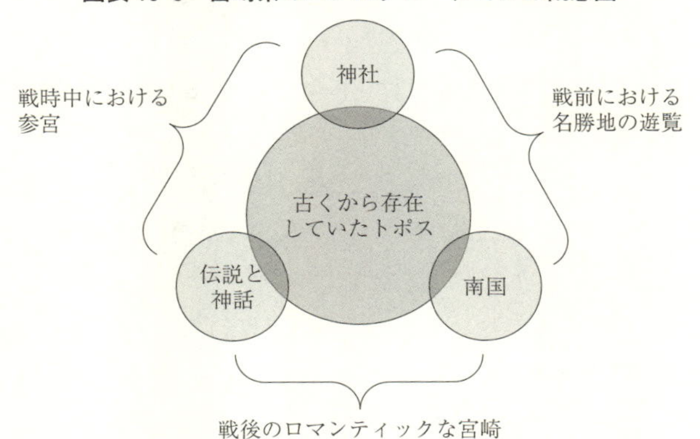

始された。これも従来は観光名所としては全く捉えられていなかった県庁舎が歴史的な建造物であることを活かし，知事が当時全国的な人気を博したことと相まって観光名所として集客に成功した例である。

このように，コンステレーションの視点を取り入れることで名所の価値発現を実現してきた宮崎の事例について，SSR モデルにおける 3 つの要素（記号創造・物語選定・共鳴行使）およびコンステレーションとトポス，ゾーンの関係から明らかにされる（図表 10-3）。

第 1 節　宮崎県における「名所」の位置づけ

(1)　宮崎県における記号創造

宮崎県と聞くと「海岸線沿いの街道に立ち並ぶヤシの木（日本ではフェニックスと呼ばれる）」をその心象風景としてイメージする人が少なくないと思われる。観光ガイドブックやテレビ番組，台風中継などの際にも映し出されるフェニックス[2)]が立ち並ぶ姿は，いかにも「南国らしい」ひいては「宮崎らしい」風景のひとつであるが，これは宮崎を魅力的な土地にするために植えられたものである。

フェニックスを植えたのは，宮崎のバス会社である宮崎交通の当時社長であった岩切章太郎という人物である。岩切章太郎は自らを「民間知事」（日本経済新聞社，2004，p. 431）と称し，地域のためにさまざまな仕事を担った（たとえば 1925（大正 14）年に宮崎気象協会の副会長に就任し，1931（昭和 6）年には日向中央銀行の相談役に就任した）。

日本で初めてフェニックスが植えられたのは，昭和初期に宮崎県庁本館正面玄関にあるものとされる（渡辺，1986）。その後，日南海岸堀切峠，こどものくに，橘公園などに植栽されて，宮崎県の木となった。

フェニックスを植えるようになったきっかけは，岩切が宮崎の観光に乗り出した 1931（昭和 6）年に遡ることができる（渡辺，1986）。岩切はこの年に宮崎で遊覧バス事業を始めることにしたが，当時の行楽として人気のあった温泉が宮崎にはなかったため，宮崎県に以前から生えていたビロー樹(ヤシの木の一種)を活かし，南国イメージを作り出そうとした。しかしながらビロー樹は成長が遅かったため，成長の早いフェニックスを植栽することになったものである(渡辺，1986)。

また本節で示す「名所」の観点から，岩切は上述の遊覧バスのコースを構成する上でさらなる名所作りを指向した。当初青島までであった遊覧バスのコースを南下し鵜戸神宮まで延長する際，その景色があまりにも単調であったため，道路の沿線を修景して「ロードパーク(道路を公園のようにする)」にした(渡辺，1986)。さらに，こどものくにやサボテン公園(現在は閉園)，堀切峠など，南国植物の大群落を次々に造成していった(渡辺，1986)。

宮崎市内にある橘公園は，戦前に旅館や料理屋，遊郭で賑わっていた大淀河畔を復興する際，岩切が旅館街として復興することに反対して市民公園とすることを提唱したものである。1954(昭和29)年に宮崎交通は51本のフェニックスを植え，公園内にはロンブル(テント)とベンチを提供した(富田，2018)。提供したテントは赤と白の鮮やかなストライプ模様であったが，岩切はこのデザインのテントにした理由を「これからカメラはカラーフィルムの時代。フェニックスの緑とカラフルなロンブルで景色に彩りを与え，記念写真を撮ってもらいたい」と語っていたとされる(宮崎日日新聞社，2011)。

またこの公園は市民の公園だからという理由で無料休憩所のテントに社名を入れることを許さなかった(渡辺，1986)。

このように，昭和初期から宮崎県の観光に乗り出した岩切は，宮崎交通に「開発事業部」という部署を作り，県内各地の修景作業を行った(日本経済新聞社，2004)。

岩切は自らをあくまでも「民間知事」という認識の上で，宮崎県の発展に尽くしていったが，もう一人，平成の時代に実際の県知事の立場で宮崎ブームを起こした当事者が2007年に就任した。

東国原知事(当時，以下同)である。彼の創造した記号は多岐にわたるが，はじめに創造された記号は知事自身であったと指摘される。県知事選挙に立候補した当初は，タレントとして活躍していた当時の経緯もあり「当選したら宮崎は日本の恥」とも揶揄されていた(『朝日新聞』2007年8月13日)。

しかしながら，就任早々発生した鳥インフルエンザへの対応や，各種メディアに多数出演し県産品のアピールを盛んに行ったことで，支持率95%をも得る一大ブームを巻き起こした(ブームの内容については共鳴行使の節で詳述する)。東国原知事が意図して自らを記号創造と位置づけていたかは定かでないが，知事が行った各種の施策やPRにより，結果として知事自身が記号となったと考えることができるだろう。

(2) 物語選定

SSRモデルの第2要素である物語選定は，多くの人が容易に想起できる既存コンテンツにより，ゾーンやトポスとの親密性を確立できることが好ましいが，宮崎県においてこの要件に合致する物語としては古事記を挙げることができる。

実際に宮崎県や県内各自治体の観光協会などは，神話のゆかりの地であることを観光客に対するアピールとして活用している。

それでは，宮崎県は神話を通じてどのように見ることができるだろうか。たとえば『古事記』の中つ巻，神武天皇の箇所では，神倭伊波礼毘古命(かむやまといわれびこのみこと)が平和に天下を治めるために東征を行う様子が描かれている。その際，出発地として日向(ひむか：現在の宮崎県)が示されており，日向は皇室発祥の地として示されている(竹田，2016)。

他方で，「神話にしたがえば，神武天皇は『日向』を後にし，東へと旅立つ。『中央』が東に移動することになった。このことにより，中央であったはずの日向すなわち現代の宮崎は西の隅となってしまったというのである」(倉・長谷川，2011，p. 57)とされる。

このように，宮崎におけるSSRモデルの要素の物語として神話を選定することにより，宮崎県は日本の起源，発祥の地として描かれると同時に，辺境地と化してしまったことを示している。

詳しくは次節で述べられるが，宮崎県のイメージが好転したブームが過去に 2 度起きており（森津，2017），この 2 度のブームからは，いずれも低迷していた辺境の地である宮崎がそれぞれの時代においていかにして人々の注意を引きつけ，そして現地に人々を呼び込んだかという流れを見て取ることができる。

さらに，これら 2 度のブームにおける逆境からの立て直しには，郷土のことを深く思う強力なリーダーの存在（昭和初期においては岩切章太郎，平成においては東国原英夫）があった。彼らのリーダーシップと種々の共鳴行使の方策によって，辺境の地である宮崎県が人々の注目を集めることとなった。

このように，宮崎県における物語選定を通じて見えるストーリーは，日本の起源でありながら，その中心が遠ざかり辺境の地となったこと，そのような状況において強力なリーダーが現れ，さまざまな共鳴行使の策を行うことにより，人々の注目を集め，国全体のブームとなっていったという一連の流れである。

⑶　共鳴行使

宮崎県は，名所を人々に知らしめるためにどのようなことを行い，その結果どのように認識されるようになったのか。SSR モデルの第 3 要素である共鳴行使に関し，本節では宮崎県において自らを「民間知事」と位置づけ観光をはじめとする活性化を図った岩切章太郎と，実際の県知事として活動を行った東国原英夫の 2 人の活動に注目して見ていくこととする。

宮崎県のイメージの変遷をまとめた森津（2017）は，宮崎県のイメージが好ましく変化した時代として，①昭和初期から戦後すぐにおいて「原始的な南国」と見られていた宮崎県が「ロマンティックな南国」へと変化した新婚旅行ブームの時代と，②東国原ブームの 2 つの時代を挙げている（森津，2017）が，いずれの時期においても県外または県民自身による宮崎県のイメージが低迷していた時期と重なる。

①「ロマンティックな南国」へと変化する前の時代，宮崎県は陸の孤島と認識されており，実際に 1970 年頃（昭和 40 年代半ば）において，この当時の「50 代，60 代以上の人にとって，まだ，かつて陸の孤島といわれていた時代の宮崎の

イメージが残っているのだろうか」と渡辺(1986, p. 88)は述懐している。「原始的な南国」から「ロマンティックな南国」へ変化した時代は，まさに岩切や宮崎交通(株)[3]が観光に力を入れ始めた時期と軌を一にすると考えられることから，ロマンティックな南国への共鳴行使のために岩切(および宮崎交通)が行った施策を見ていくことにする。

昭和30年代後半から昭和50年代にかけ，宮崎県は新婚旅行ブームの舞台となった。その要因として，1960年に昭和天皇の五女島津貴子夫妻が日南海岸を訪れて注目を浴びたこと，川端康成が書き下ろしたNHKの連続テレビ小説「たまゆら」が1965年に放映され，劇中で宮崎への新婚旅行が描かれていたことなどが指摘されている(『朝日新聞』2005年6月25日)。しかしながら，「たまゆら」の舞台に宮崎が多く登場するのは，岩切や宮崎交通によって作られた宮崎の風景を川端がいたく気に入ったためであり[4](渡辺，1986)，新婚旅行ブームのひとつの要因は岩切や宮崎交通によってもたらされたといえるだろう。

また，1934(昭和9)年以降における，宮崎交通の定期遊覧のリーフレットの変遷をたどると，定期遊覧バスを開始した当時は宮崎市内の名勝地を周覧コースとしてまとめ上げ，組織化していったとされる。そして岩切は市内の各所を回り，エピソードを集め，宮崎県の政治，経済，産業，文化のことがわかるように遊覧説明のテキストを組み上げ，「宮崎を概観する構成」をもっていた(倉・長谷川，2014)。

こうして，岩切は観光地の景色を作りあげ，「建国三千年の歴史と南国情緒豊かな宮崎へ！」という周遊旅行のキャッチフレーズを設定した(渡辺，1986)。このキャッチフレーズの「建国三千年」とは，古事記や日本書紀において描かれた神話の発祥の地としての宮崎であり，「南国情緒」は，青島に繁茂していたビロー樹による南国ムードから着想したものである(渡辺，1986)。

これらの点から，岩切および宮崎交通の行った共鳴行使の内容は「建国の歴史」と「南国ムード」の訴求であったということができる。倉・長谷川(2014)による宮崎交通における遊覧バスのリーフレットの変遷の考察によると，南国イメージの訴求は戦前から行われていたということがわかる。

戦時中はその時代背景から，パンフレットにおける「名勝」「遊覧」という用語の使用がはばかられたため「参宮」「観光」という用語に差し替えられたものの，宮崎神宮や鵜戸神宮への旅行であれば「肇国の聖地」の“官弊大社”への「参宮」と受け取られる（白幡，1996）ため，戦時下においても旅行することの大義名分となりえたと考えられるとされる（倉・長谷川，2014）ことから，戦時中にあっても神社をお参りすることによる建国の歴史をたどる旅を訴求していた。

そして，「ロマンティックな南国」として宮崎県が新婚旅行ブームの行き先として人気を博した背景もまた，戦前の同社のリーフレットから読み取ることができる。1940（昭和15）年，紀元二千六百年奉祝の年にリーフレットの最後に付け加えられたのが，「宮崎地方の若者が新妻を迎えると，夫婦で鵜戸詣りを行う」という風習の「シャンシャン馬」[5]であった（倉・長谷川，2014；鵜戸神宮Webサイト）。

戦時中における遊覧バスの鵜戸神宮へのルート延長は「参宮」の観点から行われる一方で，戦前から遊覧バスのコースに結婚や新婚旅行に関する風習を取り入れていたことを倉・長谷川（2014）は指摘している。

1947（昭和22）年に遊覧バスは復活したが，宮崎交通によって整備された「こどものくに」やサボテン林をバスツアーが経由するようになったのは戦後のことであるものの，遊覧バスのコースを構成する要素の大半は戦前にできあがっていた（倉・長谷川，2014）。

遊覧バスの名称が「名勝遊覧バス」から「参宮バス」（1940年），「観光バス」（1948年）と変化した状況の変化からもわかるように，戦争（第二次世界大戦）という大きな情勢の変化において「名勝遊覧」が「官幣大社への参宮」へと捉え方が変わったにすぎず，基本となる構成要素（コンテンツ）は戦前に一通りそろい，変化することなく訴求されてきたことが示されている。

鵜戸神宮と青島神社をめぐる遊覧バスのコースは，宮崎交通によって2019年現在も維持されている。

次に②の東国原ブームの時代における共鳴行使を見るにあたって，ブームが起きた背景を整理しておきたい。昭和 30 年代後半〜50 年代にかけて新婚旅行ブームで注目されていた宮崎であったが，沖縄返還や海外旅行自由化の影響等を受け，観光客が減少していった（宮崎市，2013；森津，2017）。

新婚旅行ブームが去った後，総合リゾート施設シーガイアの建設により「モダンな南国」リゾートを目指すことになったが，実際にはバブル崩壊などの経済環境の変化により一度も黒字になることなく，2001 年には会社更生法の適用を受けることになった。このような経緯もあり，宮崎は「人工的」で「破綻」した南国として捉えられるようになっていった（森津，2017）。

このように地域経済が低迷するなか，2006 年には当時の宮崎県知事と県職員が官製談合にて逮捕される事態となり，県政に対する閉塞感が漂う中，東国原は知事選において「しがらみのなさ」を訴え，素人であることをアピールし知事に就任した。

元東京都知事の青島幸男，元大阪府知事の横山ノックなど，タレント出身の政治家や知事は東国原以前にも存在したが，議会との関係がうまくいかなかったり，不祥事等で目立った功績を挙げられずに任期を終えたり辞任する例も見られる中（有馬，2009），東国原知事は就任してから 2 年半を経過した 2010 年 6 月の時点においても支持率 89%，不支持率 5% という高支持率を得ていた。

特に，東国原知事による「どげんかせんといかん（どうにかしなくてはいけない）」というフレーズは，2007 年の新語・流行語大賞を受賞するほどであった。

東国原知事の就任後は「宮崎のセールスマン」を称し，元タレントとしての活動経験もあることから，公務においてキー局のメディアに多数出演することにより，県産品を全国にアピールし，また県民はそれらの放送を見ることによって知事の働きぶりとその業績に関して，地元の放送局の番組ではなく，全国放送の番組を通じて知ることになり，就任後高い支持率を維持していた（有馬，2009）。

第2節　コンステレーションとゾーン・トポスとの関係

(1)　ゾーン起点のコンステレーションマーケティングの展開

1）歴史の側面から

ゾーン起点のコンステレーションマーケティングは，①新たなトポスの探索，②トポスの価値転換，③新たなトポスの創造という3つの手順が示されているが，宮崎県を例に考察するにあたり，①新たなトポスの探索として飫肥(おび；日南市)が示される。

飫肥は，1588(天正16)年から明治初期までの280年間，飫肥藩・伊東5万1千石の城下町として栄え，家屋敷を象徴する門構え，風情ある石垣，漆喰塀が残る町並みは，1977(昭和52)年に重要伝統的建造物群保存地区に選定された(日南市観光協会Webサイト)。

飫肥は2019年現在，宮崎交通の遊覧バスのコースとしても加えられており，神話の時代に比べると歴史的には新しいが，室町時代以来の歴史を持つことから十分に「歴史」の観点から訴求できるトポスであるといえるだろう。

さらに，近代以降のトポスの例として，近代化遺産を活かした価値発現が試みられた。これは国土交通省九州運輸局が主催したものであるが，宮崎県内では県庁舎や上椎葉ダム(椎葉村)，都井岬灯台(串間市)，見立鉱山倶楽部(日之影町)など8つが選ばれた(『朝日新聞』2007年8月11日)。

2）南国の側面から

宮崎が訴求してきた「南国」は，その温暖な気候から毎年1月～2月にかけサッカーのJリーグ，プロ野球をはじめとしたスポーツのキャンプや合宿等の受け入れ先としても優位性を発揮している。プロスポーツに加え，一般の団体もキャンプや合宿で宮崎を訪れており，1993(平成3)年に延べ51,379人であった参加人数は2017(平成29)年には196,835人と大幅に増加した。またプロスポーツのキャンプにおいては，キャンプを見物に来る観光客もいるため，スポーツキャンプ・合宿の受け入れによる2018年の経済効果は129億円，PR効果は57億円と算出されている(宮崎県スポーツランド推進室)。

スポーツによって宮崎県を訪れる団体や観光客は狭いエリアに留まらず，北は延岡市から南は宮崎市，日南市まで宮崎県の長い海岸線に沿って幅広く人々を呼び込んでいることがわかる。このように岩切章太郎が宮崎の観光客誘致のために行った活動は，ゾーン起点のものとして指摘することができる。

南国の側面は観光のみならず，食の側面でも宮崎県の地域価値の発現をもたらす。東国原知事は宮崎県産品としてマンゴーのアピールを行った。しかしながら宮崎県においてマンゴーが生産されはじめたのは1980年代半ばからであったが，沖縄や鹿児島ではそれより前から行われており，生産量も沖縄の方が多かった(森津，2017)。しかし，2007年から2011年の朝日新聞の記事を検索した森津(2017)によると，記事として取り上げられた件数では「沖縄＆マンゴー」よりも「宮崎＆マンゴー」の件数が上回り，宮崎県のマンゴーが全国に浸透していくこととなった。

このように，宮崎県における南国のイメージによる共鳴行使は戦前[6)]から行われ観光拠点が作られてきたが，東国原知事の就任後は食に関するセールス活動が行われ，観光地としての南国イメージよりも，「食」によるイメージ形成が特に若年層において強まることとなった(みやぎん経済研究所，2014；森津，2017)。

みやぎん経済研究所(2014)の調査によると，「宮崎について知っているキーワード」において上位10位にあがったのは「宮崎牛」「東国原」「マンゴー」「地鶏」「高千穂峡」「完熟マンゴー(太陽のたまご)」「日南海岸」「宮崎県庁」「青島」「チキン南蛮」であった。このように，東国原知事による県産品のPRによって，マンゴーをはじめとする食品についてのイメージが強くなったといえるだろう。

現在，宮崎県が行う「日本のひなた」キャンペーンにおいても，宮崎牛，地鶏，マンゴー，完熟きんかん，日向夏など，その豊かな自然環境を活かした畜産や農産物のPRが行われており，優れた食品の産地というゾーンとして捉えることも可能であろう。

(2) トポス起点のコンステレーションマーケティング

1）神話に基づくトポス

トポス起点のコンステレーションマーケティングの第1段階は，宮崎県におけるトポスの探索を行うことであるが，宮崎県は多様なトポスを抱える地域である。

たとえば高千穂町にある天岩戸神社は，天照大御神[7]（あまてらすおおみかみ）がお隠れになった天岩戸（あまのいわと）と呼ばれる洞窟がある場所として知られている。その他にも高千穂町には伊邪那美命（いざなみのみこと）のまつられた落立（おちだち）神社，火遠理命（ほおりのみこと：山幸彦），豊玉毘売（とよたまびめ），菅原道真公をまつった鉾神社等は「天岩戸五社」と呼ばれる。

また，宮崎交通の周遊バスのコースにも組み入れられている青島神社は，神話「海幸・山幸」の舞台であり，海幸彦（火照命：ほでりのみこと）の釣り針を無くした山幸彦が釣り針を探しに海の世界に行き，そこで知り合った豊玉毘売（とよたまびめ）と結ばれるという話が伝えられていることから，縁結び，安産，航海，交通安全の神としての御利益があるとされる。

鵜戸神宮は，山幸彦と海神のむすめ豊玉毘売との間に生まれた天津日高日子波限建鵜葺草葺不合命[12]（あまつひこひこなぎさたけうかやふきあえずのみこと）をご主祭神としている。

このように，鵜戸神宮は山幸彦と豊玉毘売が結ばれたという所以もあり，縁結びや安産，育児，海上安全に御利益があるとされている。

宮崎県の名所にはこのように「伝説と神話」という観点から語られることが多いが，「伝説と神話に基づく名所巡り」という捉え方を行うと，旧来の観光の枠に留まることになり，きわめて「古い」宮崎県のイメージのままとなってしまう。しかしながら，共鳴行使の項でも述べたように，宮崎県における遊覧バスは基本的に同じ周遊コースでありながら，戦前には宮崎県の「遊覧」であったものが戦時中は「参宮」へ，戦後の新婚旅行ブーム時は「観光」として位置づけられ，その要素が大きく変わることがなく一貫して行われてきた（倉・長谷川，2014）。このことは，見方を変えることによって価値発現を行うコンステレーションマーケティングを行ってきていた例として捉えることができる。

また，古来の伝説や神社をめぐる旅を訴求する場合，近年若い女性に人気がある「縁結び」や「パワースポット」などとして捉え直すことにより，神話をめぐるトポスが現代において魅力的な旅の訴求ポイントとなりうる例であろう。

2）昭和以降の宮崎におけるトポス

昭和の新婚旅行ブームを迎える前に岩切が行った各種の取り組みと，平成の東国原ブーム時におけるトポス起点のコンステレーションマーケティングを考えると，2人のこれらの取り組みにも共通した要素を見出すことができる。

岩切や宮崎交通が観光に取り組んだ際，青島のビロー樹（ヤシ科の常緑高木）から南国ムードの訴求の着想を得た。こどものくにやサボテン公園などの作りあげた観光地も存在するが，橘公園は戦前の歓楽街を公園にしたものであり，日南海岸は花や緑を植えて自然豊かな景色のロードパーク（道路公園）としたり，えびの高原・生駒高原など基本的には宮崎県に存在するものにさまざまな植物を植えて「修景」し，観光地を作りあげていったものである（渡辺，1986）。

東国原ブーム時においては，2007年に東国原知事が就任してから，宮崎県庁は現役の県庁・本庁舎としては日本で4番目に古いその庁舎を観光資源として見学ツアーを行うようになった（宮崎県庁見学ツアー公式Webサイト）。

県庁見学ツアーは旅行会社が企画し，県が応じたものである。ツアーの内容は，亜熱帯植物に彩られた前庭で庁舎の説明を受け，正面玄関の知事等身大パネルや戦前建築の重厚な庁舎内，知事室前を見学し，記念撮影や物産館をめぐるもので（『朝日新聞』2007年4月20日，24日），ガイド役は県職員が務めている（現在はボランティアによって運営されている）。

また日本旅行や近畿日本ツーリスト，読売旅行等の旅行会社が県庁の見学ツアーを組み込んだツアーも発売されるほどで（『朝日新聞』2007年9月12日），2008年には延べ50万人（『朝日新聞』2008年6月12日），別のデータでは2009年には見学者が100万人を突破した（みやざき観光コンベンション協会，2017）。

ツアーの参加者は知事の等身大パネルと写真を撮ったり，知事の「出待ち」をする人も現れるほどで（『朝日新聞』2008年12月26日），従来は観光資源として捉えられることのなかった県庁舎が，東国原知事による共鳴行使によって，改めて宮崎ブームを引き起こしたといえるだろう。

さらに2008年には，県庁に続くものとして「宮崎遺産」の募集を行った。これは「現在は認知度が低く，あまり知られていない」，「集客力をもつ可能性がある」などの基準から意外性に富んだ名所や文化，芸能を観光資源として育成しようとするものであった。この取り組みは，巨額の費用をつぎ込みながらも宮崎県の魅力を発揮しきれずに経営破綻したシーガイアの事例に対するアンチテーゼとも捉えられるだろう。

岩切の例においても，東国原知事の例にしても，宮崎県におけるトポスは従来から存在するものを見せ方を工夫することによってその魅力を高めるという，まさしくコンステレーションマーケティングの考え方に則って行われていたといえるだろう。

第3節　共時性と円環的時間における現在

(1)　サイン起点

宮崎県の事例からサインの分類を行うと，事例ごとに異なるサインを見て取ることができる。岩切と宮崎交通が行ってきた各種の観光施策における「建国三千年の歴史」は，その名の通りヒストリカルサインである。

もう一方の訴求ポイントである「南国ムード」の事例はアイコンサインである。日本人の多くにとって，海岸線沿いに高いヤシの木が立ち並ぶ様子や，春にはプロ野球のキャンプが行われ(註：日本野球機構は「春期キャンプ」と称しているが，実際に行われる日程は2月であり，温暖な宮崎だからこそ行うことが可能であることがここからも示される)，夏には暑い太陽が照りつける温暖な気候から宮崎県の南国イメージを想起することは容易である。

また，東国原ブーム時におけるサインとしては，東国原知事自身をキャラクターサインとしてあげることができる。共鳴行使の項で示したように，県庁舎には知事の等身大パネルが設置されていたこと，知事が自身を「セールスマン」

として在京メディアに多数出演していたこと，県庁舎の見学ツアーでは「出待ち」をする人までいたことなど，知事が以前タレントであったということも影響しているが，低迷していた経済や前知事の汚職等，明るい話題が少なかった当時の宮崎県において東国原知事が発揮したそのキャラクター性は際だったものであるといえる。

(2) 宮崎県の事例に見るレゾナンスの体系

宮崎県を事例とするコンステレーションマーケティングの対象時間領域は共時性×円環的時間であると考えられる。

既に述べてきたように，宮崎交通におけるバスツアーの構成要素が戦前〜戦中〜戦後にかけて，訴求内容が異なるもののその構成要素は一貫していたこと，また岩切と東国原が行ったトポスの構築においても巨大な費用をかけて構築したものではなく，従前のものを活かし，それらに魅力を付加する形で共鳴行使を行ってきたものであり，昭和から平成と時代を超えて，同様の構図から地域価値の発現とその共鳴行使が行われていた。

その一方で，昭和の新婚旅行ブーム以降，低迷していた宮崎県のイメージ転換を図ろうと2000億円をかけて建設された「フェニックスリゾート・シーガイア」が開業からわずか7年で3261億円の負債を抱えて経営破たんした(『日本経済新聞』1991年11月28日，2018年6月30日)という事例にも見られるように，それまで宮崎県の自然からもたらされる南国イメージを訴求してきたところに，人工的な南国(註：シーガイアには人工ビーチや広大な屋内プールを備えていた)を訴求したリゾートが人々に受け入れられなかったこともこれらのことから説明することが可能であろう。

2019年現在，宮崎県では「日本(にっぽん)のひなた宮崎県」というキャッチフレーズでキャンペーンを実施している。ここで示される「ひなた」とは，旧国名である「日向(ひゅうが)」を訓読みしたときの読み方であるが，それと同時に神話の時代から「日向(ひむか)」と称され，用いられてきた表記である。また「ひなた」キャンペーンでは「ゆったりした時間をつくる」「人柄を温かくする」「太陽の恵みで豊かな食を生み出す」「人々に希望と活力をもたらす」といったさまざまな意味が込められている。

おわりに

本章では，名所におけるコンテクスト転換として宮崎県を事例に，「歴史」と「南国イメージ」をコンセプトに，神話に伝えられる神社をそのトポスとして捉え，共鳴行使を図ってきた経緯を明らかにした。宮崎県は歴史や神話・伝説といった資源に恵まれ，またその温暖な気候による南国イメージが独自の魅力をもたらしているが，アピールするトポスやゾーンは同じものであっても，時代に合わせてコンステレーションの捉え方や共鳴行使の方法を変えることにより，昭和から平成と長きにわたってその地域価値の発現をなし得てきた。

その一方で，シーガイアの例に見られるように，宮崎県が持つ本来の価値（南国）とは全く異なる人工的なリゾートは，SSRモデルにおける3つのプロセス（記号創造，物語選定，共鳴行使）を経ることができず，価値発現がなされなかったと考えることができる。この事例からは，シーガイアはコンステレーションマーケティングにうまく位置づけることができず，単なるモノのマーケティングに留まってしまったといえるだろう。

本章の事例から宮崎県以外の他の地域への展開を考えた場合，既に知名度の高い名所を持つ地域にあっては，その名所をどのようにコンステレーションに位置づけるか，またどのように時代に合わせた共鳴行使を行うかによって，長期間にわたって価値発現を可能にするためのインプリケーションが得られる。また，従来は名所として人々に認識されていなかったものであっても，その本質的な価値や魅力を上手にコンステレーションに位置づけることにより，そのもの単体ではなくゾーン内に位置する他のトポスとの関連性から価値発現をなし得ることも本章から得られたもう一点のインプリケーションであろう。

平成の東国原ブームも去った現在，宮崎県というゾーンに存在する多くのトポスをいかなるコンステレーションに位置づけ，価値発現を目指していくかは今後も検討され続ける課題であろう。

注

1）実際に九州内における鉄道は，九州の西側である福岡〜熊本〜鹿児島間が先に開通し，九州新幹線も九州西側にルートを取っている。

2）定期遊覧バスを開始した1931（昭和6）年当時の社名は宮崎バスであり，1942（昭和17）年に宮崎バス・都城自動車・宮崎鉄道の3社を合併し宮崎交通に社名変更した（宮崎交通社史編纂委員会，1997）。

3）解説　宮崎交通は1931（昭和6）年に定期遊覧バスを開始したが，1931年から1969年までの間に発行された17種類の定期遊覧バスのリーフレットの変遷を調査した倉・長谷川（2014）によると，1955年頃に発行された1種類を除き，リーフレットの表紙には一貫してヤシの木が生い茂る風景が描かれていたことから，同社が南国情緒をテーマとして訴求していたと述べている。

4）川端康成は最初宮崎市に2，3泊して，鹿児島から熊本，天草，島原，五島列島を経て，壱岐，対馬にまで足を伸ばす予定であったが，宮崎の夕映えの美しさに魅かれ，15日間宮崎に滞在した後えびの高原に1泊，鹿児島に2泊して帰郷した（渡辺，1986）。

5）シャンシャン馬とは，江戸時代中期から明治中頃まで行われていた風習で，花嫁を馬に乗せ，花婿が手綱を取って鵜戸神宮へ向かい，宮詣りをして家路につくという旅であった（鵜戸神宮ホームページ）。

6）宮崎交通（宮崎バス：当時）が定期遊覧バスを開始したのは1931（昭和6）年である。

7）神話の登場人物は同一の人物であっても『古事記』と『日本書紀』との間で表記が異なるが，本章では竹田（2016）に基づき，『古事記』の表記に準じた。

参考文献

青島神社 Webサイト
https://aoshima-jinja.jp/　(2019年3月1日アクセス)

『朝日新聞』「日向でも鶏大量死　鳥インフルエンザ疑い　簡易検査で1羽陽性」2007年1月24日

『朝日新聞』「観光・地域づくりに近代化遺産を生かそう　官民の関係者，宮崎でセミナー」2007年8月11日

『朝日新聞』「知事支持率，トップは東国原氏89%　朝日新聞世論調査」2010年6月27日

『朝日新聞』「『東国原効果』鹿児島にんまり　宮崎県庁＋霧島温泉・篤姫ツアー登場／鹿児島県」2007年9月12日

『朝日新聞』「案内の職員が研修，庁舎のうんちく学ぶ　県庁観光，東国原知事に会えるかも」2007年4月20日

『朝日新聞』「県庁見学者50万人目の夫妻に，東国原知事からマンゴー／宮崎県」2008年6月12日

『朝日新聞』「求ム，宮崎遺産　第2の県庁，掘り起こせ　県，観光資源に育成へ」2008年11月7日

『朝日新聞』「（日南海岸　50年の風景：中）日本のハワイ　こだわりに賛否の声」2005年6月25日
『朝日新聞』「県庁での記念写真　県議支持者は別格？」2008年12月26日
天岩戸神社Webサイト
http://amanoiwato-jinja.jp/　（2019年3月10日アクセス）
有馬晋作（2009）『東国原知事は宮崎をどう変えたか―マニフェスト型行政の挑戦』ミネルヴァ書房。
鵜戸神宮Webサイト
http://www.udojingu.com/　（2019年3月1日アクセス）
倉真一・長谷川司（2014）「宮崎の旅路はバスに乗って　昭和戦前期および戦後復興期における宮崎バス（宮崎交通）リーフレットの考察」『宮崎公立大学人文学部紀要』pp. 53-78。
小北清人（2007）「宮崎に降臨した『東さま』教　心ワシ掴みで支持率95％」『アエラ』朝日新聞社。
白幡洋三郎（1996）『旅行のススメ：昭和が生んだ庶民の「新文化」』中央公論社。
竹田恒泰（2016）『現代語古事記』学研。
日南市観光協会Webサイト
https://www.kankou-nichinan.jp/　（2019年3月1日アクセス）
『日本経済新聞』「シーガイア，平成13年―早朝，告げられた破綻，巨大プール跡形も無く（九州沖縄平成の記憶）」2018年6月30日
日本経済新聞社編（1980）『私の履歴書　経済人8』
日本経済新聞社編（2004）『私の履歴書　経済人　第8巻（岩切章太郎）』
『日本経済新聞』（1991）「フェニックスリゾート，来年3月までに二期工事に着手」1991年11月28日
『日本経済新聞』2007年12月4日朝刊
原田保（2014）「地域デザイン理論のコンテクスト転換：ZTCAデザインモデルの提言」地域デザイン学会『地域デザイン』(4)，pp. 11-27。
みやぎん経済研究所（2014）「県外から見た宮崎：本県の食と観光に対するイメージ調査（後編）」『調査月報』pp. 8-20。
みやざき観光コンベンション協会「みやざき観光情報旬ナビ」Webサイト
https://www.kanko-miyazaki.jp/　（2019年3月8日アクセス）
宮崎県観光経済交流局観光推進課スポーツランド推進室Webサイト
https://www.pref.miyazaki.lg.jp/index.html　（2019年2月1日アクセス）
宮崎県観光経済交流局（2010）『平成29年度県外からのスポーツキャンプ・合宿の受入実績について』
https://www.pref.miyazaki.lg.jp/sportsland/kanko/miryoku/20180523101228.html（2018年12月21日アクセス）
宮崎県庁見学ツアー公式Webサイト
http://miyazaki-ksc.org/mkkt_gaiyou.html　（2019年3月10日アクセス）

宮崎交通社史編纂委員会（1997）『宮崎交通 70 年史』。

宮崎市（2013）『宮崎市観光統計報告書』
https://www.city.miyazaki.miyazaki.jp/fs/2/6/2/5/1/1/_/262511.pdf （2019 年 3 月 25 日アクセス）

宮崎日日新聞社（2011）「カメラ紀行みやざきの日本百選 PLUS」
http://www.the-miyanichi.co.jp/special/photogallery/detail.php?id=9&picid=0&genre=hyakusen&date=201112 （2019 年 3 月 1 日アクセス）

森津千尋（2017）「宮崎における『地域イメージ』の変遷」『宮崎公立大学人文学部紀要』pp. 167-180。

渡辺綱有監修，富田敏之編著（2018）『地方創生の先駆者　岩切章太郎の実践観光哲学』フォーユーブックス。

渡辺綱纜（1986）『大地に絵をかく　夢とロマンの人　岩切章太郎』皆美社。

第11章

名所②＝チャレンジを誘発する沖縄県のコンテクスト転換

—観光ニュービジネスの開発を捉えて—

前田　幸輔

はじめに

青い海，白い砂浜，赤い花弁。亜熱帯ならではの景色が全島に広がる沖縄県は，観光産業の発展を目指すわが国にあっても有数のリゾート地である。本章では，南国の楽園としてのイメージが定着している沖縄のコンテクスト転換を図るべく，地域の歴史・文化を軸に企画・実施したエピソードメイク型プロジェクト「りっか浦添」を事例に取り上げる。

図表 11-1　公民館で開催された組踊

出所）浦添商工会議所　提供

図表 11-2　りっか浦添の開催地図

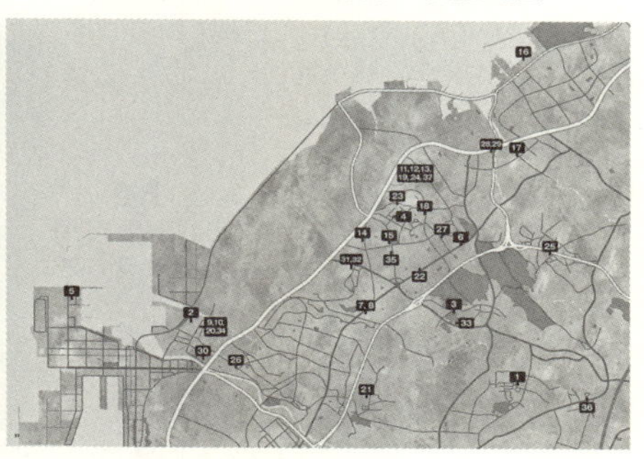

出所）浦添商工会議所　提供

このプロジェクトの舞台となった浦添市の歴史はきわめて古く，グスクが建造され，琉球國が発祥した12世紀にまで遡ることができる。これを伝える城跡遺構は，沖縄戦の際，日本軍の防衛拠点となったために壊滅してしまったが，戦後，三重構造の石垣を持つ王陵「浦添ようどれ」は復元され往時の威容を誇っている。

右肩上がりで観光客数が増加している沖縄県にあって，那覇市のベッドタウンに位置づけられる浦添市は伸びゆく観光産業の恩恵に与っていない。那覇市首里を終着駅としていた沖縄都市モノレール線が2019年には浦添市まで延伸する見込みであり，またその終着駅となる「てだこ浦西駅」は沖縄自動車道と接続することが決まっている。これら大規模インフラ工事を最大の契機ととらえ，観光客を獲得していくことが期待されている。

筆者がプロデュースしたエピソードメイク型プロジェクト「りっか浦添」は，構想の際にZTCAデザインモデルを援用した。本章ではその背景やプロセスについて詳述し，コンステレーションマーケティングの視座から分析を試みる。

なお，当該プロジェクトは，第1章で示されたコンステレーションマーケティングの分類としては第Ⅲ象限「意識型エピソードメイク指向性×ターゲット設定指向性のコンステレーションマーケティング」に，同じく対象時間領域については「共時性×円環的時間」に位置づけられる(図表11-3)。

図表11-3　デザインの概念図

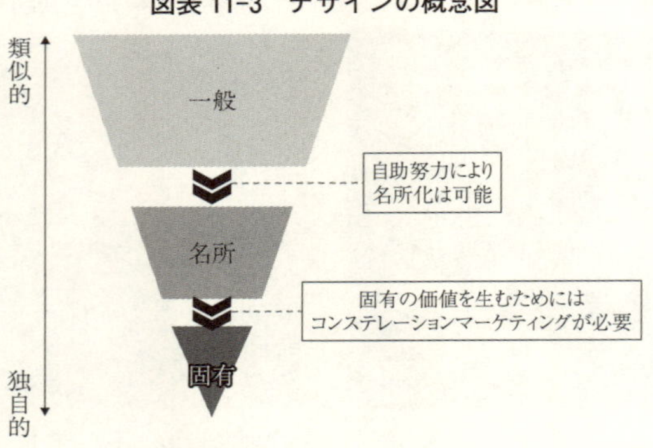

第 1 節　コンテクスト転換による成功と新たな観光の仕掛けづくり

(1)　沖縄観光の概況

観光産業を県経済のリーディング産業と位置づける沖縄県は，観光立国を推進するわが国にあって，最も成功している観光地のひとつといっても過言ではない。入域観光客数は 2012 年度から 6 年間にわたって過去最高記録を前年度比 10％前後増で更新し続け，2017 年度には 1,000 万人の大台が目前に迫る 958 万人を数えた（沖縄県，2018，p. 102）。このうち，訪日外国人客数は 4 分の 1 強の 254 万人にのぼるが，これは国土面積の 0.6％しか占めていない沖縄県だけで，わが国の訪日外国人客総数の 8.9％を集客している計算となる。県では 2022 年度までの達成目標を入域客数 1,200 万人，観光収入 1.1 兆円と定めており（沖縄県，2017，p. 3），目標の達成に向けて順調に伸長しているといえる。

観光客は沖縄に対し，「南国の亜熱帯」「青い海と白い砂浜」「本土とは異なる独特の文化」というように異世界で常夏の楽園を期待している。また，マスメディアからも本土に暮らすユーザーサイドの期待に沿った情報が提供され，旅行意欲を掻き立てている。

しかしながら，一般に抱かれているこのような沖縄のイメージは，この 50 年間で意識的に形成されたものであったことはあまり知られていない。沖縄における観光の歴史を紐解くと，紆余曲折を経てきたことがわかる。

(2)　戦前，戦後本土復帰前の沖縄観光

「琉球処分」の結果 1879 年に沖縄県が設置された頃から，沖縄観光は「観光處女地」として注目を集め，大阪や神戸，鹿児島と那覇を結ぶ航路を持つ船会社はパックツアーを催行した。本土からの観光客は，自然，建物，風俗，言語などに沖縄らしさを見出し，沖縄方言，亀甲墓，琉球という呼称などを求めていた。

他方，1938 年から 1939 年にかけて初めて沖縄を往訪した柳宗悦は当地の文

化・習俗に感銘し[1]，本土とは異なってみえる沖縄の深淵に日本の正統性を見出した。しかし，沖縄県サイドでは標準語運動，亀甲墓の廃止，沖縄という呼称の使用などにより本土との同一化を目指していたことから，日本古来の正統性の保存を主張した柳の論説との間で意見対立が生じることとなった(神田，2004，p. 124)。

つまり，本土並みの近代化を推し進めたい沖縄県にとって，土着する習俗への注目は，単なる好奇に基づく無責任なまなざしとしか解することができなかったのである。観光客や柳のような外野の意見を受けても，古めかしいものと自己卑下的に考えられていた伝統文化が重用されることはなかった。

その後，太平洋戦争の戦地となった沖縄県は，戦後27年間にわたって米国の統治下に置かれることとなった。そのため，本土から沖縄県へ渡航するにも，海外旅行と同様にパスポートとビザの申請が必要となった。当時の日本は，外貨の国外流出を防ぐことを目的に海外渡航に制限をかけており，宮城(2010，p. 235)によれば，この間も戦没者遺族団による戦跡参拝やビジネス客などにより一定の交流人口は保たれていたものの，その総数は1万人程度と小規模なものであった。

日本での海外旅行自由化は1964年まで待たなければならないが，それに先立つ1959年，沖縄県への渡航制限を緩和したことにより，戦後の沖縄観光は本格的に幕を開けることとなった。政情安定や外資企業の誘致，軍用地収用などさまざまな政治的な思惑が絡み合いながらも(池田，2015，pp. 83-90)，沖縄県では1958年から米ドルが法定通貨となっていた。そのため，高度経済成長に差し掛かった日本からは，海外通貨をつかって免税指定された舶来品を安く買い求める観光客が数多く訪れるようになった。

(3) 沖縄県で試みられたコンテクスト転換

1960年代の時点ですでに砂糖・パイナップルにならぶ三大産業にまで成長した沖縄の観光だが，戦跡参拝と舶来品ショッピングだけで永続的に集客できるわけではない。観光開発の必要性を感じていた沖縄県の旅行業，宿泊業をはじめとする観光関係者たちは，1969年に開催された座談会のなかで現状のブームを「自然発生的なもの」と捉え，積極的に手を加えていく道を模索した。ハワイ・台湾・香港・グアム・プエルトリコなど沖縄の先を行く観光開発地をモデルに設定したうえで，それらと肩を並べるための具体的な課題や方針[2)]を検討した。

この際に提起された方向性に関して多田(2004, pp. 138-139)は，これらの未来ビジョンからは，特にハワイが具体的なモデルとしてイメージされていることがわかると整理した。さらに，「現在では自明な環境と化したこれらの環境資源が，1960年代の沖縄観光ブームの時点では，ほとんど欠落し，開発されていなかった」ことを指摘している。

その後，未来ビジョンに則って進められた観光開発は，1975年に開催された沖縄国際海洋博覧会を経て日本全土に定着することになった。また，当該博覧会を一里塚にリゾートホテル群が林立したことも相俟って，沖縄のイメージはハワイ・グアムに並立するようになって現在に至っている。

このような一連の流れを追ってみると，現在の沖縄県が多くの観光客を呼び込んでいる源泉には，亜熱帯環境のなかで累々と形成されてきた土着的な文化をコンテクスト転換し，同じ亜熱帯といってもハワイに代表されるような楽園的なイメージを意図的に付け替えていったことにあることがわかる。明確に意識されたイメージ転換戦略により，現在では国内のみならず海外からも南の楽園を目指す観光客が引きも切らない状況となっていることは第1節(1)に述べたとおりである。

(4)　沖縄観光に忍び寄る影

以上のように華々しい成功を導いた沖縄における観光政策だが，成長の勢いが止まらない観光産業に課題がないわけでもない。今や国連世界観光機関(United Nations World Tourism Organization：UNWTO)も提起しているオーバーツーリズムの問題である。

観光公害と訳されるこの語は明確な定義づけがなされていないが，UNWTO

定義によれば「ある観光地において，自然環境，経済，社会文化にダメージを与えることなく，また観光客の満足度を下げることなく，1度に訪問できる最大の観光客数」(藤稿，2018，p.44)を超過したことから生じる問題事象全般を指す。阿部(2019，pp.9-13)はベネツィアやバルセロナ，京都など世界的な観光都市で生じている観光公害を報告している。

沖縄県においても，押し寄せる観光客の踏圧によって世界遺産の石畳が摩耗し，無秩序なマリンレジャーがジュゴンやサンゴの生態系を傷つけ，ホテルや観光施設など陸域の開発が海域への赤土流入を引き起こすなど，観光公害というべき状況が確認されている。

沖縄県が県民に対して実施した観光に対する意識調査(沖縄県文化観光スポーツ部，2018，pp.17-32)を紐解くと，地域住民の問題意識が透けて見える。すなわち，観光客の増加に伴い，ゴミや騒音の発生による生活環境の悪化，交通渋滞の発生による交通不便性の増大，集落などへの無断立ち入りなどマナーや治安の悪化などが顕在化している点である。また，2010年に実施した同様の調査と比較して，県民における観光振興施策への期待感が低下していることから鑑みても，当地において観光公害が萌芽しつつあるものと考えられる。

(5) 新たな観光の胎動

沖縄観光における推移と課題を踏まえ，筆者がプロデューサーとして主導的に事業内容や方向性を計画し，2018年11月から39日間にわたって実施したのが「うらそえ感動体験『りっか！浦添』」(以下，「りっか浦添」という)(主催：浦添商工会議所)である。この「りっか」という語は沖縄固有の方言であり，「一緒に行こう」というニュアンスとなる。

「りっか浦添」は，県都・那覇市のベッドタウンとして発展する浦添市を舞台に，市内で営業する飲食店や工芸品店など34事業者と連携し，それぞれが自社の強みを活かした独自の体験型プログラムを期間限定で提供するエピソードメイク型プロジェクトである。琉球王朝に献上していたウナギを食するプログラム，中国からの冊封使歓待のために完成された組踊の鑑賞会，恐慌の沖縄を支えたソテツの実を使ったアクセサリーづくりなど，各プログラムを通貫するテーマとして琉球國の発祥地である浦添の「歴史」を設定した。

会期には浦添市や那覇市など主に沖縄本島内在住者を中心に1,000人程度の参加者を呼び込み，浦添の歴史と暮らしに根差す新たな体験型商品を堪能した。在住者や出身者でも気が付かなかった浦添の魅力を見える化した効果は大きく，参加者からは次回の開催を望む声が多数集まっている（第2回は2019年秋に開催予定）。

また，「りっか浦添」は運営費を確保する手法にも特徴がある。「りっか浦添」の趣旨に賛同する事業者が特産品を開発し，「りっか浦添」のブランド商品として販売する。その売上にロイヤリティ料率を掛けた額が運営費として寄付される仕組みとなっており，補助金等に依存しない自走可能な仕組みが指向されている。

第2節　ZTCAデザインモデルとの接合

ZTCAデザインモデルは，そこで重要視される4要素，つまりZ（ゾーン），T（トポス），C（コンステレーション），A（アクターズネットワーク）を掛け合わせることによって，効果的に地域価値を高めていく考え方である。「りっか浦添」の全体像を構想するにあたり，このZTCAデザインモデルが大いに意識されたことはいうまでもない。そして，コンステレーションマーケティングの展開を検討する前に，「りっか浦添」における同モデルの4要素を提示するとともに，その考え方や検討プロセス等を詳らかにする。

(1)　ゾーンの設定

「りっか浦添」において，地域価値を高めるべきゾーンは浦添市全域と設定した。これはプロジェクトの実施主体が浦添市を事業範囲とする商工会議所であったことから所与の条件と見る向きもあるが，本質的な理由はそこにない。

第1節(4)で述べたとおり，順調に観光客数が増加している沖縄はオーバーツーリズムの危機に直面しつつある。一方，観光立県・沖縄にあって，那覇市のベッドタウンである浦添市は，恐らく県内唯一といっても過言でないほどに，これまで観光産業による直接的な恩恵を受けてこなかった。つまり，観光面における地域価値を無から創造するチャレンジということになる。そして見方を変えるならば，増加する観光客の新たなキャパシティとして，浦添市が持つ余剰能力は100％に近いと考えることができた。

加えて，「りっか浦添」の事業スキームについてはできるだけ簡略化し，県内他都市への移管，つまり，「りっか○○」という形でシリーズ化しやすい形式を心懸けた。これは，国内外観光客の地域別入込状況などについてバランスを見計らいながら，戦略的に観光客を誘導し，もしくは滞在時間の延長を促すことを念頭に置いての配慮である。

これらは，「りっか浦添」のプロデューサーとして筆者がイメージしていた俯瞰的な思考である。すなわち，将来的には県内複数箇所で開催される「りっか○○」という新たなトポスから，沖縄を広域的にゾーンデザインしていくことも構想段階から織り込まれていた。このことにより，世界遺産や観光施設・アクティビティなど一部に集中しがちな観光客の分散化をも視野に入れた考え方であった。

⑵　トポスの探索

繰り返し述べてきたとおり浦添市は観光地ではないことから，ゾーンとして設定した浦添市全域におけるトポスの探索は一筋縄ではいかず，この作業だけで約半年もの時間が議論に費やされた。

2019年に上演300年を迎える伝統芸能「組踊」，市内に現存する琉球國の陵墓「浦添ようどれ」，琉球紅型の祖型といわれる「浦添型」などもトポスの候補として挙げられたが，最終的にはそれらを包含し，また，すべての源泉でもある琉球國の発祥地という歴史的背景とそれに紐づく資源・文化をトポスに位置づけた。

ただし，琉球國に関していえば，世界遺産に認定された首里城の存在感が際立っているため，浦添市民のみならず沖縄県民，ひいては日本全国で正しい認識が行き届いていないという仮説が立てられた。つまり，歴史好きな者でもない限り，首里が琉球國の発祥地という誤認が一般化している可能性が予見されたのである。

観光面における地域価値を新たに創造するにあたり，歴史に深い造詣を持つ者よりも，雑学や教養程度のライトな関心を持つ者の方がボリュームゾーンであり，かつ，柔軟性があるため訴求しやすいだろうという見立てがあった。そのため，これをメインターゲットに据え，多くの人々が認識していない歴史的背景に光を当てることで価値そのものをゼロから生み出していくことを試みた（ターゲット設定指向性）。これと同時に，現状で価値を見出されていないトポスを磨き上げていくことにより，将来的には地域住民にとっての誇りへと昇華することを期待した。

(3)　コンステレーション化を促す仕掛けづくり

第1節(2)，(3)で述べたとおり，沖縄県では亜熱帯のなかで培われてきた伝統的な習俗や歴史を楽園的なイメージへとコンテクスト転換して現在に至った経緯がある。そのため，歴史的背景や伝統・文化をそのままトポスとして提示すること，つまり1930年代に島内で拒絶反応が生じた手法に逆戻りすることには一定の違和感があった。

これに加えて，市民にさえ意識されていない歴史資源について，史実とともに伝える仕組みをつくったとしても，それは個々の説明に終わるためユーザーにとっては単なる意味記憶にとどまってしまう危険性がある。トポス群が歴史的資産という以外に新たな価値を持つことも期待できない。

できるだけ多くのユーザーが浦添のトポス群を符号化して心の奥底へと定着するよう促すには，サプライヤーサイドが意識的かつ戦略的に，エピソード記憶になるための工夫を講じる必要があった。トポス群をつなぎあわせることによって琉球國発祥の歴史をコンステレーションとして浮かび上がらせるための仕掛けが求められていたのである。

この難題を解く糸口となったのが，小松(1998，p.183)が指摘するエピソード記憶の「ある時点のある場所で起こった出来事を覚えている，あるいは，思い出せる」という性質であった。この性質の裏を返すと，もしも歴史資源について，ユーザー自身に生じた浦添での出来事と捉えさせることができるならば，それは単なる意味記憶ではなく経験として長期的に刻印されるはずである。その結果，原田・鈴木(2017，p.29)が指摘する「地域と人との深く長い絆」へと発展することも期待できる。

そこで，「りっか浦添」では，歴史資源を経験するという視点から非日常的な意義づけがなされることを狙い，「体験型」という切り口をコンステレーションデザインの起動装置に据えることとした。ユーザーは「りっか浦添」だけの特別な歴史体験を同行者もしくは事業者と共有することによって感動を深く心に刻む。これだけでなく，37の体験プログラムを集合的に捉えた際，琉球國の発祥地という物語が深く浦添に根差していることを感じとってもらう。主としてこの2点を企図した(意識型エピソードメイク指向性)。

以上のように第2節(2)と(3)の整理を踏まえると，「りっか浦添」の取り組みは，第1章にいうコンステレーションマーケティングの4分類における第Ⅲ象限「意識型エピソードメイク指向性×ターゲット設定指向性」に分類されることがわかる。

(4) アクターズネットワーク

「りっか浦添」におけるアクターとして第一に挙げられるのは，改めていうまでもなく地域内で事業を営んでいる事業者である。これは体験プログラムを提供した34事業者のみならず，運営費の寄付に同意して特産品を開発した事業者も含んでいる。

トポスにコンステレーションデザインを加えることによって地域全体としての価値を生み出していくためには，個々のアクターが自身に関わりのあるトポスとの関係性だけにまなざしを向けるのではなく，地域全体としての価値発現を意識する必要がある。

こうした視点は，「りっか浦添」の実施主体であり事務局機能を果たす商工会議所にも期待されることから，商工会議所もまたアクターとみなすことができるだろう。

一般社団法人化を機に他地域から浦添市への誘客を主務とする観光DMO的な機能が期待される観光協会や，特産品のデザイン開発に関わった域内専門学校や高校（およびその生徒）とも目線を合わせた良好な関係を構築していくことが不可欠となる。このように多様なアクターが連携しながら共通認識のもとに地域全体の価値発現を目指していく際には，アクター同士をある種のモラル・エコノミー的に結合していくことが必要となる。「りっか浦添」においては，「浦添に新たな価値をつくる」「観光を民間の手に取り戻す」ことを合言葉として理念や意識の統一を図り，関係各者間で同じ世界観を構築できるよう腐心した。

アクターズネットワーク形成に向けた働きかけや個々のアクターに向けた理解促進，全体的なキャスティングなどについて，筆者はプロデューサーという立場から全面的に関わることとなった。原田・板倉（2018，pp. 15-17）の言説を借りれば，意図せずしてではあるものの結果的には「コンテクストデザイナー」の機能を果たしていたものと考えられる。

第3節　コンステレーションとゾーン・トポスの関係

(1)　トポス起点のコンステレーションマーケティング

前節でZTCAの4要素に関する検討プロセスを詳述してきたが，「りっか浦添」を構想するにあたっては，戦略的に設定した浦添市全域というゾーンに内在するトポスを半年もの時間をかけて丁寧に探索し，そのトポスが有する価値を吟味した。この際，観光のイメージが備わっていない浦添を，トポスのコンテクストによってブランディングしていくことが指向されたところである。

ただし，トポスをただそのままに提供してはユーザーにとって意味記憶にとどまってしまうことから，エピソード記憶へと転換させるために体験を起動装置としてコンステレーションデザインする仕掛けが検討された。このような一連の取り組みについて改めて顧みてみると，原田・鈴木(2017, pp. 25-28)が提起するところの「トポスベースド・コンステレーションデザイン」の３段階プロセスを敷衍していたことに気づかされる。ここで述べられている「歴史コンテクストを単なる過去の地域価値とするのではなく，現在における有益な地域価値へと転換しようという試み」という言説は，まさに「りっか浦添」にて取り組んだチャレンジをそのまま表現しているといえるだろう。

(2) ゾーン起点のコンステレーションマーケティング

「りっか浦添」は，ゾーンデザインの視点からトポスのブランディングを行ったプロジェクトではないため，実施にあたって「ゾーンベースド・コンステレーションデザイン」の手法は取り入れられていない。しかし，第１章にて「演繹的」とも表現される当該手法については，第２節(1)のなかで記したように新たなトポスを視野に入れた際，その援用によって非常に有意義な展開へとつながっていくことが示唆される。

すなわち，「りっか浦添」の実施によって一定の完成を見たフレームを活用して，新たな事業者の参画を促し内容を強化する可能性(新たなトポスの探索)が指摘される。また，コンステレーションにさらなる変数を掛け合わせることで，たとえば児童を対象とした内容へと展開していく可能性(トポスの価値の転換)も期待されるだろう。さらに，ゾーンをたとえば琉球國の所領全域へと広域化すれば，「りっか浦添」がひとつのトポスとなり，新たなコンステレーションのなかに組み込んでいく可能性(新たなトポスの創造)も視野に入る。つまり，ゾーンベースド・コンステレーションデザインの手法を用いることによって，将来的に発展していくための道筋が明示されるのである。

原田・鈴木(2017, p. 28)は，２つのデザイン手法について「相互依存的関係」と整理している。しかし，「りっか浦添」での経験を踏まえると，プロジェクトの胎動期にあってはトポスベースド・コンステレーションデザインが，発展期にあってはゾーンベースド・コンステレーションデザインが有効であると考えることができる。

第4節　SSRモデルによる解釈

第2節(3)で述べたとおり，「りっか浦添」は歴史資源を起点として「地域と人との深く長い絆」を形成することを目指し，ユーザーにエピソードメイクを促す仕組みが指向されたものである。本節では，第1章にて仮説的に示されたSSRモデルの視点から分析を試みる。

(1)　記号創造

SSRモデルの第1要素である記号創造(sign create)は，「ユーザー注目度高伸化のための方法」と示されている。

右肩上がりに増加する観光客と全県を挙げた取り組みが伸展するなか，その恩恵に与らない浦添市において最後発的にユーザーの注目を集めなければならない環境は，激しい競争市場で繰り広げられるパイの奪い合いに遅れて参加することと同義と理解していた。そのようななかでユーザーの獲得を目指すためには，既に定着し県内各地の共通資本ともいうべき「青い海と白い砂浜」のイメージ戦略とは一線を画する必要がある。

また，「りっか浦添」といえば歴史に紐づく体験型プログラムとユーザーが想起できるように，プロジェクトそのものをブランディングしていく必要にも迫られた。そこで，「りっか浦添」においては，「どこで，何をして，どうなるか」を視覚化する記号として「うらそえ感動体験」の文字をネーミングに加えることとした。

さらに「りっか浦添」そのものを視覚化するという意味合いでパンフレットを作成し，主要駅や大型商業施設など人の出入りが多い場所にて配布した。パンフレット作成の際，掲載されているプログラム紹介や写真，挿絵や背景などの一つひとつが歴史を踏まえた商品であることを示すサインとなるよう心懸けた。さらに，それらを総合することにより，歴史的な名所である浦添を多様な角度から楽しんでもらえるように配慮した。

コンステレーションのなかにこうした仕掛けを講じることで，トポスが独自性を帯び，その結果「りっか浦添」のブランド構築につながることを期待した。

なお，第1章にて，コンステレーションマーケティングの手法のひとつとして，サインを起点とする考え方が提案され，アイコンサイン(icon sign)，キャラクターサイン(character sign)，ヒストリカルサイン(historical sign)の3つが例示されている。

ここまで詳述してきたとおり，「りっか浦添」に関しては，名所を歴史・文化的な切り口からコンステレーションデザインしたプロセスを鑑みると，ヒストリカルサインを活用したと考えるのが妥当であろう。

ただし，「りっか浦添」のロゴマークを検討するにあたり，当地の歴史を象徴的に示す「浦添ようどれ」と太陽の子と呼ばれた始祖・英祖王の「太陽」を模すことで，「りっか浦添」での提供プログラムが琉球國の歴史を汲んでいることを示した。つまり，ヒストリカルサインを基底としながらアイコンサインも積極的に活用したプロジェクトであったと整理することができる。

(2) 物語選定

SSR モデルの第2要素である物語選定(story select)は，「ユーザーとの認識共有化のための方法」と示されている。

既述のとおり，浦添市というゾーンにおいてトポスを探索するにあたり難航したが，その背景には陵墓「浦添ようどれ」の悠久の時を感じさせる壮大さと名所としての印象深さがあった。琉球国の膝元であった浦添市街地と海外交易に通ずる東シナ海を崖下に望み，沖縄戦を描き 2017 年アカデミー賞を受賞した米国映画『Hacksaw Ridge』では激戦地として描かれるなど，異なる文脈での活用も検討しうる，紛うことなき名所である。

しかしながら，戦時の記憶は当地において今なお繊細な取り扱いが求められるうえに，地域にとって希望の光を観せたい「りっか浦添」はダークツーリズムを指向するものではない。加えて，琉球國の発祥地という歴史は唯一無二のものでありながら，それを認識していない者が大半を占める。とはいえ逆説的にとらえるならば，その認識をコンステレーションとして浮かび上がらせることができれば，地域の誇りにまで昇華する可能性がある。これらのことを勘案し，あえて誰もが想起できるわけではない名所「浦添ようどれ」をプロジェクトの軸に据える方向性が打ち出された。

ただし，「浦添ようどれ」を陵墓として打ち出したとしても，現在の浦添市全域と設定したゾーンとは直接的に親密性があるわけではない。そこで，琉球國の昔から現在まで脈々と紡がれてきた歴史を今日の暮らしに落とし込み，体験型商品として設えなおしたうえで現在の浦添市に配置することで，ゾーンとの親密性を生み出すこととした。このことにより，多様な価値観のユーザーに対して多面的に訴求力を発揮していくことも期待した。

「りっか浦添」では，

「浦添の『楽しい』を集めたら　新たな群星(ムリブシ)が生まれました」

をキャッチコピーとしている。群星(ムリブシ)は連なる星の様子を表す沖縄の方言で，ここでは個々の体験プログラムや多様な事業者を示す比喩表現だが，いうまでもなくコンステレーションを意識した表現でもある。そこに「楽しい」という外的動機づけを掛け合わせることにより，設定したサインに対してユーザーの認証効果が高まることを狙った。

(3)　共鳴行使

SSRモデルの第3要素である共鳴行使(resonance act)は，「ユーザーへの影響力増大化のための方法」と示されている。

これまで繰り返し述べてきたとおり，歴史資源を史実に基づいて説明する提示方法では単なる意味記憶にとどまってしまうことから，「りっか浦添」では歴史資源を体験型商品として設えなおし，期間限定で提供する手法を採用した。これは，藻谷・山田(2016, p. 265)が，紋切り型に開発されてきた観光地や特産品，グルメ商品に対するアンチテーゼとして主張した「今だけ，ここだけ，あなただけ」といえるモノやコトを提供できるようになれば，顧客とサービス提供者の双方にとってのメリットを生むことができるという考え方にも通じるところである。

「りっか浦添」では，「11月だけの限定で」「浦添だけの特別な歴史体験を」「参加した人だけに届ける」ことを目指した。意図的に設えられた楽園・沖縄では得られない亜熱帯での当たり前の暮らしを，培われてきた歴史の切り口に紐づけた体験の数々は，これまでにない新たな感動を生み出すことが可能となる。

それを体験した個々のユーザーは，自身の人生を彩る記憶としてエピソードメイクするだけでなく，コミュニケーションツールの発展に伴い拡大した承認欲求によって自発的かつ横断的に情報発信していくだろう。こうしたプロセスが共鳴を生み出し，さらに大きなうねりへとつながっていくものと仮説を立てた。

つまり，同時多発的に開催されるプログラムに参加するユーザー群が，それぞれの価値観に則って感動し，また，それぞれの人生に色濃くエピソードメイクしながら，口コミやSNS[3)]などにより共鳴に資する活動を行って波及していくものと考えたのである。ある意味，彼らもまた群星を構成する重要な要素のひとつであり，共鳴活動がコンステレーションの姿をより明確に浮き上がらせることにつながっているともいえるだろう。

(4) りっか浦添の対象時間領域

本書における対象時間領域を検討するにあたっては，通時性と共時性の２極，直線的時間と円環的時間を２極にとった２軸のマトリクスにより検討しなければならない。

まず通時性と共時性については，第１章においては言語学的な見地から，通時性を「歴史的変化を追跡する」こと，共時性を「同一の時における変化や差異に注目する」こととしている。この抽象的な概念については，心理学における解釈を参考にすることでわかりやすくなる。田中(2006，pp. 17-18)は共時性について，「イメージ・感情・思考といった一定の心の内容が，外界に起こる物的事象と意味深く符合する現象」と整理している。

ここで「りっか浦添」を振り返ってみる。当該プロジェクトの実践によりエピソードメイクを促すことは期待できるものの，ユーザーサイドの「イメージ・

感情・思考といった一定の心の内容」を意図的にコントロールすることは望めない。

しかしながら，第4節(1)で述べたとおり，「りっか浦添」では多様なプログラムのみならず，写真，挿絵，背景などさまざまな要素を記号として用いることでユーザー注目度高伸化を目指している。多面的な展開が偶発的にシンクロニシティを引き起こす可能性も否定できない。

事実，ユーザーからは「りっか浦添に参加して浦添に生まれてよかったと感じた」という感想を得ることができた。ややもすると大袈裟な言葉に感じるが，共時的な現象の結果と考えるならば説明がつくだろう。これらのことを踏まえると，「りっか浦添」はユーザーに共時性を引き起こす設えになっていると捉えることができる。

それでは，時間意識を表す直線的時間と円環的時間についてはどうだろうか。第3節(2)で述べたように，「ゾーンベースド・コンステレーションデザイン」の手法を援用することにより，「りっか浦添」は形を変えて発展していく余地を残している。ひとつの現象における結果が次に生じる現象の原因となり，その結果がさらに次の現象を生み出していくというプロセスを直視するならば，回を重ねて発展する「りっか浦添」は直線的な時間軸のうえに実施されているのかもしれない。

とはいえ，コンステレーションのベースとして取り入れた歴史的な背景や伝統・文化という切り口は，かつての沖縄で忌避されたものであった。その後，新たに植え付けられた楽園のイメージを上書きとまでいわずとも，共存する形で琉球國の歴史を取り入れた。つまり，固有の歴史・文化・習俗→戦時慰霊・舶来品→楽園→固有の歴史・文化・習俗という循環的なプロセスを経ているものであり，回帰したことがむしろ新規性を生み出す呼び水となったことは自明である。このような循環部分に着目するならば，「りっか浦添」での実践，特に胎動期にあっては，円環的時間軸のうえで検討されたということができるだろう。

以上について総合すると，エピソードメイク型プロジェクト「りっか浦添」

の対象時間領域は共時性×円環的時間に位置づけられる。

おわりに

本章で紹介した沖縄では，亜熱帯名所のリゾート地というイメージ戦略の成功から多くの観光客を呼び込みにつなげているものの，歴史・文化という地域の礎石が文明化の御旗のもとに忌避され，発展とともに埋没しつつある。しかしながら，そうした歴史・文化こそがアイデンティティの根源ともなりうることから，円環的時間の考え方に基づき，これをトポスの中心に据えるプロジェクトとして「りっか浦添」をプロデュースした。

とはいえ，単純に歴史・文化を提示しても定着性の低い意味記憶にしかつながらないことから，体験をきっかけとして琉球國の発祥地というコンステレーションを浮かび上がらせる仕掛けをつくり，このことによってエピソード記憶化を促した。この点が「りっか浦添」をエピソードメイク型プロジェクトと位置づけた所以である。

この際，地域アクターとの連携や，記号創造と複合的なサインの活用，ユーザーによる共鳴の促進などコンステレーションマーケティングの手法を用いることによって，トポスとゾーンが密接に結びつき，より効果的に地域価値が向上するよう心懸けた。それらは狙いどおりの成果につながったと評価することができるだろう。

原田(2015, pp. 3-11)は，現在実践されている観光ビジネスの課題と展開について，「“脱”観光型トラベリズム」「地域起点旅行ビジネス」「プロデュース型ビジネス」という3つの転換を主張した。「りっか浦添」を実現するにあたって検討した一連は，まさに原田の主張と合致するものであり，本学会が目指す地域デザイン理論を踏まえた地域振興活動の具体的な実践そのものである。

風光明媚な景色や固有の資源に恵まれる名所は，軽重の差こそあれ何らかの物語性を与件的に保持していることが多い。そのため，特段手を加えずとも地域価値の向上に資すると考えられがちである。しかしながら，名所と呼ばれる地域は日本各所に存在し，それらは日本百景，日本百名山というように十把ひとからげに取りまとめられ，個々の地域価値を適切に発現できていない状況が散見される。

ここで差別化要素となりうるものが地域固有の特徴，すなわち地域において脈々と蓄積されてきた歴史や伝統，生活文化の卓越性であり，これらが名所におけるコンステレーションのひとつとなるのではないだろうか。歴史・伝統への回帰が名所に新たな価値を付与したケースとして「りっか浦添」を理解するならば，名所と呼ばれる他の地域へ展開することは十分に可能であるだろう。

注

1）柳（1981，141頁）のなかで，「此の南端の孤島が，最も正しく大和の風を伝承し続けた」「琉球に於る程，固有の日本がよく保存されてゐる土地を見出すことは出来ない」と記している。

2）座談会のなかでは，「ヤシの木はどうしても植える必要がある」「ハワイのフラダンスのような代表的な舞踏が必要」「沖縄独特のアロハとムームーを考案して作れば，産業の開発にもなる」「亜熱帯植物のような切り札が必要」という課題と方針が列挙された。

3）ソーシャル・ネットワーキング・サービス（Social Networking Service）のこと。人と人との社会的なつながりを維持・促進するさまざまな機能を提供する会員制のオンラインサービス。

参考文献

阿部大輔（2019）「オーバーツーリズムに苦悩する国際観光都市」『観光文化』第240号，日本交通公社，pp. 8-14。

池田慎太郎（2015）「日米琉特殊関係の政治経済史―米統治下沖縄における『親米派』をめぐって―」『名古屋大學法政論集』260号，pp. 75-98。

沖縄県（2017）『第5次　沖縄県観光振興基本計画　改訂版』平成29年3月。

沖縄県（2018）『観光要覧～沖縄県観光統計集～』平成30年9月。

沖縄県文化観光スポーツ部（2018）『沖縄観光に関する県民意識の調査及び分析委託業務報告書』平成30年3月。

神田孝治（2004）「戦前期における沖縄観光と心象地理」大阪市立大学文学研究科都市文化研究センター『都市文化研究』4号，pp. 11-27。

小松伸一（1998）「エピソード記憶と意味記憶」『失語症研究』第18巻第3号，pp. 182-188。

多田治（2004）『沖縄イメージの誕生』東洋経済新報社。

田中彰吾（2006）「シンクロニシティの記号論―ユング理論の新たな展開―」『人体科学』

15巻23号，pp. 15-23。
藤稿亜矢子（2018）『サステナブルツーリズム』晃洋書房。
原田保（2015）「地域デザインとライフデザインによる観光ツアーのコンテクスト転換」原田保・板倉宏昭・加藤文昭編著『旅行革新戦略―地域デザインとライフデザインによるコンテクスト転換―』白桃書房，pp. 1-19。
原田保・板倉宏昭（2018）「地域デザインにおけるアクターズネットワークデザインの基本構想―アクターズネットワークデザインの他のデザイン要素との関係性を踏まえた定義付けと体系化―」地域デザイン学会誌『地域デザイン』第10号，pp. 9-43。
原田保・鈴木敦詞（2017）「ZTCA デザインモデルにおけるコンステレーションの定義と適用方法に関する提言」地域デザイン学会誌『地域デザイン』第9号，pp. 9-32。
宮城博文（2010）「沖縄県ホテル業の発展と現状―訪問客の視点を通して―」『社会システム研究』第21号，立命館大学 BKC 社系研究機構・社会システム研究所，pp. 229-253。
藻谷浩介・山田桂一郎（2016）『観光立国の正体』新潮新書。
柳宗悦（1981）「沖縄での仕事」『柳宗悦全集著作篇』第15巻，筑摩書房，pp. 140-141。

終章

今後の地域マーケティング研究の課題

—空間概念，時間概念，関係概念のコンテクスト転換—

原田　保
石川　和男

はじめに～地域マーケティングモデルの構築のために

本書では，近年，地域価値を発現するためにマーケティング理論が活用され始めていることを踏まえながら，原田が中心となって，地域デザイン学会が構築した地域デザインモデルを起点にしたユーザー(顧客)や利用者のエピソードメイクのための「コンステレーションマーケティング」のモデル化が提言された。つまり，本書においては，伝統的なマーケティング研究者のマーケティング論とは全く異なるアプローチが採られている(原田ほか，2013)。

具体的には，伝統的なマーケティングに依拠しない，つまりZTCAデザインモデルに依拠した地域マーケティングモデルが提言された。また，このモデルは実践への適用が伝統的マーケティング起点の地域マーケティングと比較して容易なことを示すために，モデルの展開事例も示された。

本章ではこれらを踏まえながら，地域デザイン学会が推奨する地域デザインを起点にする地域マーケティングのモデル化を確立させるための課題形成と，今後の対応方法に関する考察が行われる。つまり，ここでは，本書をジャンピングボードにした新たな地域マーケティングモデルをわが国における地域マーケティング研究の中心的なモデルにするための方向性が打ち出される。

(1) 今後の地域マーケティングに期待される空間概念のコンテクスト転換

われわれが戦略の対象とする地域は，エリアではなくゾーンとしている（原田，2014）。しかし，ここで問題があるのが，ゾーンがたとえナショナルであろうともグローバルであろうとも，地面を対象にしている点では全く異なることはないという点である。もちろん，たとえば地中海や瀬戸内海のような海が重要な戦略対象になっている地域では，地面と異なるゾーンも戦略展開の対象になっている。

しかし，一般的には経済的価値や文化的価値は，もっぱら地面に依拠しているゾーンから現出している。それが，近年ではまさに地面に関係のない空間のサイバー（cyber）空間，つまりコンピューターやネットワークが形成する空間からも価値を発現している。したがって，地域マーケティングの対象である空間の概念が拡張してきたという現実への対応が必要になる。

これはすなわち，今や空間がリアル空間のみならずサイバー空間までも含むことを意味する。こうなると，今後の地域マーケティングはサイバー空間までも対象にしたある種の空間マーケティングへの関与が不可欠になる。また，リアル空間の地域がサイバー空間のそれと競合関係になる事象も現出するだろう。このように，今後においては異次元空間のすべてを対象にした地域マーケティングが期待されてくる。

◇ 地域空間の異次元空間への拡張 ◇

リアル空間→＋サイバー空間

こうなると，地域に対する考え方が大幅に変化する。それは，リアル空間においては誰の所有であるかが問われるのに対し，サイバー空間においては活用できる空間はまさに無限大であるため，われわれは，このような空間をいかようにも活用できるからである。つまり，空間に関するテリトリー観が大きく変化する。そして，誰でも容易に新たなテリトリーとしての自身の空間を保持で

図表終-1　サイバー空間の登場による競争関係の転換

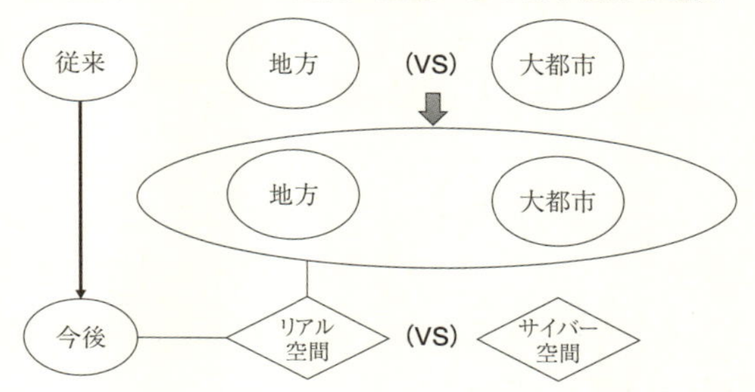

きるようになる。

ここで，大事なことは，このようなサイバー空間がリアル空間とのライバル空間として現出することであり，そのため地方は大リアル空間である大都市のみならず，同時にサイバー空間への戦略的な対応が不可欠になる。こうなると，地域創生は，サイバー空間への対応が戦略面での重要な要素となり，そのためこれを可能にする地域マーケティングが期待される。

さらに，空間に関する新たな研究が不可欠になり，そこでの価値発現や取引方法も大きく変化していく。つまり，経済や政治の仕組みのパラダイムが根本的に転換することが予見される。また，地域マーケティングにはこのような変化への対応が急務の課題になってくる。こうなると，伝統的なマーケティングでは対応できないことは明白であろう(図表終-1)。

◇ 地方の競合・連携対象の転換 ◇
大都市(日本では東京圏など)→サイバー空間

(2)　今後の地域マーケティングに期待される時間概念のコンテクスト転換

現在のわれわれが依拠するグリニッジ標準時(Greenwich Mean Time：GMT)[1)]は，世界をひとつの時間制度で縛るとともに，これとリンクしたローカル時間は生活に不可欠になっている。その意味では，これはグローバル指向に対するローカル対応を担保した時間制度であろう。その仕組みは，この時間制度にはグローバル時代の到来を予見したグローバルとローカルとの双方の時間が機能しているとも考えられる。

しかし，今やサイバー空間が現出して，これがリアル空間と混然一体になるような状況までが現出している。こうなると，従来の時間制度では若干不便を感じることにもなる。そこで，このようなサイバー空間時代の到来にふさわしい何らかの時間制度の構築が期待される。

◇ サイバー空間への対応 ◇

地域別時間→地球単一時間

これは簡単にいえば，当面は現在のイギリスにおける時間を地球の時間にすればよい。しかし，これに伴い新たな問題が生じることになる。これはリアル空間での生活の前提になっている夜や昼という時間意識が反映しなくなることを意味する。つまり，これは自身が日常的に存在する空間が，保持する時間に関する意味情報が消失することになる。

前述のように，われわれ人間はすでにリアルな空間だけでなく，サイバーという新たな無限空間に生きている。つまり，朝や夜は地球の時間としては意味を持たなくなり，同時に地域の他の人とは異なる自分だけの時間が望まれる。そうなると，地球時間と個人時間に依拠する時間制度の導入が期待される。

なお，このことはすべての人間が固有の時間を保持しながらも，自身の個人時間を地球時間にリンクさせる制度が生まれることを意味する。こうすることによって，人間はマイライフを自由に過ごし，しかも必要な場合にはパブリックでオープンなグローバル空間のための地球時間の中にも入れるようになる（図表終-2）。

図表終-2　コミュニティの構造

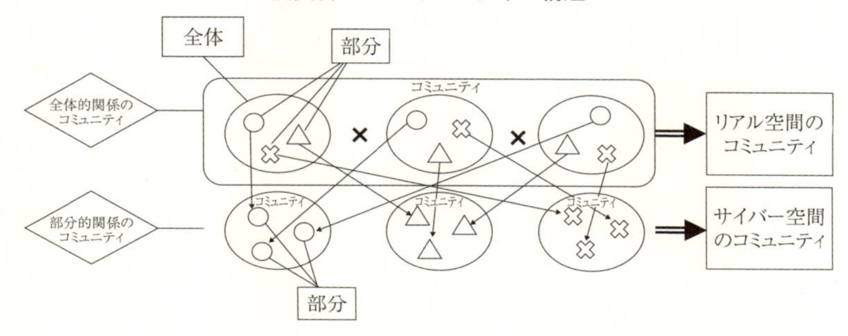

◇ サイバー空間時代の時間制度 ◇

地域時間→地球時間＋個人時間

(3) 今後の地域マーケティングに期待される関係概念のコンテクスト転換

空間概念と時間概念のコンテクスト転換がなされると，これに伴って人と人あるいは人と人工物(artifact)[2]などの関係もこれに対応すべくコンテクスト転換が迫られる。今後，サイバー空間の登場と地球時間が必要になると，人間を取り巻く関係形態もまた変わるようになる。つまり，コミュニティのコンテクスト転換が関係形態のコンテクスト転換を現出させる。

そもそも，地域コミュニティは，かつては農村にも都市にも存在したが，近年では農村は過疎化の進展によって集落[3]を起点にしたコミュニティの維持は困難を極めている。また，大都市においても地域外からの流入者の集積であるため，強いきずなが形成されるようなかつての農村におけるディープなコミュニティは形成されない。そうであれば，今後において人間全体での濃密な関係が前提となるきずな指向のコミュニティ形成は現実的ではない。だからこそ，都市と対比したような田舎を捉えた地域創生などが実質的な効果は生まないことは明白である。また，人はもはや濃密な全人的な関係が要請されるようなコミュニティに縛られる生活など望みはしないことを理解しなければならない。

◇ 人の地域コミュニティとの関係 ◇

全体的関係→部分的関係

サイバー空間においては，このような濃密な全的な関係とは異なる部分結合が前提になる。そのため，人間の連携対象については必ずしも一人の人間のすべてではなくなってくる。つまり，今後の関係形態は全体結合ではなく部分結合になってくる。このような関係形態の変化はまさに機能的な関係であり，ここでの関係対象は人間の代替が可能になっている。言い換えると，関係対象は必ずしも人間であることが前提にならなくなる。

このような関係は，人間関係とはいえないが，それでもこれはある種の断片との機能指向からのある種の連携になる。そして，人間に対する信頼感は喪失してしまい，関係を持つ人間がいわゆるよい人であるかどうかなどは考慮する必要はなくなる。つまり，今後の関係については，相手の人間を信用することがなくなり，相手が保持していると考えられる断片的な機能のみに期待した連携が求められてくる。このことは，人間を軽視する社会を現出させることになり，またその関係は伝統的な意味でのコミュニティが形成するような良好な人間的な関係は見出せなくなる。

そして，人と人をつなげるコミュニティの存在なしに，人間の断片のみの関係によって社会が構築されることになる。いわゆるピアツゥーピア（peer to peer：対等な者どうしの間の関係形態）ではなく，断片と断片との関係へとネットワーキングの主体転換が行われてくる。これは，全体的関係から部分的関係へのコンテクスト転換であると考えられる。その結果，場合によっては安全や安心が担保できないリアル・サイバーが混然一体になった，人の顔が見えない社会が到来する可能性が現出してしまう。

◇ 関係主体の転換 ◇

全体関係→部分的関係

おわりに

地域の概念拡張をトリガーにしながら，地域を取り巻く空間，時間，関係のコンテクスト転換が見出されることになった。これによって，地域研究およびマーケティング研究にも新たな方向性が見出されるだろう。つまり，従来のような単なる既存のマーケティングの概念拡張だけを指向するようなアプローチからの脱却が必要となる。

その意味では，本書においては伝統的なマーケティング研究者とは若干異なる視点からのモデル構築が，これまでのコンステレーションマーケティングの精度も向上することによって実現した。コンステレーションという概念は原田が以前から主張してきた概念であるが，これは経験価値からマーケティングを考えるには格好の概念であろう。

地域を冠する大学の学部が各地に多数誕生している昨今であるが，そこから新たなモデルの提言はなされていない。そこでわが地域デザイン学会がその役割を果たす必要があるため，本書が刊行されることになったことを最後に記しておきたい。

注

1）イギリスにあるグリニッジ天文台での平均太陽時のこと。グリニッジ天文台は経度0度にあり，ここを基準として世界各国の標準時（タイムゾーン）を決めている。

2）人為的に製造または建造されたもの。

3）人間の居住の本拠である家の集団の総称。

参考文献

原田保（2001）『場と関係の経営学 組織と人事のパワー研究』白桃書房。

原田保（2014）「地域デザイン理論のコンテクスト転換 ZTCA デザインモデルの提言」地域デザイン学会誌『地域デザイン』第4号，pp. 11-27。

原田保・片岡裕司（2009）『顧客が部族化する時代のブランディング』芙蓉書房出版。

原田保・古賀広志（2002）『境界融合 経営戦略のパラダイム革新』同友館。

原田保・武中千里・鈴木敦詞（2013）『奈良のコンステレーションブランディング“なら”から“やまと”へのコンテクスト転換』芙蓉書房出版。

【監修】

一般社団法人 地域デザイン学会（理事長 原田保）

2012年1月設立。2015年6月一般社団法人化。日本学術会議協力学術研究団体。

地域振興や地域再生を，産品などのコンテンツからではなく知識や文化を捉えたコンテクストの開発によって実現しようとする学会である。地域デザインを知行合一的に展開することで，インテグレイティッド・スタディーズとしての地域デザイン学の確立を指向している。

地域デザイン学会叢書 7

地域マーケティングのコンテクスト転換
―コンステレーションのためのSSRモデル

2019年8月30日　第1版第1刷発行　〈検印省略〉

監　修　一般社団法人 地域デザイン学会
原田　保
編著者　石川　和男
小川　雅司

発行者　田中　千津子
発行所　株式会社 学文社
〒153-0064　東京都目黒区下目黒3-6-1
電話　03（3715）1501 ㈹
FAX　03（3715）2012
http://www.gakubunsha.com

印刷　新灯印刷

ISBN 978-4-7620-2926-4